Thomas Käsbohrer

Auf See.

Seemannschaft und Grenzerfahrung.

Segler über ihre dramatischsten Stunden.

millemari.
BIBLIOTHEK DER EXTREME BAND8

„Dass alles eine Gelegenheit ist,
größer zu werden."

Brad Pitt

in einem Interview in:
SÜDDEUTSCHE ZEITUNG
vom 18.9.2019

Inhalt

Schiffbruch, ist die Zerbrechung, Zerstoßung oder der Verlust eines Schiffes, welches wider einen Felsen läuffet, zu Grunde gehet oder auf andere Weise verderbet wird. Man nennet es auch scheitern oder verunglücken…

Wer dem nicht unterworfen seyn wolte, möchte nur mit seinen Waren zu Hause bleiben, und sich nicht in Gefahr begeben, so käme er auch nicht darinne um.

aus: Johann Heinrich Zedler, Universal-Lexikon, Leipzig 1742

Vormann Henri Schönrock
Ostsee. Freest in der Peenemündung.

Der Katamaran (I).

Donnerstag, 24. Oktober 2019. Kormorane stehen im Nebel auf den Steinen der Mole. Reglos, wie eine Gruppe schwarzberockter Priester, die alle Zeit der Welt haben. Und auf irgendetwas warten.

Im Hafen von Freest startet Vormann Henry Schönrock die Maschine des Seenotrettungsbootes. Erst ein Pfeifen, dann ein ohrenbetäubendes Dröhnen, als der Motor anspringt und 320 PS zum Leben erweckt werden. Die HEINZ ORTH ist ein modernes Boot, zwei Jahre haben die Seenotretter in Freest sie im Dienst, doch trotzdem erzeugt die ungebändigte Kraft des Motors ein hundertfaches Vibrieren von allem und jedem an Bord, in dem jedes gesprochene Wort grundlos versinkt.

Vormann Henry Schönrock ist ein jugendlicher Typ. 42 Jahre alt, Vater von drei Söhnen. Und geboren hier in Freest, dem Fischereihafen an der Peenemündung südlich der Insel Rügen. Als wir uns eben in der Seenotretterstation am Hafen begrüßten, schien er mir großgewachsen. Jetzt, wo er sich hinter das Steuerrad der HEINZ ORTH zwängt, füllt er im schweren roten Seenotretteroverall und der roten Rettungsweste den Steuerstand des Seenotrettungsbootes bis unter die Decke aus.

„Dann mal los", ruft Vormann Schönrock durch das Dröhnen, während seine linke Hand massig auf dem polierten Holz des Ruderrads vor ihm ruht und die Rechte den unscheinbaren Gasgriff nach vorne schiebt. Vor den regennassen Scheiben quetscht sich sein Kollege Detlev Kammradt übers Laufdeck nach vorn, um den triefenden Festmacher von Deck auf die Mole zu werfen.

Kaum ist die HEINZ ORTH frei, lässt Henry Schönrock sie im Bogen durch den Hafen gleiten, wo auf der Kaimauer eine Filmcrew mit 50 Statisten auf den Drehbeginn wartet. Nein, ich bin nicht hier wegen Kintopp oder Serie. Ich bin hier, um das Meer mit den Augen eines Seenotretters zu sehen. Auch wenn ich gerade nicht weiß, ob mir inmitten des Gedröhns dieses modernen Rettungsgeräts und dem Dieselgestank nicht gleich speiübel werden soll. Eigentlich bin ich seefest, ich verbringe sechs Monate im Jahr auf einem Segelboot. Doch für alles gibt's ein erstes Mal, auch für die Seekrankheit.

Also versuche ich, mich auf den Vormann zu konzentrieren, wie er die HEINZ ORTH aus dem fußballfeldgroßen Hafengeviert von Freest hinaus ins große Grau steuert. Wie ein Helikopterpilot hat er Kopfhörer und Mikrofon übergestreift. Konzentriert schaut er geradeaus, sein Blick wechselt vom Monitor mit dem Radar und der elektronischen Seekarte hinaus aufs Meer als könne er unter der grenzenlosen grauen Wasserfläche jene schmale Gasse erahnen, die nur in der

Seekarte erkennbar ist. Sie ist der einzige Weg raus auf die Ostsee.

„Schon zu DDR-Zeiten war Freest ein wichtiger Fischereihafen. Und wer nach Freest rein oder raus will, dem bleibt nur der 5 Seemeilen lange schmale Korridor. Das war immer so.“ Schönrock deutet über die endlose Wasserfläche. „Wenn du die ausgebaggerte Gasse nur um wenige Meter verlässt, läufst du sofort auf Grund. Hier in der Peenemündung ist alles verlandet.“

Soweit ich an diesem nebligen Oktobertag blicken kann, sieht das Meer aus, als könne man sein Schiff steuern, wie es einem gefällt. Doch die elektronische Seekarte vor mir weiß es besser. „0,4“ lese ich darin neben dem wandernden blauen Lichtpunkt, der die Position der HEINZ ORTH auf dem Monitor darstellt. 40 Zentimeter, gerade etwas länger als ein Schullineal ist es hier tief. Selbst die flachgehende HEINZ ORTH mit ihren 96 Zentimetern Tiefgang würde unmittelbar neben dem Kanal sofort auflaufen.

Henry Schönröck steuert einen scharfen Haken nach rechts, um dem unsichtbaren Weg durchs Meer zu folgen. Als könne er meine Gedanken lesen, erzählt er: „Mancher, der die Peene von der Ostsee kommend zum ersten Mal anläuft und nach Wolgast oder zum Stettiner Haff will, der meint, er könne hier abkürzen. Denk nicht mal dran! Für uns in der Station Freest ist das statistisch die Hauptursache, warum wir gerufen werden: Wir ziehen hängengebliebene Fischer, Segler und Motorboote von der Sandbank.“ Dann schiebt er den Gashebel nach vorn. Der Lärm steigert sich, wenige Augenblicke später sind wir aus der Landabdeckung von Peenemünde heraus.

Peenemünde ... Irgendwo dort in diesem Wald muss die Raketenversuchsstation liegen, in der sie vor 70 Jahren an der V2 herumprobierten. Solange, bis diese mörderische Waffe 1400 mal inmitten der Zivilbevölkerung Londons detonierte. Grauen und Tod, der Urahn der modernen Weltraumforschung.

Der Wind kommt aus östlicher Richtung, nicht viel, bloß 3 bis 4 Windstärken, doch jetzt, wo die Landabdeckung durch Peenemünde entfällt, läuft die HEINZ ORTH fast gegen den Wind. Und gegen die Welle. Ich sitze auf dem zweiten Steuermannssitz oben auf der Brücke, während Detlev Kammradt unten im Passagierraum die Beine ausstreckt. Doch mir ist, als würde das Seenotrettungsboot bei jeder Welle in die harte Gummiwand eines Schlauchboots knallen. Alle drei Sekunden eine Gummiwand, unsere Fahrt ist ein holpriges Ballern über hunderte Schlauchboot-Gummiwände, bei der sich das Boot schwer in die See neigt.

Schwimmwesten, Feuerlöscher, Sauerstoffflaschen, schwere Taschenlampen tanzen von der Kraft des Motors in ihren festen Halterungen. Nirgends ein Hauch von Wohnlichkeit, die HEINZ ORTH gleicht einer schwimmenden Werkstatt. Ein Arbeitsgerät, um andere aus dem Wasser zu ziehen, am Haken Boote abzuschleppen. Als „Seenotrettungsboot" bezeichnen Retter diesen Bootstyp: 9,50 Meter lang. Das Brückendeck mit Steuerstand über dem kleinen mehrsitzigen Raum für Schiffbrüchige und einer Liege. Hinten im Bauch viel Motor.

Wie mag sich das auf der HEINZ ORTH wohl bei 8 oder 10 Windstärken anfühlen? „Da hilft nur alle Türen und Fenster verriegeln", brüllt Vormann Schönrock. „Alles anschnallen. Und zusehen, dass du irgendwie in dem Drüber und Drunter Fahrt im Schiff behältst", kommt durch den Lärm. „Das Boot könnte durchkentern. Bestenfalls würdest du noch blitzschnell den Schieber neben deinem Sitz links von dir zuziehen – die Motorbelüftung ist die letzte Öffnung – dann wäre das Boot vollkommen dicht. Aber auch so kann es sich einmal um sich selbst drehen – praktisch eine Eskimorolle machen –, falls es im Sturm durchkentern sollte. Aber erleben will sowas keiner von uns."

Im Dunst taucht voraus ein flacher Strand auf, dahinter ein Wäldchen, ein Gebäude, alles scheint im Nebel auf dem Wasser zu schweben. „Das ist die Insel Ruden“, brüllt Henry Schönrock. Dann deutet seine Hand nach links, zu einem Turm, der aus dem Meer ragt. „Dort ist das ehemalige Leuchtfeuer für den Flugplatz von Peenemünde. Und dahinter liegt das große Flach, der Freesendorfer Haken. Vor dem Turm fanden wir an einem Morgen die drei Leute auf dem gekenterten Katamaran. Das war mein allererster Einsatz bei den Seenotrettern.“

Und dann erzählt Vormann Henry Schönrock inmitten des Radaus von seinem Leben. Wie er Seenotretter wurde. Und wie er zum ersten Mal als Seenotretter hinausfuhr. Aufs Meer. „Ich bin in Freest geboren. Und wenn du in Freest geboren bist, dann wächst du mit der Fischerei auf und mit Booten. Unser Spielplatz waren die um den Hafen aufgestapelten Fischkisten. 30 bis 40 Meter lange Holzkistenberge, aus denen wir Burgen bauten. Und wehe, der Chef der Fischereigenossenschaft sah uns: Dann gab's richtig Ärger. Als Kinder sind wir öfter mit den Heringsfängern rausgefahren. Das war für die Fischer kein Spaß, sie mussten uns auf den Schiffen verstecken, wenn sie sich drüben vor jeder Fahrt bei den Grenztruppen auf der Insel Ruden abmelden mussten. Später als Jugendliche halfen wir dann mit bei der Arbeit auf den Trawlern. Ich war 13 oder 14, als ich zum ersten Mal seekrank wurde. Aber auf Arbeit haben wir gelernt, irgendwie damit umzugehen. Kurz schlecht sein, kurz kotzen. Dann wieder weiterarbeiten. Das ist 'ne ganz komische Art von Seekrankheit.

Auch in Seenot bin ich mal geraten. Mit 12 hab ich mir heimlich im Hafen das Boot von meinem Onkel stibizt, eine *Heuer*, ein kleines Holzboot mit kleinem Außenborder am Heck, dem *Tümmler*. Ich bin ohne zu fragen aus dem Hafen raus. Als ich Gas gab, war da eine Leine im Wasser. Der Propeller des Außenborders fing sie sofort, riss den Außenborder vom Heck und das halbe Heck gleich mit ins Wasser. Die *Heuer* war kaputt. Der Außenborder lag im Wasser. Und ich bekam obendrauf noch eine Tracht Prügel.

Später hab ich dann in der Freester Werft Bootsbauer gelernt und *Zeesboote* gebaut, 9 bis 13 Meter lange, breitbauchige Arbeitssegler aus Holz. Kleine Strandboote und *Heuer*. Ich wollte nie weg aus Freest, der Drang, in meinem Dorf zu bleiben, ist bei mir stark ausgeprägt. Dann fragte mich eines Tages der Vater eines Kollegen, ob ich nicht beim Bau eines Messestands aushelfen könnte. Da war ich 19. Als ich vom ersten Standbau heimkam, hatte ich plötzlich soviel Geld in der Tasche, dass ich mich als Messebauer selbstständig machte. Und obwohl ich nie wegwollte aus Freest, sah ich plötzlich als junger Kerl viele Teile der Welt: Tokio. Lissabon. Portugal. Die Kanaren. Aber mit den Jahren fiel mir das Weggehen aus Freest jedes Mal schwerer. Ich wollte nicht mehr weg. Wenn ich nur dran dachte, morgen wegzumüssen aus Freest, ging's mir nicht gut. Ich hatte mittlerweile eine Firma aufgebaut mit fähigen Mitarbeitern, die auch heute noch Messebau betreibt. Aber ich wollte nicht mehr weg. Als dann ein Kollege fragte: ‚Wir sind gerade am Umstrukturieren bei den Seenotrettern in Freest, der alte Vormann steigt aus. Willst du nicht mitmachen?', stieg ich 2017 bei den Seenotrettern in Freest ein. Klar hatte ich hier im Dorf immer mal ausgeholfen, wenn irgendwo Not am Mann war. Aber ich hatte ja nie zuvor ein Ehrenamt ausgeübt.

Ich fing als einfacher Decksmann auf der HEINZ ORTH an. Anfang des Jahres war ich eingetreten und wartete auf meinen ersten Einsatz. Von Anfang an war ich vom Zusammenhalt unter den Rettern beeindruckt. Ich kannte zwar alle im Dorf. Aber das war noch mal was Neues. Es war Samstag, der 10. Juni 2017. In der Nacht war ein Gewitter durchgegangen, mit einer heftigen Sturmböe hatte alles begonnen. Abends, als die Sturmböe durchging, hatte ich noch gedacht ‚Da wird sicher gleich ein Alarm reinkommen‘, so heftig war die Böe. Aber die Nacht über blieb alles ruhig.

Erst am Morgen kommt der Alarm rein. Ich bin im Bad, als ein ‚Ping’ auf meinem Smartphone erklingt. ‚Einsatz‘ steht da lapidar um 07:47 Uhr vom Vormann Thomas Brauns im Chat. Nur das eine Wort. Noch in derselben Minute kommt die erste Antwort von Holger: ‚Bin da‘. Ich tippe hektisch ‚In vier Minuten bin ich unten‘. Dann melden sich sofort auch die anderen. ‚Na toll, bin arbeiten‘ meldet sich Thomas mit einem Icon mit weinendem Auge ab. ‚Gekenterter Katamaran seit gestern auf See‘ kommt als nächstes vom Vormann, ich lese es auf dem Weg runter zur Station, wo er, Detlef Kammradt und Andreas Lüdke schon warten.

Wir hatten die HEINZ ORTH in dem Jahr gerade neu bekommen, wir hatten aber Zeit genug, das Boot kennenzulernen. Bevor wir losfahren, müssen wir uns in der Zentrale in Bremen über Funk abmelden. ‚Position da und da. Katamaran gekentert. Personen im Wasser’, heißt es. ‚Personen im Wasser‘! Das bedeutet für uns: Schnell sein! Es ist Frühsommer, das Wasser ist nicht wärmer als 13, 14 Grad. Selbst im Hochsommer ist einer, der bei 17 Grad im Wasser treibt, schnell unterkühlt und in Lebensgefahr. Jetzt also schnell.

Die Position des gekenterten Katamarans ist klar definiert, das bedeutet, es wird jetzt nicht noch eine aufwändige Vermisstensuche: Er liegt nördlich vom Freesendorfer Haken am 2. Turm, dem früheren Leuchtfeuer des Peenemünder Flughafens, auf dem heute nur noch Möwen und Kormorane hausen – wo die Personen im Wasser wohl auch treiben werden.

Uns ist klar: Durch den Korridor brauchen wir 45 Minuten bis da raus. Es ist flach dort draußen. Sehr flach. Schon aus der

Ferne sehen wir die roten Rümpfe eines auf dem Kopf treibenden Katamarans. Drei Menschen sitzen drauf.

Die See ist halbwegs ruhig an dem Tag, doch es ist dunstig. Bleigraue Regenwolken hängen über der See, die Reste des gestrigen Gewitters, es hat merklich abgekühlt über Nacht. Ich bin nervös, schließlich ist das mein erster Einsatz. Beim Näherkommen sehen wir zwischen den beiden roten Rümpfen einen etwa 55-jährigen Mann kauern. Und seine beiden 23- und 20-jährigen Söhne zusammen mit einem Border Collie. Der ältere Mann ist apathisch, aber ansprechbar, als wir uns auf der HEINZ ORTH längsseits nähern.

Erst später zurück an Land kann der Vater berichten, wie es zum Schiffbruch gekommen ist: ‚Wir sahen ein aufziehendes Gewitter und wollten in einem Moment der Windstille das Segel reffen. Es dauerte keine Minute, da brachen mehrere Sturmböen über uns herein und warfen unseren Katamaran um.'"

Für einen Moment unterbricht Henry Schönrock seine Erzählung. Er nimmt das Gas weg, als er das Boot aus der Fahrrinne heraus in das große Flachgebiet nach Norden steuert. *Veritasgrund* lese ich in der Seekarte, der „Grund der Wahrheit". Was diesem Flachgebiet wohl seinen Namen gab?

„2,3 m" steht vor mir in der Seekarte, 2,30 Meter Tiefe, und um uns herum jede Menge Steine unter Wasser. Eine Segelyacht hätte in diesem Gebiet nichts verloren, gerade an einem Tag wie heute, an dem Wellen hier stehen.

Während Henry Schönrock sich fast behutsam durch das Flach und die Nebelsuppe tastet, denke ich über seine Geschichte nach. In einer Sturmböe zu kentern, ist keine ungewöhnliche Erfahrung. Jeder Jollensegler hat so etwas schon erlebt. Plötzlich steht mir die Erinnerung an meine Kenterung an meinem ersten Segeltag auf dem See wieder lebhaft vor Augen. Allein auf dem Meer und im Gewitter ist diese Erfahrung aber noch einmal etwas ganz anderes.

„Die drei sind nur mit T-Shirts und kurzen Hosen bekleidet. Bevor die Böe kam, war es ja ein warmer Tag. Einer trägt einen orangen Regenmantel“, setzt Henry Schönrock seine Erzählung fort. „Nachdem das Boot umgestürzt ist, schaffen es der 55-jährige Vater zusammen mit seinem 23-jährigen Sohn als erste, unter dem gekenterten Katamaran wieder an die Wasseroberfläche hochzutauchen. Dann folgen neben ihnen der 20-jährige Sohn und der Border Collie. Oben herrscht Sturm. Es hat sicher anderthalb Meter Welle, aber irgendwie schaffen es die vier, sich bei diesem Seegang über die glatten Rümpfe hinauf auf das umgeschlagene Boot zu retten, irgendwie hochzuklettern.

Der Katamaran schaukelt, der Wind pfeift. Es ist schlagartig kalt, als das Gewitter über die vier hinwegzieht. Im Nu schlottern die drei Männer in ihren nassen T-Shirts. Kein Handtuch da, um sich abzutrocknen. Keine frische Wäsche. Nur eine Reisetasche, die plötzlich neben dem Rumpf auftreibt, in der zwei nasse Jacken und ein triefender Schlafsack stecken. Das ist alles. Sie greifen sich die Tasche und decken sich damit notdürftig zu, um wenigstens den Wind abzuhalten.

Dann begreifen sie ihre Lage. Ihre Handys sind unter Deck und längst nicht mehr brauchbar. Die Signalraketen ebenso. Außer ihnen ist niemand mehr unterwegs aus dem Meer. Und so halten sie die lange Nacht durch und überleben, fast gegen jede Wahrscheinlichkeit. Bis sie am nächsten Morgen eine Yacht entdeckt und uns alarmiert. Wie sie die Nacht überlebt haben, ist uns ein Rätsel.“

Die Seekarte vor mir auf dem Bildschirm ist ein Muster aus zahllosen kleinen Kreuzen, mit denen die zahllosen Steine unter uns im Wasser markiert sind. Doch das flachgehende Rettungsboot hat nun dreieinhalb Meter unter dem Kiel und der Vormann beschleunigt das Boot, bevor er weiter berichtet: „Wir sind als erste Rettungseinheit vor Ort. Beim Näherkommen sehen wir, wie apathisch die drei sind vor Erschöpfung, Unterkühlung, Übermüdung. Wir steuern unser Schiff längsseits an den Katamaran heran, dann steigt einer der Söhne, dann der Vater zu uns rüber auf die HEINZ ORTH, gefolgt vom Border Collie und dem jungen Mann im orangen Regenmantel. Reden ist in dieser Situation nicht viel. Wir haben zugesehen, dass die Leute aus der Kälte unter Deck und aus den nassen Klamotten kommen und haben sie gleich in warme Decken gehüllt.

In der Zwischenzeit ist auch die EUGEN, der große Seenotrettungskreuzer von der Greifswalder Oie am Unglücksort. Sie haben warme Getränke und trockene Kleidung für die Schiffbrüchigen dabei und laufen mit den drei erschöpften Personen und dem Hund sofort den Hafen von Freest an, wo schon der Notarzt wartet, während wir den Katamaran hinter uns her auf dem Weg, den wir eben gefahren sind, abschleppen. Als wir zurück nach Freest kommen, haben die Notärzte gerade festgestellt, dass den dreien nichts weiter fehlt. Auch das ist erstaunlich. 14 Stunden bei 10 bis 14 Grad in nassen, dünnen Klamotten: ein Rätsel."

Auch ich denke über die Geschichte des Vormanns von Freest nach. Vielleicht habe ich ja Glück und kann den Mann ausfindig machen, der wie ein schiffbrüchiger Robinson auf seiner Insel mit seinen beiden Söhnen eine Nacht lang ausharrte. Wie hat er es geschafft zu überlebent? Und tatsächlich werde ich einige Wochen später vor ihm stehen.

Ob ihm etwas Besonderes nach diesem ersten Einsatz in Erinnerung geblieben sei, frage ich den Vormann durch das Dröhnen des Schiffes. Da grinst Henry Schönrock. „An zwei Dinge erinnere ich mich ganz besonders: die Freude der Frau, die ihre Familie eine Nacht lang vermisst hatte und nicht mehr damit rechnete, sie lebend wiederzusehen. Und die Frage des Vormanns an mich. Der Einsatz hatte fünf bis sechs Stunden gedauert, er war länger gewesen als üblich. ‚Und? War's das jetzt für dich bei den Seenotrettern? Magst du nicht mehr?'" Bei dieser Erzählung blitzt in Henry Schönrocks Augen der Schalk des Freester Fischers. „Vielleicht hat er ja damit gerechnet, dass ich abspringe. Aber da hat er mich schlecht gekannt. Ich wusste für mich: ‚Das ist es', und bin dabeigeblieben."

Plötzlich verlangsamt der Vormann die Fahrt des Schiffes. „Wir sind da", sagt er, und deutet voraus in die milchige Suppe, aus der die Konturen einer Insel auftauchen: die Greifswalder Oie, eine unbewohnte Insel vor Rügen. Die Seenotretter unterhalten dort eine Station, auf der ganzjährig drei von ihnen Dienst tun. Er geht weiter vom Gas, als wir die schmale Hafeneinfahrt passieren. Ich erkenne die dunkle Steinschüttung der Mole. Kormorane stehen reglos auf den Steinen. Neugierig sehen sie zu uns herüber, während die HEINZ ORTH einen schlanken Viertelkreis in dem winzigen Hafen dreht, hinüber zu dem großen Seenotkreuzer, der an der Pier liegt. BERTHOLD BEITZ steht an der Bordwand, im Vergleich zu ihm nimmt sich die 10 Meter lange HEINZ ORTH wie das winzige Schiffchen eines Kinderkarussells aus. Ein bulliger Mann steht am Heck des Schiffes und nimmt unsere Leinen an, als die HEINZ ORTH längsseits geht.

Als Vormann Schönrock den Motor abstellt, herrscht tiefe Stille auf dem Boot. Und Stille über der Bucht. Nur noch das leise Plätschern an der Bordwand ist zu hören.

„Willkommen auf der Oie. Ich bin Jean Frenzel", sagt der bullige Mann und reicht mir die Hand vom Achterdeck des Seenotrettungskreuzers herunter, damit ich übersteigen kann. „Man hat mir gesagt, dass Sie die HEINZ ORTH auf der Kontrollfahrt hierher zur Oie begleiten würden. Sie interessieren sich für Geschichten, die sich hier auf der Insel zugetragen haben? Dann wollen wir mal nach oben zur Station auf der Insel gehen. Ich glaube, ich habe da eine Geschichte für Sie ..."

Seenot, die einem Schiff entstandene Gefahr,
die fremde Hilfe notwendig macht (z.B. Leck, Feuer,
Krankheit, Proviantmangel, Antriebsschaden).
In diesem Fall muss der Kapitän Notsignale geben.

aus: Brockhaus Enzyklopädie, Mannheim 1993

Klaus Nadler
Atlantik. Kapverdische Inseln.

Mit der Notpinne in der Hand.

Wenn Klaus Nadler von diesem Tag erzählt, dann erzählt er zuerst von dem phantastischen Morgen auf dem Atlantik. Vom Sonnenaufgang im frühen Januar, weit draußen vor der Küste Afrikas auf halbem Weg zwischen der Kanareninsel Teneriffa und den Kapverden. Er erzählt von der Hundewache, die er übernommen hat, während seine Frau Katrin Trautwein unten in der Achterkajüte schläft. Er berichtet über den eisigen Nordostpassat, der in den frühen Stunden auffrischt und ihre *Hallberg Rassy 43* in schneller Fahrt nach Südwesten treibt, auf die 250 Seemeilen entfernte Kapverdeninsel São Vicente und deren Hauptstadt Mindelo zu. Wie sich der großgewachsene Mann in den Morgenstunden vor dem eisigen Wind auf dem Cockpitboden zwischen Niedergang und Steuersäule in seinen Klappsitz kauert. Wie es wärmer wird, kaum dass die Sonne im Osten aufgeht, dort, wo irgendwo hinter der Kimm Afrika liegen muss. Wie die Wellen schräg von hinten anrauschen, erst das Heck der SAPHIR sanft anheben und das schwere Schiff beschleunigen, bevor sie darunter durch schäumen und das Schiff für einen kurzen Moment im Wellental achtlos liegen lassen, bis die nächste Welle kommt und das Spiel von neuem beginnt.

Es brauchte weite Wege, Abschiede und Umwege im Leben, bis Klaus Nadler genau hierher gelangte. In der Nähe von Tübingen aufgewachsen, will er raus aus dem Dorf und weg vom großväterlichen Handwerksbetrieb. Er studiert Wirtschaftsingenieur, wird Consultant in einer namhaften Beraterfirma. Klaus Nadler ist nicht nur im Job zu ungewöhnlichen Leistungen bereit. Weil die Auseinandersetzung mit der Natur ihn reizt, geht er weg von der jugendlichen Segelei auf dem Bodensee und erst mal auf den Berg. 2001 auf den Kilimandscharo, drei Jahre später auf den Aconcagua, 2007 bei minus 45 Grad Kälte auf den Mount Vinson, den höchsten Berg der Antarktis. 2009 nach eineinhalb Jahren Vorbereitung auf den Cho Oyu, einen Achttausender. Dann will er auf den Mount Everest.

Doch eineinhalb Jahre Vorbereitung auf dieses Abenteuer werden zunichte, als innerhalb von Minuten der Aufstieg zum Dach der Welt wegen schweren Wetters, mehrerer Bergtoter und gesundheitlicher Probleme zu riskant wird. Unter Tränen entscheidet Nadler sich, seinen langjährigen Himalaya-Traum aufzugeben, weil die Natur wieder einmal stärker ist. Seine Erlebnisse am Mount Everest prägen ihn, danach ist für ihn Schluss mit höchsten Gipfeln. Ein einfacher Chartertörn in Griechenland bringt ihn zusammen mit Katrin aufs Meer zurück und beschert ihm einen neuen Traum. Den, zu zweit für ein Jahr auszusteigen. Und nur zu segeln, vielleicht sogar einmal um die Welt.

Bevor sie sich für den Kauf eines eigenen Schiffes entscheiden, prüfen sie sich mit einer echten seglerischen Herausforderung. Ende März 2013 segeln sie auf einer *Bavaria 51* von den Azoren nach Cherbourg/Frankreich. 13 Tage Sturm auf dem Nordatlantik – ein Härtetest, ob der Traum vom Törn nicht schnell zum Albtraum wird. Doch der Traum bleibt. Acht Jahre nach dem Mount Everest sitzt Klaus Nadler nach etlichen Atlantik-, Mittelmeer- und Ostseetörns an diesem Tag in der frühen Morgensonne, um mit Katrin von Gibraltar über die Kapverden nach Trinidad und von dort aus weiter über den Atlantik und wieder zurück zu segeln. Ein langer Weg für einen Sommer.

In drei Tagen haben sie mehr als 400 Seemeilen von Teneriffa zurückgelegt. Alles läuft an diesem Morgen. Der Wind, der sie unter dem weit auskragenden Vorsegel konstant nach Südwesten bläst. Die hohen Wellen von hinten, die den Takt angeben, den Rhytmus des gleichmäßigen Hebens und Schiebens, den Takt des Beschleunigens und Abbremsens, in dem sich die vier Jahre alte *Hallberg Rassy* auf ihr Ziel zubewegt. Mit der aufgehenden Sonne kommt die Wärme und vertreibt die Kälte der durchwachten Nacht aus den Gliedern. Der Autopilot, fängt die SAPHIR kraftvoll wieder ein und bringt sie auf Kurs, wenn eine Welle es mal zu bunt treibt und am Heck detoniert. Als die Sonne an Kraft gewinnt, wird es Zeit fürs Frühstück – nicht einfach bei den Rollbewegungen des Schiffes. Nadlers Frau Katrin hat bereits alles vorbereitet. Weil der klappbare Comfort Seat auf dem Cockpitboden stört, legt Klaus ihn zusammen und deponiert ihn hinter dem Ruderrad auf dem Steuermannssitz.

Und dann passiert das im ersten Moment unscheinbare Malheur. Es ist nur eine Kleinigkeit, doch sie setzt eine Kettenreaktion in Gang. Eine Welle bringt den Sitz ins Rutschen und er verklemmt sich zwischen Steuerrad und Steuersäule.

Das Steuerrad ist blockiert, der Autopilot arbeitet gegenan. Aus der Eignerkabine, unter der die Ruderanlage untergebracht ist, kommen Töne, die niemand hören möchte. Klaus Nadler reagiert blitzschnell, zieht mit aller Kraft den Klappsitz wieder heraus und geht sofort auf Handsteuerung.

Schnell wird klar, dass die Ruderanlage Schaden genommen hat. Die SAPHIR macht riesige Kursausschläge, sie scheint jetzt in weiten Kurven und Bögen zu laufen. Die beiden Segler versuchen, auf dem rollenden Schiff den Schaden zu lokalisieren, doch augenscheinlich lässt sich weder an der Steuersäule noch an der Übertragung etwas feststellen. Unter Motor testen sie die Steuerung. Das Steuerrad dreht fast eine Umdrehung leer nach jeder Seite, bevor das Ruder anspricht. Außerdem hören sie knirschende Geräusche, die von dem frei mitlaufenden Autopiloten unter dem Bett zu kommen scheinen. Sie vermuten einen Fehler im Gerät, aktivieren den zweiten Autopiloten, und halten unter Motor weiter Kurs nach Süden auf Mindelo zu, in weiten Schlangenlinien, die einen ahnungslosen Beobachter an einen volltrunkenen Steuermann denken ließen.

Bis Mindelo sind es noch 35 Stunden, geplante Ankunft in der zweiten Nacht. Die beiden beschließen, so nahe wie möglich an Mindelo heranzukommen und dann zu entscheiden, ob sie den Landfall noch in der Nacht wagen oder bis zum nächsten Morgen warten wollen. Treibstoff ist ausreichend im Tank – vorausgesetzt, dass sich die Probleme nicht verschlimmern. Das Paar ist halbwegs guter Dinge.

Zugleich versuchen sie, Kontakt zu den Seenotrettern auf Mindelo aufzunehmen. Vielleicht könnte man sie dort noch in der Nacht in den Hafen schleppen? Sie wählen die Nummer der Coast Guard in Mindelo auf ihrem Satelitentelefon. Doch da meldet sich niemand. Selbst nach mehreren Stunden hebt in Mindelo niemand ab.

Genervt rufen sie die deutsche Seenotrettungsleitstelle in Bremen an. Dort ist sofort jemand am Telefon. Sie geben ihre Position und ihr Problem durch. *MRCC Bremen* verspricht, die Coast Guard in Mindelo zu kontaktieren. Am nächsten Morgen melden sich die Seenotretter mit der Mitteilung, die Coast Guard nicht erreicht zu haben. Dafür haben sie Kontakt zu einem deutschen Hochseesportfischer in Mindelo, der versuchen könnte, die SAPHIR in die Marina zu schleppen. Ein Notnagel.

Danach meldet sich *Bremen Rescue* erneut. Sie hätten in Mindelo ein Restaurant in der Nachbarschaft zur Coast Guard identifiziert. Die Segler sollten dort anrufen, ob nicht das Restaurant eine Person über die Straße zur Coast Guard schicken und diese informieren könne. Das klappt. 20 teure Minuten später haben die beiden Segler die Coast Guard am Satellitentelefon, erneut schildern sie Problem, Position und AIS-Kennung. Die kapverdischen Seenotretter versprechen, sie am Eingang des Kanals zwischen den Inseln Santo Antão und São Vicente zu erwarten, um sie dann entweder in die Marina zu eskortieren oder notfalls dorthin zu schleppen. Immerhin, keine 28 Stunden nach dem Zwischenfall sind alle relevanten Rettungsstellen informiert und eine etwaige Rettung sichergestellt. Das beruhigt die Segler zunächst.

Als nächstes macht sich Klaus Nadler mit der Steuerung der SAPHIR über die Notpinne vertraut – für den Fall der Fälle, falls die Steuerung über das Ruderrad ganz ausfallen sollte. Er ist nicht unerfahren, schließlich hat er den Einsatz der Notpinne mal im Rahmen eines Schwerwettertrainings im Frühjahr in der Nordsee geübt. Doch das war auf einer *Swan*, nicht auf einer *Hallberg Rassy 43*. Anders als auf anderen Schiffen kann Klaus Nadler auf seinem Schiff die Notpinne nicht oben an Deck bedienen, sondern nur unter Deck, in der geschlossenen Achterkoje sitzend. Also räumt er in der Eignerkabine zunächst die Matratzen und Betten aus der Koje und steckt dann das kurzarmige T der Notpinne aus starkem Edelstahl direkt auf den Ruderquadranten.

Als er testweise die Yacht aus seinem neuen Steuerstand steuert, stellt er fest, dass die Steuerung extrem hart und direkt ist. Und ihn ungewöhnlich viel Kraft kostet. Außerdem muss der Skipper zur Bedienung halb liegend, halb kauernd eingeklemmt auf dem Lattenrost des Bettes liegen.

Aber das Schlimmste ist: Er ist unter Deck jeder Sicht nach draußen beraubt. Zudem fehlt in seinem provisorischen Steuerstand in der Achterkabine jede Möglichkeit, den Kurs seines Schiffes zu prüfen und zu korrigieren. Eine Stunde verbringen die beiden Segler am Nachmittag damit, das Steuern des Schiffes unter Motor und Notpinne zu trainieren. Ohne Kompass, ohne Sicht, ohne Karte scheint ihnen das zuerst unmöglich. Abhilfe schaffen der kleine Handkompass und ein iPad mini, das sich Klaus auf dem Lattenrost vor sich zurechtlegt, und das die Position der SAPHIR in der elektronischen Seekarte anzeigt.

Als die Nacht kommt, sind sie den Lichtern der Katzenbucht der Ilha de São Vicente nahe. Doch gut 3 Seemeilen vor der Einfahrt in den über 3 Meilen breiten Kanal zwischen den Inseln nimmt durch die Düse auch der Wind zu. Auf 35 Knoten, rund 65 Kilometer pro Stunde oder 7 Beaufort, klettert die Anzeige. Weil der Grund vor den Inseln ansteigt, beginnen die Wellen steiler zu werden und zu brechen. In diesen Momenten fällt der Autopilot aus. Auch am Ruderrad geht nichts mehr: Es dreht leer durch, mit dem Rad lässt sich die SAPHIR nicht mehr auf Kurs halten. Auf dem Meer ist viel los. Fischer, Fähren, Trawler sind in dieser Nacht unterwegs. Das Schiff treibt auf die schroffen Felsen der Baia das Gatas zu. Es bleibt nur noch die Notpinne.

Aber was draußen auf dem offenen Meer bei langen Wellen und deutlich weniger Wind gut klappte, entpuppt sich hier im Kanal als echte Herausforderung. Klaus Nadler sitzt auf dem blanken Lattenrost seines Bettes und stemmt sich ein, er braucht alle Kraft, um mit einem Arm die unter der Koje verbaute Ruderwelle mit der Notpinne zu bewegen. In der anderen Hand hält er das iPad mini, das ihm im funzeligen Licht der Heckkoje seinen Kurs anzeigt.

Über ihm, in Rufweite über dem offenen Achterluk, steht seine Frau, die ihm im Starkwind Kurs und Position der umliegenden Schiffe zuruft, damit der Segler nicht mit einem der zahllosen Schiffe kollidiert. Über Satellitentelefon informieren sie die Coast Guard über ihre Situation. Die Retter versprechen, in zwei Stunden bei dem havarierten Schiff zu sein.

Nadler versucht weiter, die SAPHIR aus seiner Koje heraus quasi im Blindflug zu steuern. Kartenplotter und GPS auf dem iPad Mini sind seine Sehhilfen in dieser Nacht, doch das GPS auf dem iPad erweist sich als zu träge, es braucht 10, 20 Sekunden, bis es Kursänderungen auf dem kleinen Bildschirm sichtbar macht. Selbst mit Handkompass braucht Nadler wieder und wieder Zeit, um seinen Kurs zu korrigieren, weil der lose Kompass mit den Schiffsbewegungen in der Achterkoje hin und her schleudert. Wegen des Schiffsverkehrs und ohne Sicht hat er Sorge, mit einem anderen Schiff zu kollidieren.

Ein ums andere Mal droht die SAPHIR bei dem Versuch, auf Kurs zu bleiben, im Starkwind querzuschlagen. Nadlers Hand krampft sich um das schwere Edelstahlrohr der Notpinne, er drückt mit aller Kraft. Langsam lernt er, mit seinen Kräften hauszuhalten und weite Ausschläge zu vermeiden. Seine Hände schmerzen, er macht nur kleine Bewegungen, mit denen er das Schiff unter Motor langsam in Richtung des Kanals zwischen den Inseln lenkt. Doch je näher er den Inseln kommt, umso heftiger brechen sich die Wellen.

Dann schlägt das Schiff quer und legt sich schwer auf die Seite. Eine Welle bricht genau an der Bordwand. Sie überspült Achterschiff und Cockpit, durch das offene Luk stürzen Hunderte Liter Salzwasser auf den steuernden Skipper in seiner Achterkoje. Er sitzt in einem Salzwasserbad und kann nur zusehen, wie das Wasser sich seinen Weg von der Schlafstelle nach unten sucht, als das Schiff wieder aus den Wellen hochkommt, sich aufrichtet und auf seine instinktive Ruderkorrektur reagiert. Nadlers Frau kann sich oben festhalten, nur das triefende iPad mini vor ihm leuchtet unbeeindruckt aus Dunkelheit und Nässe und zeigt weiter den Kurs an.

Wo bleibt die Coast Guard? Sie sollte längst da sein! Doch die kapverdischen Retter können die SAPHIR in dem Wust an Lichtern und Fahrzeugen, die in dieser Nacht auf dem Wasser unterwegs sind, nicht ausmachen. Nadler versteht nicht, warum sie die SAPHIR nicht anhand des AIS orten können. Zwei Stunden steuert Klaus Nadler weiter sein Schiff, während Katrin von oben an Deck aus versucht, über Funk ihre genaue Position an das Rettungsboot durchzugeben. Immer wieder bittet die Küstenwache um Lichtsignale von der SAPHIR, um das Schiff zwischen anderen schneller zu identifizieren. Doch mittlerweile sind alle Taschenlampen an Bord ausgefallen, die Batterien erschöpft. Die Toplichter funktionieren noch. Katrin Trautwein geht hinunter ans Panel und schaltet dort das Toplicht ein und aus, um mit diesem Blinksignal ihren Standort den Seenotrettern zu signalisieren.

Dann haben sie endlich das Rettungsboot in Sicht. Soviel sie in der Nacht erkennen können, ist es nicht mehr als ein überdimensioniertes Schlauchboot mit dicken seitlichen Gummikammern, mit dem sie sich, als es nur wenige Meter parallel zur SAPHIR fährt, in Rufweite verständigen können. Wegen der Wellen und des starken Windes können die kapverdischen Retter in der Nacht nur vom Parallelkurs aus versuchen, eine Trossenverbindung herzustellen. Ein Ball mit einer Pilotleine fliegt mit dem Wind vom Rettungsboot herüber, Nadler stürzt aus seinem Unterdeck-Steuerstand an Deck und versucht mit aller Kraft, die Pilotleine samt der schweren Schlepptrosse durchs Wasser zu sich aufs Vordeck der SAPHIR zu zerren und an deren Bugklampe zu befestigen. Brutal zerrt die Schlepptrosse an der Bugklampe der SAPHIR, als das Boot der Seenotretter anzieht. Nach einer halben Stunde angespannter Fahrt, gegen 2 Uhr am Morgen, erreichen die kapverdischen Retter mit der havarierten SAPHIR im Schlepp die Bucht von Mindelo. Die Wellen werden kleiner, in der Hafenbucht ist die See plötzlich ruhig. Der Windmesser zeigt nur noch wenige Knoten Wind an. Die Coast Guard nimmt die SAPHIR nun an die Seite und bugsiert sie sanft an den Anlegesteg in der Marina, wo trotz der nächtlichen Stunde jede Menge Leute warten, Segler, Marinamitarbeiter, Offizielle in Uniform, die sie fröhlich begrüßen und zu ihrer Rettung beglückwünschen.

Um vom Adrenalin wieder runter zu kommen, kochen die beiden Segler um 03:00 Uhr nachts Spaghetti Bolognese und öffnen eine gute Flasche spanischen Rotwein, bevor sie in unruhigen Schlaf sinken.

Zwei Tage benötigen sie, um dem eigentlichen Defekt der Ruderanlage auf die Schliche zu kommen. Anders als die meisten Yachten erfolgt auf ihrem Schiff die Kraftübertragung vom Steuerrad aufs Ruder nicht über Drahtzüge und Umlenkrollen, sondern über Stangen und Kardangetriebe. Der Komfortsitz hatte das Steuerrad so blockiert, dass an den Zahnrädern des Kardangetriebes zwei Zähne zerstört wurden und für die weiten Ausschläge der SAPHIR in den Seen sorgten.

Nadlers Versuche, in Mindelo ein neues Getriebe aufzutreiben, scheitern erst mal. Nicht am Preis von 3000 Euro, sondern weil es Wochen dauern würde, bis das Ersatzteil auf den Kapverden einträfe. Stattdessen findet er einen Mechaniker, der Zahnräder reparieren und fräsen kann. Dieser ersetzt die fehlenden Zähne, indem er Material aufschweißt und in der Zahnfräsmaschine dann die Zähne fast sauber ausfräst. Die einfache Reparatur in der kapverdischen Werkstatt kostet 60 Euro.

Fragt man Klaus Nadler, ob ihn sein Erlebnis verändert hat, antwortet er präzise. „Ich kannte Stresssituationen aus den Bergen und wusste, dass ich ruhig und überlegt bin. Dass mein Gehirn funktioniert und ich sehr klar den nächsten und vor allem gleich den übernächsten Schritt planen kann.

Geblieben ist das Gefühl, dass Katrin und ich uns zu 100 Prozent aufeinander verlassen können. Weder Katrin noch ich fielen wegen Panik aus. Wir wussten auch voneinander, dass jeder von uns in einer Notsituation funktioniert. Ich wusste, dass ich mich völlig auf sie verlassen kann, dass sie stark ist und nicht hilflos ausfällt, sondern ihren Job weiter macht.

Positiv war auch, dass wir die Notpinne intensiv ausprobiert hatten und die Lösung mit dem iPad fanden. Durchs Ausprobieren wussten wir um die Schwierigkeiten. Wir haben die Situation, nachdem wir unter Motor einigermaßen sicher liefen, x-mal durchgesprochen, haben durchgespielt, wie das Notpinnen-Manöver abläuft, wenn wir ankommen, falls uns die Küstenwache nicht rechtzeitig aufgreift.

Man kann eine Situation nicht oft genug durchspielen. Das mentale Training, ‚Was mache ich, wenn?', ist entscheidend. Gerade wenn man zu zweit ist, braucht man eine gemeinsame Sprache. Die Verständigung muss vorher geübt werden. Wenn der Adrenalinpegel ganz oben ist, muss das funktionieren. So gut ich in der tatsächlichen Gefahrensituation auch agiert habe, so sehr habe ich doch einen Riesenfehler begangen. Es hätten sich deutlich weniger Schwierigkeiten ergeben, wenn ich gründlicher nach der Ursache für den Steuerungsausfall gesucht hätte. Wir waren zunächst einfach froh, unter Motor einigermaßen in Sicherheit zu sein. Ich hätte allerdings viel mehr Ursachenforschung betreiben und durchprobieren müssen, wo der Defekt denn wirklich steckt. Dann hätte ich festgestellt, dass das Getriebe kaputt ist. Es wäre dann ein Einfaches gewesen, das Getriebe abzuklemmen und das Boot nur mit dem zweiten Autopiloten bis Mindelo zu segeln. Vielleicht wäre das Anlegen unter Autopilot ungewohnt gewesen. Aber dabei hätte uns sicher die Coast Guard unterstützt."

Ob seine Angst beim Segeln größer geworden ist, frage ich Klaus Nadler. „Ich hatte bereits beim Bergsteigen gelernt, dass ich mich stets dort vorsichtiger bewege, wo es offensichtlich gefährlicher ist. Ich versuche mir heute eher klarzumachen, dass in scheinbar ungefährlichen Situationen, wie beim Gang durchs hell erleuchtete Treppenhaus, mehr Unfälle passieren als bei schummrigem Licht, wo jeder erhöhte Vorsicht walten lässt. Übersetzt heisst das: Wenn ich über Gefahren in meinem Leben nachdenke, finde ich es heute weitaus riskanter, mit 150 Sachen über die Autobahn zu brettern."

Klaus Nadler und seine Frau Katrin blieben mehrere Tage auf den Kapverden. Mitte Februar segelten sie von dort in 13 Tagen über den Atlantik nach Barbados und verbrachten die Saison auf den kleinen Antillen. Die karibische Hurrikanzeit von Mai bis November blieben sie an der amerikanischen Ostküste und segelten bis hinauf nach Maine und dann wieder zurück nach Annapolis in der Chesapeake Bay.

„Das Getriebe, das der Mechaniker in Mindelo repariert hatte, hielt die ganze Reise über den Atlantik und zurück. So, als hätte es den Ruderschaden und Fast-Schiffbruch nie gegeben. Erst bei einem späteren Rückflug von Deutschland nach Trinidad brachten wir das neue schwere Mambagetriebe mit auf die SAPHIR. Es braucht nur fünf Schrauben, um es einzubauen. Wir haben das alte ersetzt, nicht weil es schadhaft geworden wäre, im Gegenteil. Sondern weil wir das Gefühl hatten, dass es irgendwie doch ein defektes Getriebe ist. Aber vielleicht ist das bloß reiner Aberglaube. Wir planen jedenfalls gerade die Fortsetzung unserer Reise auf unserem Schiff: die großen Antillen, Mittelamerika, den Panamakanal, Alaska, die Galapagos-Inseln und dann weiter zu den Osterinseln."

Als ich mich von Klaus Nadler verabschiede, beschäftigt mich an seiner Geschichte neben dem Gedanken an die Notpinne auf meinem Schiff vor allem die Kettenreaktion, die ein banaler Alltagsgegenstand, wie ein achtlos abgestellter Klappsitz, auf einem Boot in Gang setzen und eine kleine Crew vor einige Herausforderungen stellen kann.

Auf einem Schiff entsteht Unheil, wenn drei Dinge zusammenkommen: Etwas, das nicht mehr funktioniert, kann eine erfahrene Besatzung selten in die Bredoullie bringen. Doch in Verbindung mit einer ungewöhnlich konstruierten Notpinne und einem nächtlichen Landfall bei 35 Knoten Wind auf einer unbekannten Insel kann eine Situation entstehen, die außer Kontrolle gerät.

Ob es meine „Regel der drei Dinge" wirklich gibt? Für dieses Buch werde ich Skipper, Profisegler und Seenotretter besuchen und interviewen. Vielleicht wird mir diese Regel bei meinen Gesprächen häufiger begegnen? Am offensichtlichsten ist diese Gesetzmäßigkeit wenige Wochen später in der Begegnung mit einer Skipperin auf einem Folkeboot, das an einem friedlichen Septembersonntag auf der Flensburger Förde seinen Kiel verliert. Aber das ist eine andere Geschichte.

Seenot, französisch:
„Situation de détresse"
„Etre en perdition"
deutsch.: „Am Rande des Abgrunds sein"

Loïck Peyron
Atlantik. Biskaya.

„Ich bin ein Optimist-Fatalist."

Auf dem Weg zu Loïck Peyron. Nach der Ankunft um Mitternacht im verregneten Nantes liege ich lange wach. Ich habe ein winziges Hotelzimmer gleich am Gare de Nantes, unten im Souterrain. Vor meinem Fenster liegt das Fallrohr der Dachrinne und gurgelt weit in meinen dämmrigen Schlaf hinein. Irgendwann halte ich die Uhr vor meine Augen: 05:30 Uhr.

In drei Stunden treffe ich Loïck Peyron. Wir sind fast gleich alt, Ende 50. Was hat dieser Mann alles erlebt, der den Atlantik mehr als 50 Mal überquert und die Welt vier Mal umrundet hat, während ich am Schreibtisch saß?

Zudem ist er schneller unterwegs als die meisten. Er segelt häufig Trimarane, auf Schnelligkeit gebaute dreirümpfige Boote – große, kleine, wie es gerade kommt. Und er segelt häufig einhand, also allein auf sich gestellt. Tut er es nicht, führt er Teams in die großen Regatten: *Transat Jacques Vabre, Vendée Globe, America's Cup*, die großen Namen.

Unsere erste Begegnung war eher zufällig. Ein halbes Jahr zuvor hatte er als Markenbotschafter eines großen Autokonzerns einen Vortrag gehalten. Ein drahtiger, quirliger Mann, dessen Gesicht mit den buschigen Augenbrauen die Zuhörer anzieht wie ein Magnet, während er in französisch gefärbtem Englisch ein Feuerwerk aus Mimik, Erlebnissen und klugen Erfahrungen abbrennt. Ich weiß nicht, ob Loïck je in Seenot war, ich habe es vor unserer Begegnung nicht abgeklärt. Ich bin neugierig auf ihn, ich weiß nur, er hat etwas zu sagen. Auf meine Frage, ob ich mit ihm über das Thema Seenot sprechen könne, schreibt er einfach: „Komm!"

Als ich nach einer Stunde Zugfahrt aus dem Bahnhof des kleinen Ortes an der Loiremündung in die wehenden Regenfahnen hinaustrete, steht Loïck Peyron wie verabredet da, als könnte das nicht anders sein. Es regnet, ein heftiger Südwest beugt die Bäume. Am späten Oktober und seiner Unbill ändert auch das Zauberwort „Ich bin in der Bretagne" nichts, da kann ich es flüstern, so oft ich will. Loïcks Haus liegt zehn Minuten vom Bahnhof entfernt am Meer. „Oh là là", sagt er, als er am großen Fenster seines Wohnzimmers steht und hinausschaut in die vom Südwesten herandonnernden Grundseen. „Das hat ganz schön Wind heute." Er sagt diesen Satz nicht leichthin. Er spricht ihn für sich, als wäre er nicht hier, sondern bei denen, die jetzt draußen sind in diesen Seen auf der Biskaya, als spüre er in diesem Moment ihre Empfindungen, dieses Gemisch aus Erschöpfung und Nässe, Glücksgefühl und Bangen.

Ob er und seine Frau nach all den Jahren denn noch Wasser sehen könnten? Da schaut mich das zerfurchte Gesicht mit den buschigen Augenbrauen nur kurz an: „Aber ja. Ich lebe seit 40 Jahren hier an diesem Ort. Ich bin zwar viel unterwegs, aber dies ist der Platz, an dem ich lebe."

Das Haus am Meer scheint in den brechenden Wellen zu erzittern. Ein dumpfes Grollen ist um das Gebäude, verstärkt durch den Wind. Als ich Peyron frage, ob er schon einmal in Seenot geraten war, kommt seine Antwort schnell und mit dem mutwilligen Jungen-Lächeln, mit dem einer in der Kurve vom Motorrad fliegt und gleich danach lachend wieder aufsteht. „Oh ja. Ich war öfter in Seenot."

Und dann erzählt Loïck Peyron sein Leben. Es ist ein Lebenslauf in Seenotfällen. Solche, die ihn veränderten, als er davon hörte. Solche, die er erlebte, und die ihn prägten.

Zum ersten Mal kommt er mit dem Thema in den frühen 70ern in Berührung. Er ist 14 und streicht um alles herum, was mit Booten und dem Segeln zu tun hat. Im Wintertraining in La Trinité-sur-Mer in der Südbretagne erzählen seine Teamkollegen eines Abends von einem Unglück im Ärmelkanal. Docteur D., so nennt Loïck Peyron ihn, ist mit Frau und Kindern auf seiner *Super Harlequin* auf dem Weg von Frankreich nach England unterwegs, als seine Yacht bei Starkwind und schlechtem Wetter mit einem im Wasser treibenden Gegenstand kollidiert. Der Wind weht hart. Die Yacht schlägt leck und ist im Nu dabei, mitten im Kanal zu sinken. Handy, Smartphones, Distress Buttons gibt es damals noch nicht, wer in den 70ern segelt, ist „unplugged", wie Loïck Peyron es nennt – ohne Verbindung und auf sich gestellt. Der Mann lässt seine Rettungsinsel ins Wasser fallen, sie bläst sich ordnungsgemäß auf. Während die Yacht hilflos in brechenden Seen und Regenschauern treibt und langsam vollläuft, befestigt er die Rettungsinsel am Heck des Schiffes. Packt Trinkwasser, Lebensmittel, Dokumente hinein. Bittet dann seine Frau, mit den Kindern in die Rettungsinsel zu gehen. Erst springt sie hinüber, dann die Kinder. Als alle sicher in der Rettungsinsel sind, klettert der Skipper ein letztes Mal zurück an Bord, um noch einmal unter Deck zu gehen.

Als er sich unter Deck durchs Wasser zurück zum Niedergang und hinauf ins Cockpit kämpft, ist die Rettungsinsel weg. Vielleicht hat er sie in der Nervosität mit dem falschen Knoten am Heck befestigt, vielleicht hat sie sich im Sturm losgerissen: Jedenfalls ist die Rettungsinsel samt seiner Frau und den Kindern fort. Er brüllt in die Regenfahnen, er schreit gegen das Schicksal an. Aber er kann sie da draußen nicht mehr ausmachen.

Die Rettungsinsel ist fort und treibt irgendwo auf dem Meer. Ihm bleibt nichts anderes übrig, als auf seiner Yacht auszuharren. Die Rettungsinsel ist ja ein sicherer Ort, er hofft, seine Frau und die Kinder werden überleben. Tage später, als der Sturm abgeflaut ist, entdeckt man Docteur D. unversehrt an Bord seiner Yacht. Sie ist zwar vollgelaufen, doch sie treibt aufrecht in den Wellen. Auch die Rettungsinsel findet man – doch sie ist leer.

Als Loïck Peyron seine Erzählung unterbricht, herrscht einen Moment lang Stille. Plötzlich ist das Donnern der Wellen, das Vibrieren des Hauses wieder da. Und der Wind, der vor dem Fenster die ohnehin gebeugten Pinien biegt.

„Ich war 14“, sagt Loïck Peyron, „als ich diese Story hörte. Sie hat mich so beeindruckt, dass ich mir geschworen habe: ‚Was jemals auch passieren wird: Ich bleibe auf dem Boot, solange es irgend geht.‘

Die Regel Nummer eins ist, in einem Seenotfall auf seinem Boot zu bleiben, solange die Umstände es erlauben.

Jahre später traf ich Docteur D. und bin mit ihm gesegelt. Er hat die *Super Harlequin* nach der Kollision abschleppen lassen und wieder instand gesetzt. Er segelte sein Schiff immer noch, er war ein freundlicher, schweigsamer Mann. Doch mit keinem Wort erwähnte er das, was er erlebt hatte. Für mich war das meine Lektion Nummer eins, die ich über das Verhalten in einem Seenotfall lernte.“

Seinen ersten Schiffbruch auf dem Atlantik erlebt Peyron mit 19. Seine Erzählung beginnt mit einem persönlichen Einschnitt. „Vier Jahre nach dem Wintertraining in Trinité flog ich zuhause raus. Es war nichts, was überraschend kam, mein Vater war ein Mann der klaren Regeln und er kommunizierte sie auch. Wir kannten sie. Er arbeitete als Kapitän eines *Shell*-Supertankers, wir nannten seine Tätigkeit etwas despektierlich auch ‚von Beruf Abwesend'.

Es war meine Mutter, die uns fünf Kinder erzogen hat, meine beiden Brüder und die zwei Schwestern, aber mein Vater machte die Regeln: ‚Solange ihr die Schule fertigmacht und das Bacalauréat, euer Abitur, macht, könnt ihr weiter zuhause wohnen. Wenn ihr eure Ausbildung vernachlässigt oder hinschmeißt, dann solltet ihr gehen und euren eigenen Weg suchen.' Ich fand das gut. Heute klingt so etwas hart, doch er sagte das nüchtern und keineswegs im Zorn oder als Drohung.

Es war seine Art, uns beizubringen, was Verantwortung und Freiheit bedeuten. Ich hab das mit der Schule wirklich versucht, aber von Tag zu Tag fühlte ich: Das ist nicht meins. Ich wollte segeln. Also flog ich von zuhause raus, wie übrigens alle meine Geschwister auch. Nur wenn Vater auf dem Tanker unterwegs war, sind wir heim zu Mutter, sie fütterte uns heimlich durch."

Peyron ist damals 19. Es sind die rebellischen späten 70er, Jahre des Aufbruchs. Er hört von einer Regatta kleiner Boote, die von England über den Atlantik gehen soll. Geld hat er keins, aber irgendwie schafft er es, sich einen brauchbaren Rumpf für die Teilnahme zu erbetteln. Es fehlt ihm nur noch ein Mast für den winzigen Bootsrumpf. Und Segel. Also streicht er wieder einmal in den Häfen um die Boote herum und wird schließlich fündig: Er stöbert den herrenlosen Mast einer *Soling* auf, eines kleinen Kielbootes. Dass der nur ein dürres Stängelchen ist, für eine Atlantiküberquerung denkbar ungeeignet, stört ihn nicht. Hauptsache, sein Boot hat einen Mast, mit dem er lossegeln kann. Mit Begeisterung macht er sich daran, den Mast zu stellen. Um seinem Boot einen unverkennbaren Touch zu geben, streicht er das Ruderblatt am Schluss in leuchtendem Pink.

Start der Regatta soll in Penzance an der Küste Cornwalls sein, dem westlichsten südenglischen Hafen vor dem Atlantik. Weil Segeln fern der Küste in derart kleinen Booten in Frankreich gesetzwidrig ist, schleichen sich die französischen Teilnehmer bei Nacht und Nebel aus ihren Heimathäfen, um über den Ärmelkanal hinweg überhaupt den Startpunkt in Cornwall zu erreichen. Das Rennen soll von Penzance über Teneriffa in die Karibik führen. Einzige Vorschrift des Veranstalters ist es, ein Funkgerät mitzunehmen, damals ein Gerät, groß wie ein Koffer und ebenso schwer.

„Ich sollte den Mast hinauf", erzählt Loïck Peyron, „um die Antenne im Topp zu befestigen. Aber das ging nicht. Obwohl ich nicht groß bin, hätte dies das dünne Stämmchen meines Mastes glatt durchgebogen, also hab ich die Antenne einfach regelwidrig im Heck befestigt. Das musste reichen."

Zehn Tage nach dem Start in Penzance segelt Loïcks kleines Boot parallel zur marokkanischen Küste auf die Kanaren zu. Sein Boot besitzt eine Windfahnen-Pendelsteuerung und hält unter Wind selbstständig Kurs südwestwärts, als das ersehnte Ziel, die Kanareninseln, als Schemen am Horizont in Sicht kommen. So übermüdet er nach Tagen mit zu wenig Schlaf auch ist, er bricht in Jubel aus. Er steckt sich die winzigen Kopfhörer seines Weltempfängers in die Ohren, um Musik zu hören, während die im Heck hin und her pendelnde Windfahne sein Boot im Sonnenuntergang weiter automatisch steuert.

Dann reißt ihn ein Krachen aus dem Schlaf. Wie lang er geschlafen hat, kann er nicht sagen. Doch er erkennt in der

Dämmerung eine hohe schwarze Felswand vor sich, vor der sein Boot auf die Felsen gekracht ist. Mit jeder Welle schlägt der Rumpf erneut auf die Steine. Als er sich umschaut, begreift er, was geschehen ist. Unbemerkt hat in Landnähe der Wind gedreht. Die pendelnde Windfahne ist dem Wind brav gefolgt und hat dafür gesorgt, dass sein Boot mit dem Wind den Kurs geändert hat – auf die Felsküste Lanzarotes zu, der nördlichsten der Kanareninseln.

Als das Wasser mit der fallenden Tide abläuft, erkennt er vor der Felswand die Kante des ebenen Felsplateaus, auf das er aufgelaufen ist. Loïck ist sich in diesem Augenblick sicher, dass er sein Boot verlieren wird, sobald das Wasser wieder 2 Meter steigen wird und die Wellen es stundenlang weiter auf die Steine werfen werden. Er springt vom Boot und entdeckt in der Felswand vor sich eine Höhle. Weil er keine Hoffnung hat, sein Schiff in der kommenden Flut retten zu können, räumt er seine wenige Habe vom Boot herunter und schleppt sie in die Höhle am Ufer. Dann wartet er die Nacht über, dass das Wasser wieder steigen und die Wellen sein Boot mit dem schlanken Mast in Stücke hauen werden.

Als am Morgen das Wasser kommt, kommen auch die Wellen. Doch sie kommen nicht allein. Eine kanadische Fahrtenyacht bemerkt sein Malheur und eilt ihm zu Hilfe. Während die Fahrtenyacht am Spinnakerfall am obersten Punkt des Mastes zieht und versucht, sein Boot seewärts zu neigen, steigt Loïck Peyron auf der Landseite ins Wasser und stemmt sich unter sein Boot, um es vom Plateau zurück in tieferes Wasser zu schieben. Loïck drückt mit aller Kraft. Tatsächlich stürzt die kleine Yacht von den Felsen herunter ins Wasser und ist wieder frei.

Nur die Pinne samt dem pinkfarbenen Ruderblatt ist weg. Wie soll er segeln ohne Steuer? Wieder hat er Glück: Ein Fischer entdeckt das unübersehbare pinkfarbene Teil auf dem

Meer und bringt es dem manövrierunfähigen Skipper, während der noch im Schlepp der Kanadier hängt.

„Das war meine Lektion Nummer zwei", sagt Loïck Peyron heute. „Jeder hat einen persönlichen Schwachpunkt. Und ich habe meinen bei dieser Sache kapiert. Es ist der Moment, in dem ich Land sehe und denke: ‚Jetzt hab ich alles geschafft'. Sobald ich heute denke ‚Ich hab's geschafft', ist das für mich ein Signal, dass ich jetzt doppelt und dreifach aufmerksam sein muss. Man kennt das auch von Bergsteigern: Die meisten Unfälle passieren beim Abstieg. Oder dann, wenn nach stundenlanger Anstrengung die Hütte in Sicht ist."

Seine nächste Seenoterfahrung macht Peyron im Jahr unmittelbar nach dem Mini-Transat und dem gerade beschriebenen Erlebnis. Vom Mini-Transat kommt der Skipper vollkommen abgebrannt zurück. Schon auf der Regatta war er knapp bei Kasse und hatte streckenweise nichts mehr zu essen. Jetzt ist er pleite. Um etwas Geld zu verdienen, nimmt er den Auftrag eines Eigners an, dessen Segelyacht von der Bretagne in die Karibik zu überführen. Weil der Auftrag ausgesprochen gut bezahlt wird, nimmt er ihn an mit der Absicht, die 37 Fuß, also mehr als 11 Meter lange *Jeanneau* vom Typ *Gin Fizz* einhand und damit allein über den Atlantik zu segeln.

Typisch für diese Jahre ist das Schiff spärlich mit Elektronik ausgestattet. Kartenplotter, GPS, AIS, das Position, Kurs und Geschwindigkeit entgegenkommender Schiffe anzeigt, EPIRB-Seenotsender, Smartphone, Internet: All das ist noch nicht erfunden. Für die Navigation befinden sich nur ein Sextant und Seekarten an Bord. Und fürs Wetter ein Weltempfänger-Radio, um einmal täglich zu bestimmten Zeiten den Seewetterbericht zu hören. Dafür ist die *Gin Fizz* voller Bücher, der Eigner will umziehen nach Guadeloupe, und weil er viel liest, nimmt er eben all seine Bücher mit. Weil Loïck Peyron seinen Verdienst sparen will und geizt, kauft er zu wenig Lebensmittel.

Schon nach zehn Tagen muss er hungern, als er etwa auf halber Distanz aus heiterem Himmel heftige Bauchschmerzen bekommt. Was er anfangs für ein vorübergehendes Bauchweh hält, verschlimmert sich. Er bekommt Schweißausbrüche, dann muss er sich zum ersten Mal übergeben.

Unter den zahlreichen Bänden des Buchliebhabers entdeckt er das Segelhandbuch der berühmten *École de Glénans*, der bretonischen Segelschule, an dessen Ende auch ein paar Seiten medizinisches Basiswissen an Bord eingefügt sind. Unter den Symptomen „Bauchschmerzen, Schweißausbrüche, Erbrechen" findet er den Hinweis auf einen entzündeten Blinddarm. Und den dringenden Hinweis, dass diese Erkrankung keinen Aufschub duldet und sofort operativ behandelt werden muss.

„Ich hatte also einen akuten Blinddarm. Ich wusste, wenn ich jetzt nichts tue, bricht der entzündete Blinddarm durch. Ich war nicht weit weg davon zu sterben. An Bord war rein gar nichts. Kein Antibiotikum. Kein Panik-Button, wie es ihn heute auf Regattabooten gibt. Da war nichts. Ich war voller Angst zu sterben."

Während die *Gin Fizz* weiter westwärts segelt, ist der 19-jährige sicher, dass er sterben wird und beschließt, sein Testament zu verfassen. Dessen Anfang kündet von der Verzweiflung des Seglers: „Mein Name war Loïck Peyron …". Er schreibt das Testament mehrfach, und um sicherzugehen, dass sein letzter Wille auch gefunden wird, pappt er die Zettel überall aufs Boot. Weil er damit rechnet, dass die Schmerzen zunehmen werden, nimmt er als letzte Option sein Taschenmesser, ein *Opinel*, und legt es neben den Brenner des Gasherds in der Kombüse, bereit, es zu erhitzen, um sich selbst zu operieren.

Sein Zustand verschlimmert sich. Er leidet unter höllischen Schmerzen im Bauch, die Krisis dauert zwölf Stunden. Dann wacht er auf. Er fühlt sich deutlich besser, kann zum ersten Mal wieder an Deck gehen. Es ist windstill, mit flappenden Segeln liegt die Yacht in den Wellen. Da entdeckt er einen Frachter am Horizont, der auf hoher See genau auf ihn zuhält. Er weiß, ein Antibiotikum würde ihn retten. Er setzt sich ans Funkgerät, der Frachter antwortet. Es ist ein italienisches Schiff, die CENTAURO, vor acht Tagen ist sie in der Karibik aufgebrochen. Acht Tage, die Loïck noch mindestens vor sich hat, bevor er in Landnähe und damit in Reichweite eines Hospitals kommt. Über Funk erklärt der 19-jährige dem italienischen Kapitän, dass er kein Essen mehr hat. Und an einer akuten Blinddarmentzündung leidet.

Als der Frachter näher kommt, verlangsamt er seine Fahrt und kommt in der windlosen See neben der *Gin Fizz* zum Stehen. Der italienische Kapitän lässt ein Tau herüberwerfen, das Loïck an Deck befestigt. Dann seilt die Besatzung Essen zu ihm ab. Wahre Delikatessen landen bei ihm an Bord, Pakete mit gekühltem Fleisch, frischen Orangen. Vor allem erinnert sich Loïck Peyron an die ein Meter langen Spaghetti, die zu ihm samt darin verpacktem Antibiotikum herabschweben.

„Das war die Rettung. Aber es war auch verführerisch. Die Freundlichkeit der Italiener, die sofort fragten, ob ich mich nicht abbergen lassen wolle. Ich war krank. Dort lag die CENTAURO neben mir, ein sauberes Krankenbett wartete auf mich. All die freundlichen Menschen, die sich meiner annehmen würden. Ich wäre in guten Händen und gerettet, statt allein weiterzusegeln im Ungewissen, ob ich meine Erkrankung auch wirklich in den Griff bekommen würde. Ich habe in diesem Moment daran gedacht, dass meine Quälerei mit einem Mal ein Ende hätte, wenn ich mich abbergen lassen würde. Ich entschied mich, auf meinem Schiff zu bleiben –

und diese Entscheidung fiel mir schwer, sehr schwer. Ich bat sie noch, ein Telegramm an meine Eltern zu senden, dass ich wohlauf wäre, was nicht der Wahrheit entsprach."

Dann sieht er dem Heck der CENTAURO nach, die langsam am Horizont nach Osten verschwindet. Voller Dankbarkeit packt er das Antibiotikum aus. Doch es sind keine Tabletten zum Einnehmen, sondern Ampullen zum Spritzen. Weil er keine Spritzen zur Verfügung hat, beschließt er, das Antibiotikum eben zu trinken.

Zwei Tage später ist er wieder fit, segelt weiter und liefert die *Gin Fizz* wie vereinbart in der Karibik auf Guadeloupe ab. Mit dem Blinddarm im Bauch fährt er noch zwei weitere Male über den Atlantik, bevor er sich operieren und ihn entfernen lässt.

Loïck Peyron denkt einen Moment nach. „Die Berge und das Meer haben eines gemeinsam: Wenn dir etwas passiert, schaffst du es allein auf keinen Fall." Ich frage Loïck Peyron, warum er nach Strapazen wie diesen eigentlich weitergemacht hat und immer wieder hinaussegelte. Hatte er nie Zweifel?

„Ich habe mir schon tausend Mal in irgendwelchen Stresssituationen geschworen: ‚Dies ist das letzte Mal!' Doch, Zweifel gibt es genug. Der Zweifel ist für mich ein wichtiges Instrument. Leute, die sich ihrer Sache sicher sind, sind gefährlich. Wenn ich von irgendetwas an Deck behaupte, ‚Das und das ist sicher!', ist das meist der Beginn des Chaos. Wenn du immer zweifelst, ist das aber nicht gut. Und Zweifeln ist auch etwas anderes als Zögern. Der Zweifel macht dich fähig, dich und jedes Detail kritisch zu hinterfragen, deine Meinung zu revidieren."

Ein Jahr später nimmt er erneut den Auftrag an, eine Yacht zu überführen. Es soll von Ibiza nordostwärts entlang der Küste Mallorcas auf direktem Weg nach Südfrankreich gehen. Diesmal ist der Skipper nicht allein. Er hat drei Passagiere an Bord des 11 Meter langen Schiffes, enge Freunde des Eigners: ein Pokerspieler und zwei aus den führenden Familien Ibizas stammende Männer. Erfahren auf dem Meer ist außer dem inzwischen 20-jährigen Loïck keiner von ihnen.

Bis Cap de Creus, dem südöstlichsten Punkt Spaniens kurz vor der französischen Grenze, läuft alles gut. Plötzlich kommt Sturm aus Norden auf. Die Tramontana ist an der katalanischen Küste bis hinüber nach Mallorca ein gefürchteter Wind. Und das nicht nur, weil sie tagelang heftig wehen kann. Die See wird rau. Das Schiff besitzt keinen Autopiloten, Loïck Peyron muss jede Kabellänge – den zehnten Teil einer Seemeile – selber steuern, sich gleichzeitig um das Reffen der Segel, den Kurs, die Bestimmung seines Standortes, die Sicherheit des Schiffes und der Passagiere kümmern.

Der 20-jährige ist sich sicher, was er tut. Er genießt jeden Handgriff, er weiß, was er zu tun hat – ganz im Gegensatz zu seinen Passagieren, denen die raue Umgebung lebensbedrohlich erscheint. Als es sehr rau wird, bindet Loïck Peyron das Ruder fest, um ein weiteres Mal nach vorn zu gehen und die Segel der zweimastigen Yacht zu reffen. Als einer der Mitreisenden das unbemannte Ruderrad bemerkt, packt ihn die Panik. Die Angst überwältigt ihn, dass das Schiff wie ein Auto führerlos den Elementen preisgegeben ist, wenn nicht augenblicklich jemand wieder das Steuer in die Hand nimmt.

Mit seiner Panik steckt er die übrigen Passagiere an. Einer von ihnen verlangt, auf der Stelle abgeborgen zu werden. „Ich war so viel jünger und erfahrener als sie“, sagt Loïck Peyron heute. „Sie verstanden einfach nicht, dass du auf einem Boot nicht einfach anhalten kannst. Es war ein regelrechter Kampf mit ihnen, denn diese Männer wollten nicht begreifen, dass sie genau durch diese Situation nun hindurch müssen.

Die drei waren mit dem sprichwörtlichen ‚goldenen Löffel' im Mund geboren und hatten keine Ahnung vom Meer. Da draußen war ein Wetter wie heute. Sie lernten, dass ihr Geld keinen Wert mehr hatte, dass ihnen nur eines übrig blieb in dieser Situation: Sie mussten einfach Vertrauen haben in das Schiff. Und vor allem in einen 20-jährigen Bengel, der anscheinend wusste, was er tat.

Aber ich beging in dieser Situation einen großen Fehler. Mein Fehler war, ihr Problem nicht zu verstehen. Irgendwann begriff ich, dass ich mich reindenken musste in ihr Problem. Und das Problem bestand darin – ich meine das ernst –, dass ihre VISA-Card ihnen jetzt gerade nicht mehr weiterhalf. Das war für sie eine gänzlich neue Erfahrung."

Heute sagt Loïck Peyron, dass dies die Geburtsstunde seiner Idee war, wie man idealerweise ein Team führt. „Du musst erst mal die Schwierigkeiten begreifen, die sich den anderen bei der Erledigung des ihnen anvertrauten Jobs stellen. Als Skipper – oder als Unternehmenslenker – hast du ja meistens keine Ahnung von den Problemen, vor die andere bei Erledigung ihres Jobs gestellt werden. Als Skipper hast du ja nie den Job selber gemacht, den du anderen aufträgst zu tun. Wenn du einen beim Anlegen an die Vorleine stellst, musst du aber genau wissen, welche Probleme vorne beim Anlegen auftreten können. Und das ist das, was mir als Leader im *America's-Cup*-Team so viel Spaß macht: Mich selber als den Öltropfen zu verstehen im Team, der das Räderwerk zum Laufen bringt. Das macht mir wirklich Spaß. Im Grunde genommen bin ich ein Schmetterling, der hin und her flattert, um Probleme der Anderen zu verstehen und sie zu lösen. Ich mag es, in meinem Job ein Schmetterling zu sein."

Wenige Jahre vor diesen Ereignissen ist zum ersten Mal ein Trimaran Sieger einer großen Regatta geworden. Der Skipper

Mike Birch ist zu diesem Zeitpunkt 45 und segelt sein gelbes Dreirumpfboot auf der *Route du Rhum*, der Einhandregatta von Saint-Malo nach Guadeloupe, allein über den Atlantik und ins Ziel – eineinhalb Minuten vor der um Längen größeren Segelyacht des Franzosen Michel Malinovsky. Loïck Peyron ist so fasziniert von der Leistungsfähigkeit der Trimarane, dass er sich in Regatten von Mehrrumpfbooten engagiert. Und sich ab 1996 der größten Klasse von Dreirumpfbooten, den 20 Meter langen *Orma 60* Trimaranen verschreibt.

„Einen *Orma 60* zu segeln ist das Stressigste, was du tun kannst. Du bist mit dem zehn- bis zwanzigfachen der normalen Reisegeschwindigkeit einer Fahrtenyacht unterwegs. Das ist, als würden heutige Autos mit dem zehn- bis zwanzigfachen ihrer normalen Geschwindigkeit über die Straßen schießen. Die Kräfte, die auf dein Schiff einwirken, sind gewaltig. Und immer ist der Stress dein Begleiter: Du kannst in wenigen Sekunden kentern. Dann war's das."

Auf die *Route de Rhum* 2002 geht er mit einem neuen Boot, einer *Orma 60* FUJICOLOR FILM. Ein Neubau – und für Loïck Peyron ein unwiderstehliches Boot: eine dünnhäutige Schönheit gebaut auf Schnelligkeit. An keiner Stelle des Schiffes ist ein Gramm Material zuviel. Der schwierigste Abschnitt der Regatta *Route du Rhum* liegt am Anfang. In der Biskaya, genau vor dem Fenster seines heutigen Wohnzimmers. „Die ersten Tage da draußen sind die übelsten. Jedes Mal. Das hat damit zu tun, dass die *Route du Rhum* stets im Herbst beginnt, wenn die großen Sturmtiefs über den Atlantik fegen und die Biskaya aufwühlen. Und 2002 begann die Regatta besonders heftig."

Wenige Tage nach dem Start ist Loïcks 20 Meter langer Trimaran fast am Kentern. Es ist wirklich gefährlich da draußen in der Biskaya. Weil zuviel Wind ist, hat er längst alle Segel unten und läuft mit blankem Mast mit Kurs Südwest vor dem Wind ab. Riesenwellen rollen aus Nordwest auf die 20 Meter langen Schwimmer des Trimarans zu, die Hohlkörper, die das Schiff gegen das Kippen stabilisieren. Dann kommt eine große Welle aus Nordwesten, sie geht unter dem luvwärtigen Schwimmer und dem Rumpf durch. Ihre Gewalt ist so groß, dass der Leeschwimmer des Bootes den Kräften nicht standhält und dessen Spitze abreißt. Die Schwimmer seines Trimarans stehen jetzt wie ein V auseinander. Mit jeder weiteren Welle bewegt sich der Schwimmer mit, als wäre er ein Teil von ihr. Loïck Peyron ist klar, dass es nur noch eine Frage der Zeit ist, bis der Schwimmer abreißen und danach unweigerlich der Mast fallen wird. Er versucht, mit dem Spinnakerfall, das sonst zum Setzen des Spinnakers gebraucht wird, von der Spitze des Mastes, dem Masttop aus, den Mast nach vorne zu fixieren, so gut es geht. Doch Wind und Wellen sind stärker. Wenige Zeit später fällt der kirchturmhohe Mast, knallt auf den rechten Schwimmer und beschädigt auch diesen.

Loïck Peyron hat nun zwei defekte Schwimmer, doch der Rumpf des Trimarans mit seinem Aufenthaltsbereich ist intakt. Das Boot schwimmt noch, doch wegen der beschädigten Schwimmer ist es ausgesprochen instabil und schwankt, seiner beidseitigen festen Stützen im Wasser beraubt, schwer in den Seen. Peyron muss damit rechnen, dass sein havariertes Gefährt kentert. Doch so wie er es sich einst vorgenommen hat, geht er nicht in die Rettungsinsel, sondern bleibt auf seinem Schiff.

Nach Tagen und Nächten ohne Schlaf ist er vollkommen übermüdet. Die Mischung aus Geschwindigkeit, Schlafmangel und Stress, den Riesen-Trimaran durch die Wellen zu bringen, überwältigt ihn. Er setzt noch einen Notruf an das *MRCC*, die französische Seerettungszentrale in Griz-Nez, ab. Dann fällt er auf dem hin und her gebeutelten Gefährt in tiefen Schlaf. Sein Notruf entwickelt derweil ein Eigenleben.

Ständig ruft ihn die *MRCC* an, um sich nach seinem Zustand und dem des Bootes zu erkundigen. Um ihn dies und jenes zu fragen. Die Seenotretter wollen, dass er sein Boot aufgibt und auf einen russischen Frachter umsteigt, der Kurs auf ihn genommen hat. Doch Loïck Peyron will eigentlich nur schlafen. Kurzerhand schaltet er sein Telefon aus, um endlich Schlaf zu finden. „Es war das beste, was ich tun konnte", sagt er heute.

Wie lange er schläft? Er weiß nur, dass er die Nacht noch auf dem Boot verbringt. Am Morgen hat sich der Wind auf 35 bis 40 Knoten, knapp 80 Kilometer pro Stunde, abgeschwächt. 7 bis 8 Beaufort sind es immer noch, als sich wie angekündigt der russische Frachter auf ihn zu bewegt. Über Funk verständigt er sich mit dem Kapitän, dass der Frachter längsseits eines der zerbrochenen Schwimmer geht und Peyron über ein Netz an der Bordwand des Frachters hinaufklettern soll. Wie geplant, bewegt sich der Frachter langsam auf ihn zu. Doch Loïck kann sehen, dass der Frachter stark in den Seen rollt. Nicht nur das: Durch die seitliche Bewegung taucht das Netz an der Bordwand im einen Moment tief ins Wasser, um im nächsten Moment unerreichbar weit oben zu sein. „Ich musste einerseits irgendwie erraten, wann das Netz im Wasser hängt, um sicher hinüberspringen zu können. Zum anderen musste ich damit rechnen, dass das Netz des Frachters den Trimaran zum Kentern bringen oder gar versenken könnte, wenn sich einer der Schwimmer darin verfangen würde."

Der Frachter driftet weiter auf ihn zu. Der 200 Meter lange Stahlrumpf ist fast neben ihm, als die Wellen den Schwimmer samt Trimaran zum ersten Mal gegen dessen Bordwand werfen. Loïck Peyron hält sich fest. Und wartet weitere Rumpler seines schwer beschädigten Bootes an der Bordwand ab, um sich einzuprägen, wie sich der Frachter in der Welle verhält. Er beobachtet. Er lauert auf den richtigen Augenblick. Wenn er springt, während der Trimaran an die Bordwand geworfen wird, wird er vom eigenen Boot zerquetscht. Wenn er zu lange wartet, wird er ins Wasser stürzen – mit dem gleichen Ergebnis.

Als der lädierte Schwimmer mit der nächsten Welle wieder zum Frachter treibt und wieder zurückgeht, nimmt er all seinen Mut zusammen. Er springt mit einem weiten Satz über den Abgrund ins Netz und krallt sich darin fest. Als er sofort mühsam die steile Bordwand emporklettert und die Matrosen ihm oben an Deck des Frachters helfen, ist er erschöpft. Noch einmal schaut er auf sein Boot hinunter, das neben dem Frachter in den Wellen treibt und erkennt mit einem Blick: Es ist nur noch ein Wrack.

„Es geht mir nahe, ein Boot zu verlieren. Diesmal besonders. Denn das war das einzige Boot, das jemals nur für mich gebaut worden war. Alle anderen meiner Boote, mit denen ich Regatten segelte, waren eigentlich ‚Second-hand-Boote'. Solche, die vorher ein anderer gesegelt hatte."

Doch das ist noch nicht das Ende des Trimarans. „Ein Schiff ist zäh. Der Trimaran sank nicht. Der Rumpf trieb in Portugal an Land und zerschellte an einer Felsküste. Einer der beiden Schwimmer trieb auf den Azoren an. Und den Mast haben sie ebenfalls gefunden, irgendwo vor der Insel Madeira. Das war lange Zeit später. Es ist nicht ungewöhnlich. Eine Menge Wracks treiben mit dem Golfstrom im Kreis herum und gelangen irgendwann nach der Reise über den Atlantik wieder nach Irland."

Ich frage Loïck, woher er die Kraft nimmt, Krisen und heftige Erlebnisse wie dieses nicht nur zu verarbeiten, sondern sogar als Anlass für seine Weiterentwicklung zu nutzen, ein Phänomen, das Psychologen als Resilienz bezeichnen.

Da muss der Mann mit den buschigen Augenbrauen nicht lange nachdenken: „Ich bin ein Optimist-Fatalist. Das ist einer, der aus dem Fenster eines Wolkenkratzers stürzt und sich im Fallen bei jedem Stockwerk sagt: ‚Was willst du eigentlich? Bis hierher ist doch alles gut gegangen!' Der Fatalist in mir registriert minutiös, was gerade passiert. Aber der Optimist entdeckt darin immer die gute Seite."

Hat er jemals etwas bedauert in seinem Leben? Da ist Loïck Peyron ganz klar: „Ich mag das Wort ‚bedauern' nicht. ‚Bedauern' ist etwas, das wir aus dem Denken streichen sollten. ‚Bedauern' ist unproduktiv. ‚Bedauern' ist eine Sackgasse. Es produziert keine Learnings. Es frisst einfach nur Zeit."

Beim Abschied stehen wir unversehens in Loïck Peyrons Büro. Ein kleiner Raum mit hoher Decke und großen Fenstern – natürlich – zum Meer hin, wo der Südwest die Nadelbäume beugt. Der Raum ist unaufgeräumt, das Spielzimmer eines Mannes. Bücher türmen sich da, auch seine eigenen, das Kinderbuch über Piratenabenteuer, das er vor vielen Jahren schrieb und das jetzt als Paperback erschien. Quittungen, obenauf ein Reisepass, als warte da einer nur auf die Gelegenheit zum nächsten Aufbruch. Als ich ihn frage, was die 30 Zentimeter hohen Quader aus zusammengepressten Gold- und Silberblech am Fenster bedeuten, grinst er: „Das sind die Pokale und Preise, die ich in meinem Leben gewonnen habe. Ich habe jemanden gefunden, der sie mir auf Ziegelsteingröße zusammengepresst hat." Und er lacht und freut sich.

Für einen Augenblick ist er wieder da. Der Junge, dem Pokale nichts bedeuten. Und der bei 100 Sachen auf dem Motorrad in der Kurve stürzt. Und danach einfach lachend aufsteht und weiterbraust.

Vormann Jean Frenzel
Ostsee. Greifswalder Oie.

Im Nebel.

Das Meer ist rau an diesem Oktobertag, an dem ich die Seenotretter Henry Schönrock und Detlev Kammradt auf ihrem Seenotrettungsboot begleite. Ruppig und rau, und Vormann Henry Schönrock hat nicht nur deswegen weit vor unserem Ziel die Fahrt der HEINZ ORTH reduziert. Soweit ich im Nebel sehen kann, scheint das Meer zwischen den Inseln Ruden und der Greifswalder Oie frei befahrbar. Doch unter der Wasseroberfläche zieht sich ein 3 Seemeilen langes Flachgebiet mit oft nur 1 bis 2 Metern Wassertiefe, gespickt mit unter Wasser liegenden Steinen. Ein Kreuz am anderen in der Seekarte weist die Stellen im Nebel aus, an denen wenige Meter unter uns Steine liegen. Ein unterseeisches Flachland voller Findlinge, die die Eiszeit einst hier ablud, als Gletscher langsam auf ihren Eisbuckeln Geröll und Granit von den 750

Kilometer entfernten Ålandinseln mit sich schleppten und am Ende der Eiszeit, als die Gletscher schmolzen, einfach hier als Steine und manchmal auch als Insel wie die Greifswalder Oie anlandeten.

Aus dem Nebel taucht sie plötzlich schemenhaft vor uns auf. Kaum hat die HEINZ ORTH am Seenotkreuzer BERTHOLD BEITZ festgemacht, reicht mir dessen Vormann Jean Frenzel die Hand herunter. Die Begrüßung mit den Kollegen von Freest läuft mit ein paar flotten Sprüchen und Gelächter ab. Vormann Jean Frenzel, ein Mann wie ein Bär mit breitem Gesicht und Dreitagebart, steckt in der roten Latzhose der Seenotretter. Ich folge ihm zusammen mit der Besatzung der HEINZ ORTH über das Achterdeck des Seenotkreuzers auf die Kaimauer, an der der Seenotkreuzer vertäut ist. Der Hafen liegt verlassen im Nebel, nur das Rauschen der Wellen im Südost ist zu hören.

„Wir Seenotretter sind die einzigen zusammen mit wenigen Vogelschützern, die ganzjährig hier auf der Insel leben“, erzählt Jean Frenzel, während wir den Hafen hinter uns lassen und dem kopfsteingepflasterten Weg zwischen den Büschen durch das milchige Weiß hügelaufwärts folgen.

„Die Oie gehört den Pommerschen Landschaften und den Kegelrobben, die sich bei Sonne auf den großen Steinen im Flachwasser am Fuß der Steilküste aalen. Besucher haben zur Insel nur begrenzt Zugang, sie kommen nur tagsüber mit einem Ausflugsschiff auf die Insel – es gibt keine Übernachtungsmöglichkeit, keinen Kiosk, nicht mal eine öffentliche Toilette. Wir sind praktisch allein hier draußen auf unserer Seenotretterstation. Sie ist 365 Tage rund um die Uhr mit drei Mann besetzt. 14 Tage tut jeder von uns oben in der Station Dienst, dann kommt mit unserer einmal wöchentlich stattfindenden Versorgungsfahrt nach Freest ein neuer Mann als Ablösung.“

Wie er denn mit dem Schichtdienst zurechtkäme, frage ich Jean Frenzel im Gehen. „Ich bin früher als Fischer zur See gefahren. Erst als Matrose, dann als Steuermann. Eigentlich wollte ich ja Leistungssportler werden, Ruderer, noch zu DDR-Zeiten, ich war schon im Kader. Aber das klappte irgendwie nicht. Dann wollte ich zur Handelsmarine, aber in die kam man nur nach sehr langen Bewerbungsfristen, weil die Staatssicherheit viel Zeit für die Prüfung eines Bewerbers und dessen persönlichem Umfeld brauchte. Ich hatte die Frist wegen des Leistungssports verpasst. So wurde ich Fischer. Wir fuhren auf kleinen Schiffen auf Hering, Dorsch und Flunder. Meine Frau und die Kinder kennen es nicht anders, als dass ich oft von Zuhause weg war. Später war ich dann Kapitän auf dem SEEADLER, dem Tagesausflugsschiff von Karlshagen hierher zur Oie, da war es einfacher, weil meine Frau auf dem Schiff die Bewirtung machte, während ich auf der Brücke stand und das Schiff steuerte."

Ich schaue kurz hinunter auf die Südspitze der Oie. Von Südosten brandet das Meer gegen die spitz auslaufende Sandbank. Der Geruch von Sand und rottem Seegras weht aus dem Nebel herauf, der kurz hinter der Sandbank wie eine Wand über dem Meer steht.

„Wie ich zu den Seenotrettern kam?", beantwortet Frenzel meine Frage. „Das begann auf dem SEEADLER. Der ehemalige Vormann der Seenotretter hatte einen Bruder, ausgerechnet der ertrank 1996 unter tragischen Umständen bei einem Bootsunfall vor der Insel Ruden. Er war ein guter Bekannter, von drei Mann wurde bei dem Bootsunfall einer gerettet. Und zwei ertranken. Wir sind dann auf dem SEEADLER die Seebestattung für die Toten gefahren, und einige Zeit später sprach mich der Vormann an. Ich hab mich bald danach bei den Seenotrettern beworben, als der alte Vormann in Rente ging, und arbeite jetzt als zweiter Vormann auf der Station."

Ein kleiner Klinkerbau taucht rechts am Wegrand im Nebel auf, wie eine Garage aus der Postkutschenzeit sieht er aus. Jean Frenzel deutet hinüber. „Das war der erste Rettungsschuppen vor 1900. Früher lagerte das Rettungsboot auf einem Pferdefuhrwerk darin. Heute ist das unser Geräteschuppen, weil er so günstig liegt auf halbem Weg zur Steilküste im Osten und zum Hafen im Südwesten der Insel." „Was die unscheinbare Oie wohl schon alles gesehen hat?", denke ich mir, während wir weiter den Hügel bergauf gehen. Schmelzende Gletscher. Peitschende Stürme und Seenotretter in Korkschwimmwesten. Inselbauern und ihre Familien, die Sommerfrischler wie Hans Albers auf der Oie bewirteten. Und eine Handvoll Jahre danach die ersten Raketengeschosse, die die Peenemünder Versuchsanstalt auf der zum Sperrgebiet erklärten Insel in zahllosen Experimenten in den Himmel über der Insel feuern.

„Da sind wir", sagt Jean Frenzel und deutet auf das frisch renovierte Gebäude hinter der Hecke. Ein eingeschossiger gelber Bau, an dessen Frontgiebel zur See unübersehbar das Emblem der Seenotretter prangt.

„Vor dem Krieg war das ein Wohngebäude eines Inselbauern. Wir nennen es heute nur das ‚Leutnantshaus', weil es zu DDR-Zeiten der Inselkommandant bewohnte, der die 20 bis 30 Mann Grenztruppen auf der Insel befehligte. Kommt ruhig rein."

Jean Frenzel öffnet auf der windabgewandten Seite die Haustür. Ein sauber geweißter Flur, rechts eine Küche, geradeaus ein Wohnzimmer mit schweren Polstersesseln. Ein Holztisch. Alte Fotografien an den Wänden. Ein Hauch von Seemannsleben schwebt im Raum, während draußen vor dem gardinenverhangenen Fenster der Nebel durch die Büsche streicht. Seemannsleben. Und Seemannseinsamkeit, die noch so viele überstandene Abenteuer nicht aus der Stube treiben können.

Jean Frenzels zwei Kollegen begrüßen uns, der Erste Maschinist Peter Weiß und Rettungsmann Denny Fastnacht sitzen am Schreibtisch, von dem der Blick durch die gemusterten Gardinen zur Steilküste und zur See nach Osten hinausgeht. Ein Büro, das auch die Brücke eines seegehenden Schiffes sein könnte. Zwei Laptops blinken, den Schreibtisch und die Wand bedecken quadratmetergroß zwei Seekarten, hinter deren hölzernen Rahmen Navigationsdreiecke stecken. „Stationsbuch“ steht auf einem Ordner im Regal.

„Hier auf der Oie haben wir mehr mit Sportbooten zu tun als mit Fischerei oder Berufsschifffahrt. Aber wir sind hier auf der Oie auf Deutschlands östlichster Insel wie auf einem Vorposten im Meer, da kann schnell mal was kommen, so wie in einem Januar die Kollision zweier Frachter vor Rügen. Peter Weiß war hier auf der Insel und musste im Januar 1993 im Orkan *Verena* mit zwei Seenotrettern raus, als sie von der polnischen Fähre JAN HEWELIUSZ gegen 5 Uhr einen Mayday-Notruf empfingen. Eine halbe Stunde später war die JAN HEWELIUSZ keine 30 Seemeilen von hier vor Rügen erst gekentert und wenige Stunden später gesunken. Mit 65 Menschen an Bord, von denen nur neun Besatzungsmitglieder gerettet werden konnten. Sie liegt noch heute da draußen.“ Er deutet mit der Hand aus dem Fenster nach Nordosten, über die Steilküste hinweg.

Dann beginnt er in seiner bedächtigen Art und in jenem unverfärbten, klaren Hochdeutsch, das sie dort an der Ostseeküste sprechen, die Erzählung seines Einsatzes hier auf der Greifswalder Oie. Und die Suche nach einer Yacht im Nebel.

„Der 20. Mai 2019 war ein ähnlicher Tag wie heute. Es gab ungewöhnlich viel Nebel, das kommt vor im Frühjahr oder Herbst, wenn feuchtwarme Luft über der kalten Wasseroberfläche schnell abkühlt. Jedes Frühjahr haben wir ein paar Tage mit richtig dickem Nebel. Dann ist es zwei, drei Tage wie im Herbst. Es ging Sonntagnachmittag los und dauerte bis Montag.

In der Stille dieser nebligen Nacht springt plötzlich um 02:15 Uhr das Funkgerät an. Wir haben ja auf den Zimmern und selbst im Bad Funklautsprecher. So hören wir den Notruf, er kommt von einer Segelyacht. Eine Männerstimme meldet in abgehacktem Englisch, die Yacht sei auf Grund gelaufen. Die Funkverbindung ist so schlecht, dass wir zunächst denken: Das muss weit weg sein von der Oie. Wenige Minuten später meldet sich der Mann erneut, diesmal mit einer Positionsangabe. Wieder ist die Funkverbindung schlecht. Nur eines kommt klar rüber: dass sie hier vor der Greifswalder Oie liegen, irgendwo vor uns da draußen im Nebel. Dann steht das Funkgerät nicht mehr still. Eine Meldung vom *MRCC Bremen*, unserer Zentrale, erreicht uns, die polnische Segelyacht SY HALLOWEEN läge fest am Grund auf Position 54° 14' Nord und 013° 55' Ost.

Das muss irgendwo unmittelbar vor der Steilküste im Osten der Oie sein! Wir machen uns sofort zu dritt fertig und spurten durch den Nebel hinunter zum Hafen, zu unserem Seenotrettungskreuzer, und laufen aus. Es hat leichten Nordost, aber miserable Sicht, auf See sehen wir gerade mal 30 Meter weit, bis kurz vor unseren Bug. Während wir uns unter Radar um die Insel herum tasten, haben wir weiter Funkkontakt zum *MRCC* in Bremen. Nur von der verunglückten Yacht ist nichts zu hören. Keine halbe Stunde nach dem ersten Notruf steuern wir langsam auf die angegebene Position zu. Das Schiff muss irgendwo am Fuß der Steilküste sein. Doch weil die Yacht ihre Position laxerweise nur in Bogenminuten, nicht aber Bogensekunden angegeben hat, ist die Positionsmeldung zu ungenau. Die HALLOWEEN kann fast überall entlang der 1 Seemeile langen Ostseite der Oie liegen. Bei einer Sicht von 30 Metern muss man schon sehr nah dran sein, um eine Yacht im Nebel zu entdecken. Zudem ist es dort sehr flach. Fast eine Viertelmeile zieht sich das Flachwassergebiet vor der Steilküste nach Osten.

Gegen 3 Uhr, eine dreiviertel Stunde nach dem ersten Notruf, sind wir die Ostküste der Oie einmal abgelaufen. Ergebnislos. Es ist nichts zu sehen. Selbst auf dem Radar ist nichts erkennbar. Nur einmal zeigt sich ein Radarschatten ganz dicht unter Land, zwischen den großen Steinen. Doch die Position ist eigentlich zu landnah, als dass es sich um eine ausgewachsene Fahrtenyacht handeln könnte. Und zu nah unter Land, als dass wir mit unserem 20 Meter langen Seenotkreuzer dort im Flachwasser auch nur auf 500 Meter herankommen könnten. Zudem ist unser Tochterboot in Reparatur und nicht an Bord. Es ist unmöglich, in dem Nebel weiter gefahrlos etwas zu unternehmen. Als wir auch keinen weiteren Funkkontakt zur Segelyacht herstellen können, laufen wir zurück zur Oie in den Hafen in der Hoffnung, dass wir im Morgengrauen mehr erreichen können.

Gegen 5 Uhr morgens sind wir mit dem ersten Licht raus auf den Weg entlang der Steilküste, um das Meer von dort oben aus zu Fuß abzusuchen. Immer noch besteht kein Kontakt zur Segelyacht. 20 Minuten später entdecken wir das Schiff von der Steilküste aus im Nebel. Es liegt 40 bis 50 Meter vom Strand entfernt und hat sich zwischen den Steinen den Strand hinauf geschoben. Doch uns ist schnell klar, dass wir im Flachwasser wenig ausrichten können. Um die Segelyacht wieder flott zu kriegen, brauchen wir ein Fahrzeug, das fürs Flachwasser geeignet ist: ein Rettungsboot mit Jet-Antrieb. Wir beraten uns mit dem *MRCC* in Bremen und alarmieren die Kollegen im 10 Seemeilen entfernten Ostseebad Zinnowitz. Die haben das Seenotrettungsboot HECHT, ein spezielles Boddenboot mit einem Jet-Antrieb für flache Gewässer.

Um 05:25 Uhr haben wir Sicht-, aber immer noch keinen Funkkontakt zur Besatzung der polnischen Yacht. *MRCC Bremen* hat wenigstens abgehackt Funkkontakt, doch wir gar nicht. Es ist wie verhext, dass wir die Menschen unten an der Steilküste praktisch vor unserer Haustür sehen, aber per Funk nicht erreichen können. Endlich erhalten wir von *Bremen Rescue* eine exakte Positionsangabe. Und um 06:30 eine Handynummer, über die wir endlich mit einem der Männer an Bord sprechen können. Die Yacht da draußen im Nebel ist 12 Meter lang und hat 2 Meter Tiefgang. Ob das der HECHT schaffen kann, ein Schiff dieser Größe freizuschleppen? Die Kollegen in Zinnowitz haben ihn bereits ins Wasser gesetzt, das Seenotrettungsboot ist auf dem Weg zu uns. Über Handy teilen wir der polnischen Besatzung mit, dass der HECHT in etwa einer halben Stunde bei ihnen sein wird.

Zunächst müssen wir an diesem Morgen den HECHT im dicken Nebel an die verunglückte Segelyacht heranführen. Doch auch deren neue Positionsangabe liegt deutlich neben der Stelle, an der die Yacht im Nebel aufgelaufen ist. Gegen 06:30 Uhr haben wir diesmal vom Seenotkreutzer aus Sichtkontakt mit der Segelyacht und können endlich deren genaue Position durchgeben. Wir kommen bis auf 130 Meter an das Boot heran und sehen, welches unglaubliche Glück im Unglück die Besatzung hatte. Aus welchem Grund auch immer sie bei diesem unsichtigen Wetter Kurs auf die Küste hielt: Die Yacht ist genau zwischen den Steinen auf den Strand aufgelaufen und nicht auf einen der Felsen.

Kurz vor 7 Uhr trifft der HECHT bei der Yacht ein. Ein Seenotrettungsboot mit Jet-Antrieb ist zwar für flachste Gewässer geeignet, aber an Zugkraft dem Propellerantrieb des Seenotrettungskreuzers hoffnungslos unterlegen. Trotzdem gibt die Besatzung des HECHT über Funk durch, erstmal ohne den Seenotkreuzer einen Versuch zu wagen, die Yacht freizuschleppen. Vom Strand aus beobachten wir, wie der HECHT, anders als wir, erst ganz gemütlich bis zu den Steinen ranfährt. Dann längsseits der Yacht festmacht. Um die Yacht freizubekommen, muss er sie erst drehen, doch das klappt schon nicht. Der HECHT hat einfach nicht genug Wumms. Wir sind mit der BERTHOLD BEITZ bereits in der Nähe, als uns der HECHT mit einer langen Schleppleine entgegenkommt. Er läuft dann wieder zurück zur havarierten Yacht, um uns durch den Nebel über Funk zu dirigieren. Diesmal gelingt es gleich im ersten Anlauf, die Yacht zwischen den Steinen zu drehen. Wir ziehen jeden Grundsitzer immer vorwärts raus, weil durch Zug am Heck meist das empfindliche Ruder eines Schiffes beschädigt wird. Noch ein Zug – dann ist die polnische Yacht wieder frei. Gegen 1600 Pferdestärken hat selbst eine schwergewichtige 12-Meter-Yacht wie die HALLOWEEN keine Chance.

Bevor wir die Leinen lösen, rufen wir nochmal über Handy an, ob die Crew Wasser im Schiff hat und ob das Ruder noch einwandfrei funktioniert. Doch alles scheint in Ordnung.

Die Besatzung hat sich dann bei uns noch einmal bedankt. Und segelte weiter, nach Stralsund oder nach Lohme auf Rügen. Ich denke, sie konnten ihre Fahrt ungehindert fortsetzen."

Jean Frenzel macht eine kurze Pause. „Irgendwie beschäftigt mich diese Geschichte noch heute. Einerseits ist das ein typischer Einsatz unter den etwa 40 Einsätzen, die wir jährlich hier haben. Früher hatten wir mehr Berufsschifffahrt. Jetzt werden es von Jahr zu Jahr vor allem mehr Charterboote, denen wir helfen müssen. Manche von ihnen begeben sich in Gefahr, ohne es zu wissen. An dem geschilderten Einsatz vor der Steilküste war merkwürdig, wieso eine gut ausgestattete Yacht im Nebel auf die Insel läuft. Es war merkwürdig, dass wir die Yacht nicht finden konnten. Und noch merkwürdiger war es, dass wir keinen Funkkontakt herstellen konnten."

Ob ihn sein Beruf verändert habe, frage ich den Vormann. Wie es so seine Art ist, denkt er kurz nach, bevor er zu sprechen beginnt. „Man wird umsichtiger. Die Seefahrt hat mich nachdenklicher gemacht. Vielleicht auch manchmal zuviel.

Wenn ich ein Manöver fahre, muss ich immer einen Plan B haben. Selbst bei einem simplen Mannöver wie dem Anlegen muss ich immer durchgespielt haben, was ich mache, wenn das schiefgeht. Vielleicht kommt all diese Bedächtigkeit der Seeleute daher, dass wir immer so denken. Auf See oder bei einem Einsatz haben wir viel Zeit zum Nachdenken. Denn wir haben oft relativ lange Anfahrtswege. Da hast du Zeit, um dir zu überlegen, was bei einem Einsatz schiefgehen kann. Das ist anders als bei der Feuerwehr. Wir haben im Gegensatz zum Landrettungsdienst oft viel Zeit, einen Einsatz zu planen. Und wissen doch nie genau, was uns erwartet.

Ja, die Seefahrt hat mich bedächtiger gemacht. Wir sind die, die noch genug Zeit haben."

Gelächter dringt aus der Küche neben dem Eingang und unterbricht die Gedanken des Vormanns. „Ich glaube, die anderen haben Hunger. Ich bin hier der Inselkoch. Und zugleich der Inselgärtner. Wir Insulaner sind auch ein bisschen Selbstversorger", sagt der bullige Mann, „ich baue draußen im Garten Tomaten und Zucchini an. Gestern haben wir die letzten Zucchini geerntet. Wollen Sie mit uns zu Mittag essen?" Ich sage nicht nein. Erst recht nicht, nachdem ich von Jean Frenzels Seenotretterküche den ersten Teller verputzt habe.

Es ist Nachmittag gegen 15 Uhr, als wir uns von der Station Oie verabschieden und Jean Frenzel uns hinunter zum Hafen begleitet. Es ist immer noch neblig, der Südost schiebt wie am Vormittag die Wellen unten auf die Sandbank, als wir am alten Rettungsschuppen vorbei den Weg zurück zum Hafen nehmen. Auf der Pier mache ich ein Foto von den drei Seenotrettern von hinten. Drei kräftige Kerle in roten Seenotretteruniformen, die kraftvoll ausschreiten, als fürchteten sie nicht, was bereits der nächste Moment bringen kann.

„Alles Gute", sagt Vormann Frenzel und drückt mir zum Abschied von oben fest die Hand. „Und grüßen Sie mir die Kollegen, die Sie ja noch treffen werden. Ich werde ja hier auf der Insel demnächst in Ihrem Buch lesen, was die beiden Kollegen in Norderney und in Wustrow am Darß für Geschichten erzählen. Ich bin gespannt."

Beate Warnecke
Ostsee. Flensburger Förde.

Die Kenterung der SAGA.

„Jaaaaaaaa! Da freut sich doch jemand!“ Vincent Regenhardt filmt mit seinem Smartphone zufrieden aus dem Niedergang die Crew seiner SAGA. Es bläst ein frischer Südwest an diesem 10. September 2017, als sie von Fahrensodde aus in den Hafen von Flensburg kreuzen.

„Ich kann sie so leicht nach Steuerbord rüberziehen. Das sieht so schön aus mit den Wellen“, ruft Sammy, einer der beiden Mitsegler, von der Pinne. Auf seinem Gesicht spiegelt sich das glückliche Grinsen eines Menschen, der in diesem Augenblick das Steuer eines Bootes hält, als hielte er das seines Lebens fest in seiner Hand.

Auch Beate Warnecke strahlt unter ihrer blauen Mütze mit den weißen Ankern. Sie ist wie Sammy zum ersten Mal an Bord. Fast so alt wie die SAGA, hat sie schon als Kind und später im Leben Sachen gemacht, die man sich damals für ein Mädchen so nicht vorgestellt hat. Sie kennt die See, nicht nur als promovierte Mikrobiologin, die durchs Reagenzglas Wasseruntersuchungen macht, sondern auch als 17-jährige, die bereits Ende der 1960er-Jahre mit dem Windsurfen beginnt. Sie weiß um das Meer und seine elementaren Kräfte, als der Mistral sie auf ihrem Surfboard vor Südfrankreich hinaus auf Meer treibt und nur ihr Freund sie auf einem Motorboot gerade noch einfangen kann.

„Ich hab öfter solche Sachen gemacht. Aber das waren keine Gründe, Panik zu haben. Ich hab das einfach mit mir selber abgemacht." An diesem Sonntag ist sie wie Sammy zum Folkeboot-Treffen als Gast nach Fahrensodde gekommen, aus Liebe zu den alten Holzschiffen, die sie als Skipperin in ihrer Freizeit segelt. Die drei kennen sich nicht. Es ist Vincents schmucke SAGA, das glänzend lackierte Folkeboot aus Holz, das ihr am Steg auffällt, und so landet sie an diesem Sonntagnachmittag zur Spaß-Regatta neben Sammy auf Vincents Boot. Sie fühlt sich sicher. „Ein Folkeboot kann nicht kentern", weiß sie, „die Hälfte des Bootsgewichts steckt im Ballastkiel unter dem Schiff." Am frühen Nachmittag segeln die drei zusammen mit neun anderen Folkebooten aus dem Hafen von Fahrensodde.

„Ich glaube, dass ich gleich eine Wende mache", grinst Sammy am Steuer. „Oh, ist das geil!"

„Jooo", ruft Skipper Vincent, als eine Böe einfällt und das Schiff kurz nach Steuerbord überlegt. „Bleib schön hart am Wind", als die SAGA brav wieder hoch kommt. Die SAGA ist 1951 in Dänemark gebaut und Vincent Regenhardts ganzer Stolz. Der Student hat sie vor einem halben Jahr von seinem Vater übernommen. Ein schmuckes, klarlackiertes Folkeboot, 1992 einem umfassenden Refit unterzogen und seither im Besitz der Familie Regenhardt, gepflegt und gehegt.

„Wir segeln ja sogar ohne Verklicker“, ruft Vincent. „Der zeigt genau in die falsche Richtung. Das muss man unbedingt bei der Preisverleihung mitberechnen.“ Gelächter vom Steuer, bevor sie die SAGA wenden und Kurs nordostwärts segeln – Kurs platt vor dem Wind, in dem sie die Segel spreizen, wie ein Schmetterling seine Flügel. Kurs raus auf die Flensburger Förde, Richtung Belt. Weil es kühl ist an diesem Sonntag im September, tragen die drei dicke Sachen unter ihren Rettungswesten. Nur Beate Warnecke hat ihre automatische Rettungsweste in ihrem Wagen liegenlassen und sich noch im Hafen eine Feststoffweste besorgt.

„Noch eine letzte Wende. Dann zurück. Und ab zum Grillen nach Fahrensodde.“ Sie segeln jetzt im dänischen Teil der Förde und haben fast die Ochseninseln erreicht. Beate Warnecke gibt die Pinne zurück an Sammy und setzt sich wieder auf die Kante.

Sie laufen hoch am Wind, als sich das Boot leicht zur Backbordseite überlegt. Es neigt sich langsam weiter und statt sich aufzurichten, legt es sich weiter zur Seite. Und weiter. Ganz langsam, in voller Fahrt und fast in Zeitlupe. Als wären Vincent und Sammy unter Deck und könnten nicht sehen, was da gerade vor sich geht, beschreibt die Naturwissenschaftlerin in Beate in diesen Augenblicken tonlos und minutiös, was sich gerade vor den Augen der drei an Bord der SAGA abspielt.

„Jetzt strömt das Wasser über den Süllrand.“
„Jetzt strömt das Wasser in die Plicht.“
„Jetzt läuft das Wasser in den Niedergang runter ins Schiff!“

Gedanken schießen ihr durch den Kopf, sie reichen von Vincent bis zu ihr. Die ganze Skala von „B“ wie „Beate, das passiert dir jetzt nicht wirklich“, bis „V“ wie „Vincent, mach doch was!“

In diesen Sekunden versteht keiner an Bord, warum die SAGA sich nicht wieder aufrichtet, wie doch vor ein paar Augenblicken noch. „Sie legt sich auf die Seite, weil der Wind so stark ist“, denkt sich Beate Warnecke. „Sie kommt wieder hoch“, da ist sie sich sicher. Aber irgendetwas sagt ihr im gleichen Augenblick, dass die SAGA nicht mehr hochkommen wird, als wäre sie ein Frachtschiff, dessen Ladung komplett nach Backbord verrutscht ist. Doch die SAGA trägt keine Ladung.

Noch im Gleiten schlägt der Mast mit den Segeln auf der Wasseroberfläche auf. Mit der Drehung des schweren Rumpfes zur Seite im Gegenuhrzeigersinn ist immer noch nicht Schluss. Er dreht weiter, während sich Beate Warnecke mit der Bootsbewegung vor dem Wasser erst oben auf die Süllkante rettet. Dann sitzt sie plötzlich außenbords, während sich der geklinkerte Holzleib unter ihr weiter dreht. Das Schiff ist außer Kontrolle. Beate Warnecke will nicht ins Wasser. Sie will nicht springen, aus Furcht, der sich drehende Rumpf könnte sie unter sich begraben. Dann verliert sie den Halt.

Halb rutscht sie, halb springt sie schließlich zwischen Schiff und Großsegel, das unter ihr im Wasser treibt. „Hoffentlich kippt das Boot nicht auf dich drauf“, denkt sie, als sie im Wasser landet. Sie hat volle Bekleidung an, dicke Wollpullover und Fleecesachen und steckt in ihren schweren Seestiefeln.

Die Seglerin trägt immer noch ihre Feststoffweste. Als Vincent und Sammy neben ihr auftauchen, nimmt sie wahr, dass deren aufgeblasene Rettungswesten sie erheblich beim Schwimmen behindern.

Beate Warnecke fühlt sich allein, während sie sich irgendwo an der SAGA festhält. „Warum interessiert sich hier keiner für uns?“, denkt sie, Sekunden erscheinen ihr wie eine Ewigkeit. Doch eine nahe Segelyacht hat die ungewöhnliche

Kenterung des Folkeboots beobachtet und eilt dem Schiff zu Hilfe. Der Skipper hat sein Schiff aufgestoppt und springt in Badehose und mit drei Fendern ins Wasser, um diese als Schwimmkörper am Masttopp zu befestigen und die SAGA so vor weiterem Durchkentern zu bewahren.

Die drei Segler sind so gefasst, dass sie über die nächsten Schritte nachdenken. Sie könnten doch versuchen, die SAGA wieder aufzurichten? So, wie man eben eine gekenterte Jolle aufrichtet? Wie Jollensegler versuchen sie in einem allerersten Reflex, ihr Schiff wieder richtig rum zu drehen. Trotz Rettungsweste schafft Vincent Regenhardt es, unter Wasser irgendwie die Segel zu bändigen, um das Aufrichten zu erleichtern. Sie befestigen eine Leine am Fuß der Wanten, die dazu dienen, den Mast abzustützen. Als die zu Hilfe gekommene Yacht daran zieht, richtet sich die SAGA tatsächlich auf. Sie bleibt für einen kurzen Moment stehen, dann klatscht ihr Mast erneut aufs Wasser, diesmal auf der gegenüberliegenden Seite.

Währenddessen sieht Beate Warnecke die Dinge, die an Bord waren, wegschwimmen. Wie die Windsee alles, was eben noch ums Boot trieb, wegtreibt. Die Persenning, die ins Wasser gefallen ist. Die Seenotrettungsraketen. Die kleine Schachtel mit Marzipan, die sie mitgebracht hat. Die Windsee treibt alles fort. Auch Sammy, der sich nicht halten kann, treibt ab. Sie kann nichts anderes tun, nichts anderes denken in diesem Moment als nur dies: „Bitte lass das Schiff nicht sinken." Wenige Augenblicke später sieht sie, dass Sammy auf ein zu Hilfe geeiltes Boot zutreibt, dessen Besatzung ihn kurz darauf aus dem Wasser an Deck zieht.

Ihr tut das gehegte und gepflegte Familienschiff leid. Ihr tut der Skipper Vincent leid. Er kämpft in diesen Minuten um sein Schiff, ein kräftiger junger Mann mit offenem Gesicht, der ruhig bleibt und alles versucht, damit sein Boot nicht untergeht. Vom Rumpf der SAGA steht nur noch ein kleines Stück aus dem Wasser.

„Wir fühlen uns nicht bedroht in dieser Situation. Erst recht nicht, als der Hubschrauber über uns kreist. Wir fühlen uns behütet in dem ganzen Elend, in dem wir da auf der Förde treibend gerade stecken“, sagt sie. Nur die Kälte macht ihr langsam zu schaffen. Jetzt, Mitte September, hat das Wasser in der Förde nur noch 15 Grad. Der Sommer ist lang vorbei. Beate Warnecke ist trainiert, noch vor einer Woche ist sie eine Stunde im Meer geschwommen. Doch nun stellt sie fest, wie schnell, wie anders ihr Körper auskühlt, während sie sich im kalten Wasser abmüht. Sie ist eine ausgezeichnete Schwimmerin, nur mit den Klimmzügen hat sie im Leben so ihre Schwierigkeiten. Sie bringt normalerweise keinen Klimmzug zustande, doch am Abend dieses Tages wird sie sich gleich an fünf Klimmzüge erinnern. Nach einer gefühlten Ewigkeit, die vielleicht nur eine Viertelstunde dauert, zieht sie sich an den Armen mit letzter Kraft halb aus dem Wasser, hinauf auf den Rumpf. „Ich dachte: Hier bleib ich, bis einer kommt oder ich ertrinke. Ich habe überhaupt nicht mitbekommen, dass ich ausgekühlt bin. Ich war nur froh, dass ich eine Mütze aufhatte.“ Die blaue Mütze mit den weißen Ankern darauf wärmt sie, obwohl sie klatschnass ist.

Wie lange es dauert, bis die Retter kommen, weiß sie nicht mehr. Die SAGA befindet sich im dänischen Teil der Förde. Irgendwann sieht sie, wie von Westen her ein rotes Schlauchboot der dänischen Feuerwehr angeprescht kommt. Sie sieht drei typische Dänen, drei Wikinger auf dem Schlauchboot, zu denen Vincent ins Boot klettert und die sich dann ihr zuwenden, die immer noch auf dem halb aus dem Wasser ragenden Rumpf liegt. Ob sie sich trauen würde, ins Wasser zu springen, fragen die Retter, weil sie wegen der treibenden Leinen und der Wellen nicht nah genug an den fast versunkenen

Holzrumpf heran kommen. Beate Warnecke lässt sich fallen, einfach nur fallen. Dann findet sie sich schlotternd an Bord des gelben Schlauchboots wieder, das nun auch Sammy von der zu Hilfe geeilten Segelyacht abbirgt, um die drei Schiffbrüchigen so schnell wie möglich zur Erstversorgung ins dänische Kollund zu bringen.

Erst dort wird Beate Warnecke klar, dass sie in Lebensgefahr schwebten. Als sie Sammys Schlottern wahrnimmt, weiß sie, dass sie nie zuvor in ihrem Leben einen Menschen derart schlottern sah. Beate erschrickt, als die Notärztin ihre Temperatur misst. 33 Grad zeigt ihr Thermometer an. Bei Sammy sind es 31, bei Vincent 36 Grad. Die drei werden im Krankenwagen nach Flensburg in die Klinik gebracht.

Als sie sich zu dritt in warmen Betten in einem Zimmer wiederfinden und langsam aufwärmen, bemerken sie, dass sie bis auf die Krankenhauskittel nichts mehr besitzen. Keine trockene Kleidung zum Wechseln. Kein Handy. Keine Telefonnummern. Dass sie zwar ihr Leben behalten haben, aber sonst auch nichts. Nicht mal einen Ansprechpartner bei den Folkebootleuten im Hafen von Fahrensodde haben sie, den sie über ihr Schicksal informieren könnten.

Doch das Leben schreibt seine eigenen Gesetze und birgt Überraschungen. Am Abend stehen drei Herren vom Folkeboottreffen aus Fahrensodde vor ihren Betten. Wenn sie wollten, dürften sie jetzt mit ihnen nach Hause gehen, die Ärzte hätten keine weiteren Bedenken. „Die drei freundlichen Herren haben uns dann erstmal nach Fahrensodde rübergebracht, wo die größte Überraschung auf uns wartete. Da hing unser Schiff an der Pier im Kran, bereits ausgepumpt. Wir hätten heulen können vor Freude, dass alles da war. Das war sehr bewegend. Selbst mein Rucksack mit dem Autoschlüssel (und dem Handy) war im Schiffsinneren gefunden und geborgen worden.“

Als sie die SAGA am Kran sehen, erkennen die drei auch, was die Ursache für die Kenterung war: Das Schiff hängt da, ohne den fast eine Tonne wiegenden Eisenballast unten am Rumpf. Sekunden vor dem Unglück hat das Boot seinen Ballastkiel verloren, der mehr als die Hälfte des Schiffsgewichts ausmacht und es sonst kentersicher macht.

Wochen später wird sich Skipper Vincent mit Hilfe eines schweren Schlagschraubers an die Erforschung der Unglücksursache machen. Die Kielbolzen der SAGA, des alten Familienschiffs, hatten äußerlich tadellos ausgesehen. Als Vincent Regenhardt sie entfernt, stellt er fest, dass die dicken Eisenbolzen durchgenagt sind. An allen sieben Kielbolzen hat die Korrosion tief im Inneren des Holzrumpfs ihr Werk verrichtet und daumendicke Stahlstangen auf Stecknadeldurchmesser zerfressen. Der Ballastkiel der SAGA liegt irgendwo vor den Ochseninseln am Grund der Ostsee. Über seine Bolzenrevision hat Skipper Vincent Regenhardt ein Video unter dem Titel „Folkeboot SAGA Kielbolzen“ auf YouTube ins Netz gestellt, das die korrodierten Bolzen 70 Jahre nach ihrem Einbau zeigt.

„Angst?“, erzählt Beate Warnecke, „habe ich nur empfunden, während ich halb unter dem Schiff zwischen Schiff und Segel trieb. Das waren wirklich grausame Momente. Mir war nicht klar, was das Schiff jetzt weiter tut. Ob es sich noch weiter dreht. Unter der halboffenen Plicht rumzuschwimmen war einerseits unheimlich, aber ich wollte auch nicht weiter abtreiben, also war das Schiff der sicherste Ort. Ich wusste, ich muss jetzt nur aufpassen, dass ich nicht dumm unter was drunter komme.

Andererseits war ich in diesen Minuten froh, dass ich meine Automatikrettungsweste im Auto liegengelassen hatte. Als ich an Sammy sah, wie schwer ihm das Schwimmen damit fiel, war ich einfach nur froh um meine einfache Feststoffrettungsweste – auch wenn ich weiß, dass ich bei einer Ohnmacht ertrunken wäre, weil die Feststoffweste meinen Kopf nicht hätte über Wasser halten können."

Und was hat sie für Erfahrungen aus ihrem Erlebnis vor den Ochseninseln mitgenommen?

„Als erstes habe ich mir eine ohnmachtssichere Rettungsweste zugelegt, Ich trage sie immer. Ich bin seitdem auf meinen Törns noch vorsichtiger, was das Balancieren während der Fahrt auf dem Deck angeht. ‚Eine Hand für den Mann. Die andere fürs Schiff', die alte Regel, sich immer mit einer Hand festzuhalten, wende ich jetzt noch bewusster an. Bin ich an Deck unterwegs, konzentriere ich mich voll und ganz darauf.

Vielleicht war das meine nachdrücklichste Lehre aus diesem Unfall: Ich glaube nicht mehr daran, dass du wieder lebend aus dem Wasser rauskommst, wenn du mal reingefallen bist. Es ist so schwer, so unendlich schwer, jemanden überhaupt wieder aus dem Wasser rauszukriegen. Diese Erfahrung war beeindruckend: Wie schnell die Kälte wirkt. Welche Kräfte du entwickeln kannst, selbst wenn du noch nie einen Klimmzug hinbekommen hast im Leben. Wie klein deine Kraft trotz allem am Ende aber ist, weil sie nicht ausreicht, um dich selbst aus so einer Lage zu befreien.

Am Ende haben wir einfach nur Glück gehabt. Glück, dass wir nicht 5 Seemeilen weiter raus auf den Belt gesegelt sind. Weiter draußen hätte unsere Kenterung wohl kaum jemand bemerkt. Es war Glück, dass das große Schiff da war, das sich wie ein Wellenbrecher schützend vor uns gelegt hat. Ich empfinde Dankbarkeit für den Mann, der in der Badehose mit den Fendern ins Wasser sprang. Dankbarkeit für alle, die die SAGA vor dem Untergang bewahrten und sie uns hinterher erst nach Kollund an die Pier zum Auspumpen und dann sogleich aufrecht stehend nach Fahrensodde brachten, wo wir sie am Abend heil vorfanden – fast, als wäre an diesem Tag im September nichts geschehen."

Als wir uns in Lübeck vor dem Hauptbahnhof verabschieden, erzählt Beate Warnecke noch, dass sie sich bald nach der Kenterung der SAGA bemüht hat, wieder segeln zu gehen, damit sich keine Angst festsetzt. „Ich segle weiter auf Traditionsschiffen", sagt sie, „auf einem Schiff, das ziemlich betagt ist. Unsere CATARINA ist 1889 gebaut. Ich habe das immer im Hinterkopf. Wenn eine Planke bricht, wenn Kalfater rausgeht, dann haben wir auf alle Fälle leistungsstarke Pumpen an Bord, um den nächsten Hafen zu erreichen. Doch jetzt noch mehr als früher ist mir bei alten Holzschiffen klar, dass häufig Gefahr lauert, wo eiserne Bolzen durchs Holz gehen und unsichtbar darin verschwinden."

Zu Vincent hat Beate weiter Kontakt. Er beginnt nach der Kenterung der SAGA ein großes Refit-Projekt, über das sie sich regelmäßig austauschen. Die SAGA hält sie auch nach der Kenterung zusammen, Beate unterstützt Vincent, wenn sie es kann. „Und SAGAs neue Bolzen – die habe ich mir gründlich angesehen. Die neuen Bolzen, die sind für die nächsten 50 Jahre gebaut. Vielleicht auch für länger."

Scheitern (16. Jh.) Aus dem früheren *zu scheitern werden* gebildet; von Fahrzeugen und Schiffen gesagt, die in Stücke *(Scheiter, Scheit)* brechen.

Kluge, Etymologisches Wörterbuch der deutschen Sprache, Berlin/Boston 2011

Andreas Ratz
Ostsee. Vor Freest in der Peenemündung.

Der Katamaran (II).

Unterdessen beschäftigt mich die Geschichte weiter, die mir der Freester Vormann Henry Schönrock auf unserer Fahrt zur Greifswalder Oie erzählte. Wie konnte der Mann mit seinen beiden Söhnen eine lange Nacht auf seinem gekenterten Katamaran vor Freest ausharren und überleben? Freundlicherweise haben die Seenotretter den Mann kontaktiert und um ein Gespräch gebeten. Er ist einverstanden, dass wir uns treffen.

Drei Wochen nach meiner Fahrt auf dem Seenotrettungsboot sitzen wir uns in Neustrelitz in einem Dönerlokal gegenüber und trinken heißen Tee mit viel Zucker. Dann erzählt Andreas Ratz seine Geschichte.

Sie beginnt in Greifswald, seinem Zwischenstopp auf der Fahrt von Bremen ins Stettiner Haff, wohin er seinen neu erworbenen Katamaran überführen will. TIKI-ÄOLUS hat er sein Boot getauft, nach dem griechischen Gott der Winde.

Den in England gebauten kleinen Fahrtenkatamaran mit dem hübschen Mahagoni-Deckshaus hat er in über 200 Stunden Arbeit in der Werft in Bremen in Eigenarbeit renoviert, er kennt ihn eigentlich nur von der Fahrt von Bremen durch den Nordostseekanal nach Greifswald, wohin er nach zwei Tagen Pause auf dem heimatlichen Hof zurückgekehrt ist. Seine beiden Söhne Jakob und Joris und der zweijährige Border Collie Luna begleiten ihn auf dieser Fahrt.

Andreas Ratz hat in seinem Leben alles gemacht. Er erzählt, wie er als begabter Schulschwänzer seine Nachmittage als einsamer Robinson heimlich auf einer Insel im See nahe des Frankfurter Osthafens verbrachte, selbst im Winter, wenn er barfuß durch die Eisschollen des Sees zu seiner Insel waten musste. Später war er als Schäfer mit seiner Herde durch den Odenwald gezogen. Hatte Landwirt gelernt und Handel getrieben mit Camargue-Pferden und Andalusiern. Hatte Pferdesättel gebaut. War Imker geworden und hatte Königinnen gezüchtet. In Spanien hatte er auf den Höhen Asturiens Ziegen gehütet. In Krisen schulterte er seinen Rucksack und durchschritt die Berge Korsikas vom Süden nach Norden. Was immer er im Leben begonnen und getan hatte: Stets hatte es mit dem Draußen-Sein zu tun, mit der Natur. Sie hatte ihn angezogen wie eine Geliebte und erzogen wie eine richtige Mutter, wenn die eigene Mutter versagt.

Am Nachmittag des 9. Juni sind die drei von ihrem Hof vom Schafe- und Pferdefüttern zur TIKI-ÄOLUS zurückgekehrt. Das Wetter an diesem Spätnachmittag ist makellos, der Himmel strahlt blau, die drei beschließen, aus dem Hafen an der Ryck loszufahren und das kurze Stück von Greifswald entlang der Küste im Bodden nach Osten zu fahren. Es sind ja nur zwei Stunden auf dem Wasser bis zur Peenemündung. Was soll schon passieren? Sie bleiben mit ihrem 8-Meter-Katamaran ja ganz nah an der Küste.

Andreas Ratz kennt sie und den langen Sandstrand, der sich von Loissin bis hinter Lubmin nach Freesendorf zur Peenemündung zieht. Die TIKI-ÄOLUS hat nur 70 Zentimeter Tiefgang, da kann er jederzeit bei Gefahr mit dem Kat einfach sanft auf den Strand auflaufen. Keine Wolke trübt den Himmel, den Wetterbericht haben sie nur flüchtig angesehen, als die drei die Leinen loswerfen und hinaussegeln, ostwärts in den Bodden. Nur die Schwimmwesten haben alle drei an, weil die eiserne Regel an Bord lautet: Sobald einer im Cockpit ist, trägt er eine Rettungsweste.

Leichter Wind aus Südwest: Die drei jubeln, ihr Boot bei diesem Wetter nach Hause zu segeln und in den Frühsommerabend hineinzugleiten. Andreas Sohn Joris ist 23 und der Angler an Bord, seine Gedanken kreisen darum, wie er fürs Abendessen einen Barsch an den Haken kriegen könnte. Jakob, mit 20 der jüngste, ist unter Deck und liest, während Andreas Ratz steuert und sich um die Segel kümmert. Sie haben die Mündung der Peene im Blick, die Einfahrt ist zum Greifen nah, als Andreas Ratz bei einem kurzen Blick achteraus Blitze über Greifswald bemerkt. Es sind nur zwei Blitze in der Ferne. Doch weil sein Sohn Joris sich vor einem Blitzeinschlag fürchtet, hat der Skipper auf seinem Schiff vorsorglich einen einfachen Blitzableiter gebaut und ein dickes Stromkabel ans Vorstag montiert. Es ist kurz vor 16 Uhr, als Ratz nach vorne geht, um das Kabel ins Wasser zu werfen.

„Plötzlich ist alles windstill", erzählt Andreas Ratz. „Ich kenne keine Angst vor Gewitter, ich habe viele Unwetter draußen erlebt, auch heftige in den Bergen. Der Himmel ist blau. Aber ich weiß: ‚Das ist die Ruhe vor dem Sturm.' Das Wasser ist still und unbewegt. Dann sehe ich eine dünne Wolkenwalze auf uns zukommen. Sie kommt vom Südwesten, von Greifswald, und ist sicher noch zwei Kilometer entfernt. ‚Lasst uns jetzt das Tuch runterholen', sage ich, aber da kommt aus Südwest eine Fetzenböe angerauscht. Ich kucke nach hinten aufs Wasser, das aufgewirbelt wird, und denke: ‚Was kommt da?‘ Ich rufe Joris zu, er soll die Schoten loswerfen.

Dann ist die erste Böe da. Der Katamaran beschleunigt. Wir fahren einen Kreis und die Böen drehen ebenfalls. Aus allen Richtungen dreschen sie auf uns ein, ich verliere die Orientierung, der Katamaran wird immer schneller, er wird mal hierhin geschubst, mal dahin. Mit den heftigen Böen sind die Wellen da. Es sind wütende Wellen. Wenn bloß jetzt keiner der beiden Schwimmer in die Wellen sticht und der Kat unterschneidet …

Vier, fünf Böen wettern wir so ab. Die nächste Böe trifft uns so kraftvoll, dass sich der rechte Schwimmer aus dem Wasser hebt – immer weiter. Das kann nicht sein! Der Kat kann nicht kippen! Doch der Steuerbordschwimmer hebt weiter ab und weiter, das Boot wird kippen. Jakob ist unter Deck. Joris ist am Steuer. ‚Springt‘, rufe ich. Hundert Gedankenfetzen ziehen durch meinen Kopf, das Wasser ist plötzlich seitlich unter mir. Ich denke, dass wir weit weg springen müssen, weil uns das Boot aus schwerem Mahagoniholz erschlägt, wenn es auf uns fällt. Dann klatscht der Mast samt Großsegel auf die Wellen und ich stürze hinunter ins Wasser.

Erst spüre ich nichts. Dann ist es kalt. Saukalt, als die Rettungsweste mich nach oben zieht. Kaum ist mein Kopf aus dem Wasser, taucht Joris neben mir auf. Böen fegen über uns hinweg. ‚Wir müssen beim Schiff bleiben‘, denke ich, ‚zurück zum Schiff. Wo ist Jakob?’

Wir schwimmen zurück zum Heck, es ist nur wenige Meter entfernt. Jakob ist weg! Wo ist Jakob? Ich öffne meine Rettungsweste, ich muss runter zu Jakob, unters Boot hinein in die Kabine tauchen, die jetzt unter Wasser liegt. Ich hole Luft. Da taucht Jakob prustend von unten auf. Er lebt. Wir drei sind da. Nur Luna fehlt, der Hund. Aber das zählt jetzt nicht.

Ich konzentriere mich auf die Jungs. Wir bibbern schon jetzt alle drei im kalten Wasser. Wir müssen irgendwie rauf auf die Rümpfe, schnell. Sonst wird uns immer kälter. Die Wellen sind extrem. Heftige Böen fegen über das Boot. Es steht praktisch im Wind, ich spüre, wie unter mir der Grund den Mast bricht und der Wind das Boot ein Stück weiter mit sich treibt.

‚Wir müssen raus aus dem Wasser! Und rauf auf den Kat! Raus da!', überlege ich. Dann ziehen wir uns, so sehr wir auch in der Kälte schnattern, hinten am Heck aus dem Wasser zwischen den Schwimmern auf den Rumpf. Das ist nicht ganz leicht, erst recht nicht, als wir oben sind. Wellen gehen über die Rümpfe hinweg, Böen werfen das Boot hin und her, wir haben Schwierigkeiten, Halt auf dem glitschigen, schwankenden Teil zu finden. Unter uns rumpelt es mächtig, die Mastspitze schlägt immer wieder hart auf dem Grund auf. Es sind schreckliche 15 Minuten, bis sich der Wind und die Wellen wieder etwas beruhigen.

In diesen Minuten sind wir drei in unterschiedlicher Verfassung. Ich habe mich im Griff, mein Kopf analysiert und rechnet fieberhaft. Joris ist noch gefasster als ich. Jakob hingegen steht Todesängste aus. ‚Wir sterben', stammelt er. ‚Wir werden sterben.' Aber im selben Moment antworten Joris und ich wie aus einem Mund: ‚Jakob, wir sterben nicht! Ganz sicher nicht!'

Das sagt man so leicht. Doch in so einer Situation ist das vielleicht die allererste Entscheidung, die du treffen musst: Willst du aufgeben? Oder willst du überleben? ‚Überleben', wird jetzt mancher sagen, ‚ist doch klar!' Doch hätte ich ein Crewmitglied verloren, einen meiner Söhne, dann wäre das sehr schwer geworden für uns. Als Jakob aus dem Wasser auftauchte, war unsere Entscheidung klar: Wir wollen leben!

Joris und mich beschleichen in diesem Moment nicht die leisesten Zweifel, dass wir durchkommen werden. Da ist die

Nässe. Die Böen. Das Land zwei Kilometer weit entfernt. Die Nacht, die kommen wird, kalt, in nasser Kleidung, ohne Wärme, ohne Getränke. Und mit ihr die Gefahr, einfach vor Erschöpfung einzuschlafen und nicht mehr aufzuwachen, weil die Unterkühlung ihr Werk an deinem Organismus verrichtet.

Doch ich bin mir sicher, wir schaffen das. Und Joris auch. Wir müssen nur auf Jakob achtgeben. Wenn wir ihn nicht rausbringen aus seinem Tal, seiner Todesangst, dann wird er uns mit sich hinunterziehen. Ein Crewmitglied, das die anderen ansteckt, kann aus einer gefährlichen Situation eine lebensgefährliche machen. Den Schwächsten in dieser Situation zu stärken, stärkt die Gruppe insgesamt", fasst Andreas Ratz diese Augenblicke heute zusammen.

Er fährt fort mit seiner Erzählung. „Noch während ich nachdenke, ziehe ich Jakob meine Rettungsweste an. Wir reden mit ihm. Joris und ich mühen uns ab, ihn mitzunehmen in unser Wissen, dass wir nicht sterben werden. ‚Wir versprechen dir, Jakob: Du wirst nicht sterben hier draußen. Das wird keine leichte Nacht. Die Wahrscheinlichkeit, dass wir in der Dämmerung oder gar in der Nacht gerettet werden, geht gegen Null. Wir werden also diese Nacht hier draußen verbringen. Es wird die hässlichste Nacht deines Lebens. Aber wir werden gerettet werden. Wir geben dir unser Wort: Wir bringen dich hier raus!'

Jakob ist immer noch verzweifelt. Aber auch ihm ist die Situation nicht fremd. Er kennt uns. Wir haben viele Wanderungen draußen gemacht und auf winterlichen Kanutouren bei Minusgraden Nächte im Freien verbracht. Er glaubt uns und hört auf zu klagen. Und dann beginnt unser Nachdenken. Und unsere Bestandsaufnahme, was wir da oben auf dem nackten Rumpf des Katamarans besitzen, das uns helfen könnte, zu überleben. Wo nur der Hund ist?

Der Wind bläst heftig aus Südwest, als wir uns unsere Ausrüstung besehen. Wir haben nichts weiter, als das, was wir am Leib tragen. T-Shirts. Kurze Hosen. Zwei Schwimmwesten für drei Leute, denn Jakob trug keine unter Deck, und alles tropfnass.

Doch in den Schwimmwesten stecken Trillerpfeiffen, immerhin. Über die zwei, drei Kilometer bis hin zum Ufer wird das kaum jemand hören, erst recht nicht gegen den Wind. Handy, Armbanduhr, Signalraketen, sie sind alle unten im Steuerstand. Getränke, Lebensmittel befinden sich im Salon der TIKI-ÄOLUS, die jetzt unter uns liegt – wie alles, was wir dringend brauchen könnten. Schnell kommt die Idee, dass jetzt einer da runtergeht, um Material aus dem Schiff zu holen. Ich sage sofort: ‚Ich gehe runter. Ich bin noch am fittesten.' Aber Jakob schüttelt nur den Kopf.

‚Da unten ist alles voller Segel, Leinen und Drähte, die im Wasser treiben. Ich bin da unten gewesen. Da kommst du nicht durch.'

Es sieht nicht gut aus. Wir haben nichts, um einen Notruf abzusetzen. Wenn der Wind weiter weht und der abgebrochene Mast uns nicht wie ein Anker am Grund hält, werden wir weiter hinausgeblasen auf See, wo es unwahrscheinlicher ist, dass uns jemand entdeckt. Wir haben nichts zu trinken, aber den Durst, den spüren wir in der Kälte zunächst nicht.

Unser größtes Problem ist die drohende Unterkühlung. In den Böen hat es merklich abgekühlt. Normalerweise hält der menschliche Körper konstant eine Temperatur von 37 Grad. Bei 35 bis 32 Grad beginnt Muskelzittern – die unkontrollierte Bewegung, mit der der Körper versucht, Wärme zu produzieren. Wärme, die er vor allem im Körperkern braucht, um die Organe am Funktionieren zu halten. Ohren, Nase, Finger, Zehen werden kalt, weil sich der Körper auf seinen Kern konzentriert. Ein Austausch von warmem Blut und kaltem Blut in den Extremitäten findet kaum mehr statt. Unter 32 Grad endet das Muskelzittern. Der Kreislauf wird schwächer. Du wirst teilnahmslos und müde. Und schläfst ein oder verlierst das Bewusstsein. Die Atmung wird flach, die Blutzirkulation wird langsamer, es ist schon nicht mehr klar, ob ein Patient noch lebt oder bereits tot ist.

‚Wir können doch rüber zum Festland schwimmen', unterbricht Jakob meine Gedanken. ‚Einfach rüberwaten. Das ist doch ganz nah.' Tatsächlich scheinen es keine zwei Kilometer bis zur Landspitze und dem Wäldchen im Süden. Aber zwei Kilometer bei 14 Grad können lang sein.

Hinüberschwimmen bei diesem Seegang? Gegen Wind und Welle? Ein Wagnis. Wir kennen weder die Strömung noch die Wassertiefen. Wie lange braucht ein geübter Schwimmer, um im warmen Wasser eines Freibads 100 Meter zurückzulegen? Selbst wenn man das in drei Minuten schafft, würde das eine Stunde im kalten Wasser bedeuten. Wir würden noch schneller auskühlen. ‚Wir bleiben am Boot!' So sehr wir hier drauf gerade schnattern: Das Boot ist immer noch der sicherste Ort für uns. Wenn uns der Wind nicht weiter hinaustreibt auf See ...

Die Unterkühlung ist die größte Gefahr. Wir müssen es irgendwie schaffen, uns bis zum Morgen warmzuhalten. Am Morgen wird hier in der Peenemündung irgendjemand vorbeifahren und uns retten. Solange müssen wir durchhalten. Wir müssen irgendwie Wärme bunkern. Und wenn es nur mit einer klatschnassen Rettungsweste ist. Die ist besser als nichts.

Ein Ruck, mit dem die Wellen den Mast aus dem Grund rupfen und das Boot ein Stück weiter hinaus treiben. Plötzlich taucht der Kopf des Hundes neben uns in den Wellen auf. Luna, unser zweijähriger Border Collie, ist wieder da!

Als der Katamaran kenterte, war Luna bei Jakob unter Deck. Wahrscheinlich hat sie in einer Luftblase im Salon überlebt, seit der Kenterung ist keine halbe Stunde vergangen. Luna, die schwanzwedelnd zu uns auf den umgedrehten Rumpf klettert und sich die Nässe aus ihrem dichten Fell schüttelt.

‚Ich will aus den nassen Sachen raus', sagt Jakob. ‚Ich zieh das jetzt aus.' Aber Joris und ich erklären ihm, dass die nassen Sachen sein Windschutz sind, der ihn warm hält. Ohne seine Kleidung würde er noch schneller auskühlen.

Kurz nach Luna taucht neben uns unsere Reisetasche auf. Als wir sie aus dem Wasser holen, sind immer noch die Dinge drin, die wir bei der Abfahrt achtlos hineingestopft haben: Ein oranger Regenmantel, ein sogenannter Friesennerz. Ein vollgesogener Schlafsack.

Ausgerechnet ein nasser Schlafsack. Ich bin fast amüsiert: Nach den Hunderten Nächten, die ich bei Schietwetter im Schlafsack verbracht habe, soll mich jetzt ausgerechnet ein triefnasser Schlafsack retten? Ich hätte nicht gedacht, dass ich mich mal so über einen nassen Schlafsack freuen würde.

Als die Dämmerung kommt, haben wir die Sachen unter uns aufgeteilt und für uns die beste Position gesucht, um die Nacht zu überstehen. Jakob und ich sitzen eng aneinander geschmiegt. Die bloßen Füße haben wir im Wasser, in der Hocke pressen wir uns mit dem Rücken gegen den Schwimmer in Lee, um wenigstens etwas Schutz vor dem Wind zu haben. Über uns haben wir den Schlafsack ausgebreitet. Über Oberschenkel und Bauch haben wir Luna wie eine Decke gelegt, damit ihre Körperwärme unsere Organe wärmt. Joris hat sich den Friesennerz angezogen und die Kapuze übergestreift. Unter allen Umständen muss der Wärmeverlust am Kopf vermieden werden. Joris will die Nacht stehend verbringen und sich durch dauernde Bewegung warm halten. Joris kann das, ich habe es bei ihm oft erlebt: Joris kann eine Nacht am Wasser stehen und auf den Barsch lauern.

‚Wir können doch rüber zum Turm schwimmen', sagt Joris plötzlich. ‚Wir sind nur noch 50 Meter von dem Turm dort mitten im Meer entfernt. Da ist auch eine Leiter nach oben!' Ich schaue hinüber. Tatsächlich sind wir jetzt dem Turm näher als vorher. Eine rostige Leiter führt außen hinauf auf die oberste Plattform. Schwimmen wäre möglich, die Wellen würden uns hinübertreiben, doch wo die Leiter ist, schlagen sie schwer gegen den Turm. Die Wellen würden uns gegen den Turm klatschen. Nein. Wir bleiben auf dem Boot.

Dann kommt die Dunkelheit. Wir wissen: Jetzt beginnt der Kampf gegen den Schlaf. Wir dürfen nicht einschlafen, nicht mal dösen darf einer von uns. Wenn wir dösen, fährt unser Kreislauf runter. Wenn unser Kreislauf runterfährt, geht die Verbrennung runter, und wir verlieren Wärme. Wenn du ermattest und schläfst, ist alles aus.

Wir dürfen nicht einschlafen! Um uns wachzuhalten, diskutieren wir. Joris sinnt darüber nach, wie er an den Tank des Außenborders kommen könnte. An Benzin. Wie er irgendwie mit der Zündkerze einen Funken erzeugen könnte, um den Kraftstoff zu entzünden und ein weithin sichtbares Feuer auf dem Wasser zu entfachen. Er steht vor uns im orangefarbenen Regenmantel und stapft rhythmisch hin und her, schlägt mit den Armen, während er überlegt. Benzin. Funke. Feuer. Rettung. Aber wer sollte uns sehen in dieser Nacht? Da ist niemand. Kein Licht auf dem Wasser. Nirgends Licht drüben an Land.

Nur unser Zittern ist immer da. Wir zittern und schnattern. Mal zitterst du mehr, und dann weißt du, jetzt wird es schlimmer mit der Unterkühlung. Mal zitterst du weniger und dann weißt du, es ist okay. Wenn nur dein Kinn schlackert, dann ist es gut. Denn selbst dein klappernder Unterkiefer sorgt mit seiner Bewegung dafür, dass dein Kreislauf in Gang bleibt.

Wie spät es wohl sein mag? Eine Uhr fehlt. Meine Knie schmerzen, die Jahre unbeschwerten Draußenseins haben mir eine langwierige Borreliose eingebrockt. Ich spüre meine Knie, gerade jetzt in der angewinkelten hockenden Haltung. Wenn ich doch nur kurz meine Beine ausstrecken könnte. Aber dann würde ich gleich wieder im Wasser liegen bis zum Bauch. Nein, das geht nicht. Also weiter mit schmerzenden Knien.

Nur Luna ist ein Segen, fast schon ein Komfort. Ihr warmer Hundekörper sorgt für Wärme, die wir so dringend brauchen. Jakob und ich kuscheln uns eng zusammen. Die Gruppe muss sich so eng wie möglich zusammenkauern, aus einzelnen Körpern einen einzigen Körper machen, der mit Wärme geizt.

Dreimal kommt in der Nacht ein Boot vorbei. Es ist das Lotsenboot, ganz nah fährt es im engen Fahrwasser an uns vorbei. Es ist so nah, wenn es hell wäre, würde der Skipper uns sofort entdecken. Aber jetzt, in der mondlosen Nacht und den Wolken, kann uns keiner auf dem Lotsenboot sehen.

Der Scheinwerfer ist nach vorn gerichtet, zielstrebig folgt das Boot seinem Licht. Und fährt vorbei. Wir haben nicht mal gerufen. Wenn wir nur ein Feuerzeug hätten! Tatsächlich ist in der Nacht der Kanister des Außenborders aufgeschwommen. Aber wir haben kein Feuerzeug. Und Schreien braucht man bei dem Motorenlärm nicht. Schreien ist unnütz.

Nicht einschlafen! Deine oberste Verantwortung ist, nicht einzuschlafen. Wir reden. Wir diskutieren. Jakob stößt immer wieder Diskussionen an. Wir versuchen uns wachzuhalten im Zittern und Bibbern, mit allen Mitteln. Ich erinnere mich an den Indianer, der mir auf einer Tour einmal erzählte, wie er auf langen Wanderungen den Punkt der größten Erschöpfung überwindet. Er beamt sich einfach weg, indem er sich sein schönstes Erlebnis im Leben vorstellt. Eine irre schöne Wanderung. Eine erotische Begegnung. Irgendetwas Schönes. Du stellst dir den Weg vor, den du gegangen bist. Malst dir jeden einzelnen Schritt aus, in allen Einzelheiten. Ich weiß, wenn ich an diesen Punkt komme, so wie jetzt, wo die Schmerzen am stärksten sind, muss ich mich wegbeamen wie ein Indianer. Muss meine Gedanken auf etwas anderes richten.

Ich denke an die Wanderung auf Korsika auf dem Weitwanderweg. An den ersten Aufstieg vom Meer. Von Null auf 1350 Meter. Am Meer war es unerträglich heiß. Ich habe versucht, mir den Weg vorzustellen. Jeden Schritt und jeden Meter, den Geruch von Korsika, um mich von meinen Knieschmerzen abzulenken.

Es muss gegen Morgen sein, als ich spüre, dass jetzt mein schwierigster Punkt kommt. Seeleute nennen es wohl die Hundewache. Ich spüre, ich muss auf meine Kraft achten, dafür sorgen, dass meine Energie nicht erlischt. ‚Joris, jetzt musst du die Führung übernehmen. Schaffst du das?' Joris steht in seinem orangen Regenmantel irgendwo neben uns und bewegt sich langsam. ‚Kannst du die Verantwortung übernehmen, dass Jakob und ich nicht einschlafen? Weck uns sofort, wenn du merkst, wir dösen weg!' Er nickt stumm. Und bewegt sich weiter. Ich habe nicht aufgegeben in dieser Situation. Ich weiß nur, ich muss die Verantwortung jetzt abgeben, um Energie zu sparen. Zum Glück ist einer da, mein Sohn, der sie tragen kann.

Irgendwann sind die Stunden vorüber. Die Dunkelheit weicht einem Dämmer, doch mehr als ein lichtloses Grau bringt die Sonne an diesem Morgen nicht zustande. Ein Grau, das zeitlos ist und nicht erkennen lässt, ob es noch früh am Morgen oder längst Mittag ist.

Ein Segler hält auf uns zu. Er ist 2 Seemeilen weg und will in die Peenemündung. Joris entdeckt ihn als erster. Er zieht seine feuerrote Rettungsweste aus, um ein Signal zu geben. Drei mal kurz heben. Drei mal lang wedeln. Drei mal kurz heben. 3 kurz, 3 lang, 3 kurz: das internationale Signal für

‚Save our souls'. Es ist wenig Seegang. Um zu rufen, ist es noch zu weit. Der Segler steuert weiter auf uns zu. Er sieht uns. Dann biegt er plötzlich ab. Hat der uns wirklich nicht gesehen? Es kann nicht sein, dass er einfach weiterfährt in die Peene.

Joris streift sich die Rettungsweste wieder über. Er steht immer noch auf dem Rumpf und sagt trotzig: ‚Was soll's. Wenn's sein muss, stehen wir noch eine Nacht durch. Wir wissen jetzt, wie das geht.'

Irgendwann später. Wieder hält eine Yacht auf die Mündung zu. Doch diese Yacht nimmt Kurs auf uns. Sie kommt näher und näher. Der Skipper steuert sein Schiff ran bis auf Rufweite. Näher kann er nicht, er gibt uns zu verstehen, dass das Wasser zu flach ist, wir liegen jetzt fast vor dem Turm. Der Skipper hält eine Handfunke in der Hand. Dann ruft er rüber: ‚Fehlt einer bei euch an Bord?'

Dann spricht er in sein Funkgerät. Und hält den Daumen hoch. Da wissen wir: Wir sind gerettet!

Wir erinnern uns in diesem Augenblick an die zahlreichen YouTube-Videos, die wir von Seenotrettern und ihren Rettungsaktionen gesehen haben. Wir freuen uns: Auf die warmen Decken, auf ein warmes Getränk, das uns unsere Vorstellungskraft vorgaukelt.

Der Segler auf seinem Schiff ist bei uns geblieben. Er ist nicht weitergefahren, sondern bleibt einfach auf Standby nebendran, falls irgendetwas schiefgehen sollte. Irgendwann biegt das weißrote Boot der Seenotretter aus der Mündung der Peene und hält auf uns zu. Es ist klein, wegen des flachen Wassers tastet es sich vorsichtig heran. Als es längsseits ist, recken uns die Männer darauf die Arme entgegen.

Ich? Kann kaum noch laufen. Ich bin apathisch, einfach fix und fertig. Joris stützt mich. Jakob ist spätestens seit Tagesanbruch fast guter Dinge, so sehr er zweifelte am Anfang, er hat Vertrauen gewonnen jetzt, zu sich und seit Tagesanbruch auch zur Situation. Und Joris? Er ist nach dieser Nacht der Skipper. Er ist der, der das Schiff als letzter verlässt.

Und dann beginnt für uns der pure Luxus. Raus aus den nassen Sachen. Trockene Wolldecken. Trockene Trainingsanzüge. Was haben die Retter gestrahlt, weil sie keinen Toten abzubergen hatten.

Zurück im Hafen von Freest wird mir zum ersten Mal klar, in welcher Lebensgefahr wir wirklich schwebten. Es wird mir deutlich, weil gleich drei Notärzte auf der Pier bereitstehen, für jeden von uns einer. Als erstes misst der Arzt meine Temperatur. Er misst zweimal, weil er es nicht glauben kann. ‚Wie lange wart ihr im Wasser', fragt er ungläubig, als er das Thermometer besieht. Meine Körpertemperatur ist 0,3 Grad unter Normal. Jakobs 0,2 Grad. Und Joris Körper hat Normaltemperatur. Im orangefarbenen Regenmantel stehend und sich bewegend hat er die Nacht am besten überstanden.

Was hab ich richtig gemacht? Du gehst nur mal schnell raus, für zwei Stunden aus dem Hafen. Innerhalb von zehn Minuten kommt Unheil. Du musst überlegen, ‚Was habe ich jetzt, um mein Überleben zu sichern?' Du darfst nicht in Panik geraten. Bei Panik sinkt deine Überlebenschance um 90 Prozent. Letztlich haben mir die Berge geholfen. Die Erfahrungen, die ich all mein Leben Draußen sammeln konnte.

Es braucht nur drei dumme Zufälle oder einen kleinen Fehler und aus der schönsten Schönwettertour wird ein Überlebenskampf. Das kann jeden einzelnen von uns treffen, unerwartet und fast in jeder Lebenssituation, selbst beim Besuch einer Großveranstaltung mitten in der Zivilisation.

Es gibt nur einen Punkt, der mich belastet: Ich darf niemals zurückdenken, was alles hätte passieren können. Ich muss dankbar sein, dass die da oben dafür gesorgt haben, dass wir drei samt Hund da wieder rauskommen. Aber zurückdenken darf ich nicht.

Wir segeln alle drei immer noch. Joris ist Einhandsegler geworden, er geht mittlerweile auch lange Strecken hinaus wie auch ich."

Ob er noch einen Tee möchte, frage ich Andreas Ratz, als er seine Geschichte beendet hat. Es ist der vierte oder fünfte, den uns der freundliche türkische Wirt bringt. Andreas nimmt seinen Tee mit drei gehäuften Löffeln Zucker, als wäre es dieser Geschmack, den er von seiner Rettung mitgenommen hat. Als wir zum Bahnhof in Neustrelitz gehen, regnet es in Strömen. Ich denke über das Leben nach, über Andreas Ratz ungewöhnliches Leben voller Höhen und Tiefen, das ihn bis hierher geführt zu haben scheint. Er hat in seiner schlimmen Situation alles richtig gemacht und besser, als es die meisten könnten.

Dann steige ich in den Zug, sehe Andreas Ratz nach, der durch den strömenden Regen geht, als würde ihm das nichts ausmachen, während der Zug anrollt und mich durch den Novemberregen von Neustrelitz nach Berlin bringt – zu meiner nächsten Verabredung mit einer Frau, die in Seenot war.

Bernhard Streicher
Der Mensch in der Krise.

Was die Krise mit uns macht.

Thomas Käsbohrer: Herr Professor Streicher, wie reagieren Menschen, wenn sie in eine Krise geraten?

Bernhard Streicher: Ganz unterschiedlich. Ich habe selber schon mit Gruppen Krisensituationen durchstanden. Verblüffend ist, wie unterschiedlich die einzelnen Mitglieder in einer geschlossenen Gruppe die Situation wahrnehmen.

Intensiv wurden diese Phänomene während des Vietnamkriegs erforscht. Als man US-Soldaten untersuchte, die die gleiche Situation durchlitten hatten, stellte man fest, dass der eine Teil Symptome posttraumatischer Belastungsstörungen zeigte, der andere Teil keine Störung entwickelt hatte. Beiden gemein ist, dass die Situation als extrem bedrohlich erlebt wurde.

Aber die einen wurden davon überwältigt, während die anderen dies mehr als unangenehme Herausforderung und sich selbst als handlungsfähig erlebten. Gegen drohende Überforderung hilft also Handeln.

Aus Gesprächen mit Gruppen, die eine Notsituation durchgestanden haben, wissen wir, dass Menschen eine Situation unterschiedlich wahrnehmen. In Stress und Belastungssituationen werden ganz verschiedene Impulse vom Einzelnen empfunden. Beim einen erzeugt das die Verengung der Wahrnehmung auf einzelne Details. Beim anderen löst das etwas ganz anderes aus.

Wann wird eine Situation zur Krise?

Bernhard Streicher: Das hat sehr viel mit der handelnden Person zu tun. Und vor allem mit ihren Erfahrungen. Gelingt es mir, das, was ich gerade erlebe, in mein bisheriges Leben zu integrieren oder nicht? Und was in der Folge auch sehr wichtig ist: Wie reagiert mein soziales Umfeld? Werden meine Erlebnisse anerkannt und gewürdigt oder totgeschwiegen?

Nehmen wir in diesem Buch das Beispiel „Mastbruch oder Ruderbruch auf hoher See". Jemand, der nie gesegelt ist oder nie auf dem Meer war, wird das als extrem lebensbedrohlich empfinden. Während in der gleichen Situation ein erfahrener Profisegler sagt: „Das habe ich schon fünfmal erlebt. Ich weiß, was da zu tun ist und was jetzt passieren kann. Ich weiß, wie ich mich verhalten muss. Das ist nicht weiter schlimm."

Kann man sagen, wer eine Krise leichter übersteht?

Bernhard Streicher: Je gründlicher ich in der Vorbereitung etwas mental durchgespielt habe, je erfahrener ich bin, desto mehr Chancen habe ich in einem echten Notfall.

„Krise" und „Krise empfinden" hat sehr viel mit Erfahrung zu tun. Und das gilt nicht nur für Krisen auf dem Meer. Ich nenne ein Beispiel aus meiner Praxis: Jeweils zwei Gruppen sind unabhängig voneinander im Gebiet des Federation Peak in Südwest-Tasmanien unterwegs. Sie wollen Ziele abseits von Wanderwegen erreichen. Das ist eigentlich unzugängliches Gelände mit viel Sumpf und Gewässern und einem gemäßigten Regenwald, in dem Holz nur langsam verrottet. Bäume, die umfallen, bleiben ewig liegen. Das Gelände ist extrem anstrengend und mühsam zu begehen. Um die Ziele zu erreichen, braucht man mindestens eine Woche – mit Rückweg also zwei oder drei.

Die einen sind trainierte Alpinisten, haben aber in diesem Gelände keine Erfahrung; die anderen sind weniger fit, waren aber schon oft in der Wildnis Tasmaniens unterwegs. Die ersten haben den physischen und psychischen Kraftaufwand und vor allem die Dauer der Tour unterschätzt. Als erstes wird das Essen knapp, aber anstatt rechtzeitig umzudrehen, gehen sie weiter, bis sie psychisch völlig fertig sind. Zu dem Zeitpunkt hätten sie immer noch genug Essen, um umzudrehen. Aber sie lösen den EPIRB-Sender aus, also den Notrufpositionssender – neben Satellitentelefon in dieser Gegend die einzige Möglichkeit, Rettung zu holen – und lassen sich ausfliegen.

In der anderen Gruppe rutscht einer kurz vor dem Ziel aus und bricht sich mehrere Rippen. Die Verletzung ist extrem schmerzhaft, an Gehen im weglosen Gelände mit Rucksack ist nicht zu denken. Die Gruppenmitglieder überlegen ihre Optionen und gehen alles genau durch. Dann rationieren sie ihr Essen, machen ein paar Tage Pause und begeben sich langsam auf den Rückweg. Obwohl sie wirklich Grund gehabt hätten, ein Notsignal abzusetzen, betrachten sie das nicht als Notfall. „Wir sind ja handlungsfähig“, sagen sie. Der eine ist mit gebrochenen Rippen den ganzen Weg gelaufen.

Wie jemand eine Situation wahrnimmt, hat also extrem viel mit Erfahrung, der Beurteilung der Situation und der eigenen

Handlungskompetenz zu tun. Man kann lernen, in schwierigen Situationen handlungsfähig zu bleiben.

Ob Seenot oder Verkehrsunfall: Gibt es bestimmte Verhaltensmuster, nach denen Menschen reagieren, wenn sie in der Krise sind?

Bernhard Streicher: Grob gesagt, folgen wir in der Krise, wenn wir überfordert sind, zwei Verhaltensmustern, die mir in der Praxis immer wieder begegnen: Das Eine ist Erstarrung und Lähmung: die Unfähigkeit, auch nur in irgendeiner Weise zu reagieren. Das Andere ist das genaue Gegenteil: kopfloser, blinder Aktionismus.

Lähmung. Oder Kopflosigkeit. Das Eine wie das Andere kann dann aus einer Krisensituation eine lebensgefährliche Situation machen.

Kann man denn lernen, damit umzugehen?

Bernhard Streicher: Ich habe früher aktiv Canyoning betrieben. Ich bin wasserführende Gebirgsbäche und Schluchten bergab und habe einige Erstbegehungen gemacht, oft auch solo. Früher haben mich kritische Situationen wie uneinsehbare Wasserfälle, verkeiltes Holz oder Stürze eher überrascht und überfordert. Mit zunehmender Erfahrung wurde ich in Krisensituationen handlungsfähiger, weil ich die Gefahr besser einschätzen konnte und mehr Handlungsoptionen hatte.

Kann man sich auf eine Krisensituation vorbereiten?

Bernhard Streicher: Man sollte sich vorher klarmachen, was man für ein Typ ist: Sich bewusst zu machen, ob man eher erstarrt oder blind reagiert, hilft in der Krise weiter. Mir hat mal ein Kriegsreporter erklärt: Wenn man unter Scharfschützenbeschuss liegt, ist man tot, wenn man blind irgendwohin rennt; genauso stirbt man, wenn man im Auto beschossen wird und erstarrt, also nicht weiterfährt. Man überlebt nur, wenn man vorher weiß, wie man reagiert und wie man handlungsfähig bleibt.

Man kann Situationen trainieren, das eigene Verhalten durchspielen. Beim Segeln zum Beispiel kann man in der Hafeneinfahrt insgeheim immer wieder durchspielen: „Was passiert jetzt, wenn hier der Motor ausfällt?“ Wenn man draußen unterwegs ist, kann man ruhig auch mal auf einem Chartertörn das Notruder aufstecken und damit fahren, um herauszufinden, wie umständlich das ist und ob man damit zurecht kommt. Man sollte einfach möglichst viele Gefahrensituationen mental und real durchspielen, um sich und seine Crew darauf vorzubereiten.

Wie kann man das eigene Erstarren oder blinden Aktionismus in den Griff kriegen?

Bernhard Streicher: Erstarrung oder kopfloses Handeln haben ihre Ursache in ein und derselben Reaktion unseres Stoffwechsels auf eine Notsituation. Auf eine Krise, einen Extremfall, reagiert unser Körper, indem er schlagartig bestimmte Stoffe, das Adrenalin und das Noradrenalin, freisetzt. Wir nehmen diese an uns durch erhöhten Puls, veränderte Atmung und einen eingeschränkten Tunnelblick wahr. Sie sorgen aber auch dafür, dass unseren Muskeln blitzschnell sehr viel Energie zur Verfügung gestellt wird – und unserem Gehirn dafür sehr wenig. Unser Überleben hing im Laufe der menschlichen Entwicklung davon ab, möglichst schnell rennen, fliehen oder um unser Leben kämpfen zu können. Oder, wenn beides nicht möglich war, zu erstarren in der Hoffnung, vom Raubtier nicht entdeckt und gefressen zu werden.

Diese physiologische Reaktion kann man aber beeinflussen und herunterfahren. Das passiert durch tiefes, ruhiges Atmen und bewusste Muskelentspannung. Tiefe Atemzüge reduzieren den erhöhten Puls und auch den Tunnelblick. Allein durch ruhiges, tiefes Atmen kann man sich – wie in jeder Stresssituation – ein Stück weit wieder unter Kontrolle bringen. Es ist also schon ein großer Schritt in die richtige Richtung, das flache Atmen aufzugeben und tiefe Atemzüge zu machen und bewusst seine Muskeln zu lockern. Wenn der Kreislauf und die Atmung wieder in Ordnung sind, dann heißt es: innehalten. Und überlegen.

Notfallsanitäter haben hierfür die eiserne Regel: „Ten seconds. For ten minutes"?

Bernhard Streicher: Ja. Es bedeutet, sich zehn Sekunden Zeit zu lassen, um die Aktionen der nächsten zehn Minuten zu planen. Bringe ich mich jetzt selbst in Gefahr, wenn ich ungesichert die Rettung eines über Bord Gegangenen einleite? Was passiert, wenn ich kopflos bei Mastbruch den Motor starte und Fallen oder Drahtstagen in den Propeller bekomme? Kann ich einem bei einer harmlosen Felskletterei Abgestürzten gefahrlos zu Hilfe kommen oder herrscht akute Steinschlaggefahr? „Ten seconds. For ten minutes" ist eine gute Regel, wenn man weiß, dass man dazu tendiert, eher kopflos zu reagieren.

Auf dem Boot gibt es den schönen Spruch „Man kann immer etwas machen". Es gibt aber auch Situationen, wo man zunächst nichts mehr machen kann.

Bernhard Streicher: Solche Situationen nehmen wir so wahr, weil wir die Kontrolle über das Geschehen verlieren. Es scheint, als könnte man nichts mehr tun. Dies sind Situationen außerhalb des Normalfalls. Aber man kann versuchen, Notfallmaßnahmen einzuleiten. Es gibt natürlich Situationen, wo man nichts mehr tun kann, um aktiv selbst die Situation zu verbessern.

Aber was man tun kann, ist, sie besser oder schlechter auszuhalten, wenn alles, was möglich ist, versucht und getan wurde. Ankern in einer schlecht geschützten Bucht oberhalb 10 Windstärken, mehrtägige Stürme auf See, Stunden inmitten heftiger Gewitter auf dem Meer oder am Berg: Fürs Überleben und Durchstehen der Situation ist Zuversicht und der Glaube wichtig, dass das jetzt gut ausgeht. Aus den Berichten Betroffener wissen wir, dass das Denken an positive Dinge wichtig ist. Die Vorstellung „Ich möchte meine Frau wiedersehen, meine Kinder" oder „meinen Mann" kann Berge versetzen. Der positive Glaube an Begegnungen, die man wiederhaben möchte und unbedingt wieder erleben will, gibt Kraft.

Das klingt einfacher, als es in der Situation dann ist.

Bernhard Streicher: Ja, aber das Traumatisierende ist der Kontrollverlust, sich nicht mehr in der Handlungsfähigkeit zu befinden. Aus den Berichten von in Gletscherspalten Gestürzter oder Menschen, die tagelang in Höhlen auf Rettung warten mussten, weiß man, dass es wichtig ist, sich Aufgaben zu geben, um wieder in die Handlungsfähigkeit zu kommen.

Aktion hilft, mit einer Situation besser zurechtzukommen. Man weiß aus den Aussagen von Bergsteigern, die allein und ohne Aussicht auf Rettung festsaßen, wie wichtig es ist, in simple Aktion und Routine zu kommen, um zu überleben: Sich selber untersuchen. Den Rucksack checken. Drei Müsliriegel so einteilen, dass sie sechs Tage reichen. Sein Handy ausmachen und jede halbe Stunde einschalten, um eine SMS senden zu können. Also immer wieder handeln und sich in eine zuversichtliche Stimmung versetzen. Auch wenn ich de facto nichts mehr tun kann, kann ich mich immer noch entscheiden, an Positives zu denken.

Auch in einer Crew ist es also wichtig, Aufgaben zu verteilen, um in der Aktivität zu bleiben. Klare Aufgaben zu definieren und zu delegieren, erlaubt es, das Vertrauen zu sich selbst wieder zu erlangen. Selbst sinnlose Routinen sind wichtig, um sich selber zu beschäftigen. Man kann sich Aufgaben stellen, um nicht in eine Verzweiflung zu geraten. Wenn man es schafft, positiv zu bleiben, hilft das, egal wie sinnlos die Aufgaben im ersten Moment erscheinen. So kann ein Eingeschlossener alle zehn Minuten bis 1000 zählen, Übungen machen, Strukturen und Routinen entwickeln. Auf See entsprechend, alle 15 Minuten Ausguck gehen. Die Position halbstündlich eintragen. Den Barometerstand ablesen. All so etwas.

Wieso sind Strukturen wichtig?

Bernhard Streicher: Das mag jetzt auf den ersten Blick nicht einleuchten, trotzdem bringe ich zwei Beispiele, weil sie hierher gehören. Aus Studien mit Langzeitarbeitslosen weiß man, dass der Verlust einer festen Struktur die Rückkehr in die eigene Handlungsfähigkeit erschwert. Strukturen, und wenn es nur das regelmäßige Zähneputzen nach jeder Mahlzeit ist, helfen auch in einer Notsituation dabei, in der Handlungsfähigkeit zu bleiben. In einer Notsituation sollte man sich beschäftigen, in Aktivität bleiben. Nicht zuletzt auch, um die Zeit zu vergessen, bis Hilfe kommt.

Das zweite Beispiel kennt jeder aus dem eigenen Umfeld: Wenn Menschen es im Alter schaffen, Routinen zu haben und feste Strukturen, fördert das die physische und psychische Gesundheit und erhöht die Lebenserwartung.

Was passiert mit einem Menschen im Moment der Rettung?

Bernhard Streicher: Bei einer Rettung steht tatsächlich zunächst die technische oder medizinische Hilfeleistung im Vordergrund. Für einen Geretteten ist der Moment der Rettung aber ein kritischer Moment. Der problematische Moment ist jener, in dem die Spannung von einem abfällt und man die Verantwortung für das eigene Handeln an die abgibt, die jetzt handeln. Der Wegfall der belastenden Situation und damit der Adrenalinausschüttung kann tatsächlich zum sogenannten Bergungstod führen.

Aber nach einer Rettung ist doch üblicherweise alles gut?

Bernhard Streicher: Meistens ja. Es gibt aber auch schlimme Erlebnisse wie den Verlust eines Freundes oder eines Angehörigen. Jeder reagiert darauf anders. Das Kriterium bei einem hochtraumatisierenden Erlebnis ist: „Kann ich das in mein Leben integrieren?“ Und vor allem: „Kann ich über das sprechen, dessen Zeuge ich wurde?“ Manche Bergretter haben nach jedem Einsatz als Ritual das sogenannte „Einsatzbier“, bei dem sie über ihre Wahrnehmungen im Einsatz reden.

Das „Erzählen in der Gruppe“ ist wichtig. Denn was wir erzählen können und was von anderen gehört und anerkannt wird, das können wir auch integrieren in unser Erleben. Wenn wir eine Geschichte über das Erlebte erzählen können, dann können wir uns vom Geschehen distanzieren. Die Sache überwältigt uns nicht. Weil wir uns selber und die anderen uns zugestehen, dass das jetzt so sein darf.

Wenn das nicht gelingt, oder sich gar Symptome manifestieren, sollte man einen auf Traumatisierungen spezialisierten Therapeuten aufsuchen. Oder das Gespräch mit einem Mitarbeiter eines Kriseninterventionsdienstes suchen.

Michael Johanssen
Nordsee. Elbe und Ostsee. Peene.

Motorausfall. Mastbruch. Ruderschaden.

Ein Gehirntumor, alles geht schnell – als der Mann seiner Schwester stirbt, ist das ein Wendepunkt in Michael Johanssens Leben. Er ist 36, als das passiert, und als er die Verletzlichkeit des Daseins spürt, ist plötzlich das Meer wieder zurück in seinem Leben. Das Meer, das immer da gewesen war, weil sein Vater Seemann in der Marine und Michael damit aufgewachsen war. Das Meer, das irgendwie aus seinem Blick verschwunden war, weil Klettern in der Schwäbischen Alb, ein Wohnmobil, zwei Hunde wichtiger waren.

Als sein Schwager stirbt, gibt Michael Johanssen sich ein Versprechen: „Innerhalb der nächsten zehn Jahre geh ich Segeln! Einhand nach Norden. Am besten über die Lofoten und Island nach Grönland.“

Monate später stolpert er über das Foto einer eBay-Kleinanzeige. Der mastlose Rumpf eines Stahl-Rundspannters, der samt Deck und geschweißtem Seezaun schneeweiß leuchtet vor den Bäumen am Ufer. Das Dach des Deckshauses aus Glas und Teakstreben, abgedeckt mit einer roten Lkw-Plane zum Schutz vor Regen. Weiß ragt die leere Halterung für den Klappmast in den Himmel.

Ein paar Wochen schleicht Michael Johanssen um das Foto mit dem schneeweiß leuchtenden Rumpf. Das Boot geht ihm nicht aus dem Kopf. LILO heißt es. Er weiß: LILO ist genau das Boot, auf dem er seine große Reise unternehmen will. In ein paar Jahren in den Norden. Wenige Wochen später fasst er sich ein Herz und mailt den Besitzer an. Ja, das Boot sei noch zu haben, antwortet der niederländische Bootsbauer. Er hätte nun zwei Jahre zusammen mit der Werft am Refit gearbeitet. Er sei Anfang 60, das Projekt sei ihm über den Kopf gewachsen, er müsse es nun schweren Herzens aufgeben. Schlimmer noch: Das Boot müsse innerhalb der nächsten vier Wochen den Stegliegeplatz verlassen. Michael Johanssen fährt raus nach Finkenwerder zu dem schneeweißen Rumpf vor den Bäumen. Der Innenausbau ist unvollendet, das Deckshaus ist innen leer. „Wozu hab ich früher mal Tischler gelernt?“, denkt er sich, und strahlt: „Genau mein Schiff!“, als er seinen Rundgang unter Deck beendet hat. 5000 Euro soll das Boot laut Anzeige kosten. Aber weil es ja weg muss vom Liegeplatz, verlangt der Verkäufer jetzt nur noch den halben Preis: 2500 Euro. „Allein der schmucke *Dickinson ‚Alaska‘* Ölofen ist das ja fast schon wert“, denkt sich Johanssen. 12 Tonnen Stahl – selbst der reine Schrottwert ist höher.

Weil er gerade knapp bei Kasse ist, fährt er auf dem Rückweg zu seiner Schwester, der er von LILO erzählt. Wer könnte ihn besser verstehen als sie. Sie leiht ihm das Geld. LILO ist nun seins.

In den nächsten Wochen nutzt er jede Minute seiner freien Zeit für den Innenausbau. Baut Regale ein und Kartentisch.

Ein Steuerstand innen und außen sind bereits vorhanden. Er entdeckt bei Reinigungsarbeiten vorne im Bug den schwungvollen Namenszug auf dem Bodenblech: KAISER. Wenn er nicht mit der Tischlerarbeit beschäftigt ist, versucht er, etwas über LILOs Geschichte zu erfahren. Soviel weiß er von seinem Vorbesitzer: dass sie 1977 angeblich von Lehrlingen bei *Blohm + Voss* als Gesellenstück gebaut wurde. Nur was der schwungvolle Schriftzug KAISER auf den Bodenplatten im Bug bedeutet, das kann er nicht herausfinden, so sehr er auch im Internet nach dem Namen forscht.

Im Spätherbst 2015 ist es soweit. Nur einen Mast hat das Boot immer noch keinen. Der Innenausbau ist soweit abgeschlossen, dass der frischgebackene Bootseigner sein Schiff von Finkenwerder nach Kiel verlegen will. Da hat sein Vater im Museumshafen einen Liegeplatz. „Eigentlich bist du bekloppt, ausgerechnet an einem Novemberabend loszufahren", sagt er sich, als er den Zündschlüssel am Abend des 20. November dreht. Doch Michael ist nicht unerfahren, die LILO ist sein zweites Boot. Zudem begleitet ihn sein Vater, er ist 78 und kennt die See aufgrund seiner langen Dienstzeit in der Marine.

Michael Johanssen hat sich gut vorbereitet. Hat die Instrumente, das Ruder, die Elektrik überprüft. Selbst den 600-Liter-Tank hat er sich innen gründlich angesehen, er ist so blitzblank wie der Motorraum mittschiffs über dem Kiel. Keine Dieselpest also. Wieder und wieder hat er am Steg den marinisierten, also bootstauglich umgebauten *Peugeot* Diesel gestartet und getestet. Hat geprüft, ob er auch unter Last läuft. Nur draußen auf der Elbe ein paar Kreise gedreht unter Motor, das hat er noch nicht.

Um 22:00 Uhr steuern Michael und sein Vater die mastlose LILO aus dem Hafen von Finkenwerder. Mit dem ablaufenden Wasser wollen sie durch die Novembernacht die 40 Seemeilen bis Brunsbüttel. Und am kommenden Morgen von der

Elbe aus nach Nordosten in die Brunsbütteler Schleuse in den Nordostseekanal. So lautet der Plan.

Die Nacht ist kalt und klar. Knapp die Hälfte des Weges haben sie hinter sich, als auf Höhe Stade morgens gegen 2 Uhr der Motor zu stottern beginnt. Das Stottern geht in Husten über. Es klingt, als ob der Motor keinen Sprit bekommt. Mit einem Mal stirbt der Motor ab. Plötzlich herrscht die Stille der Nacht an Deck der LILO. Nur das leise Plätschern an den stählernen Bordwänden ist zu hören, mit dem LILO wie ein welkes Blatt auf dem fallenden Wasser die Elbe hinunter treibt. Die Elbe ist zu diesem Zeitpunkt gut befahren, alles Mögliche ist darauf unterwegs, Frachter, Tanker, Großschifffahrt. Langsam drehend treibt die Strömung das manövrierunfähige Schiff aus dem Fahrwasser.

„Ich hab doch wirklich alles kontrolliert", zermartert sich Michael Johanssen das Gehirn über die Ursache des Motorausfalls. Während sein Vater am Steuer steht, öffnet er die Bodenklappe und beugt sich kopfüber zum Motor hinunter. „Ich habe doch alle Dieselfilter kontrolliert und ausgewechselt, jede Leitung kontrolliert." Trotzdem leuchtet er im Dunkeln Leitungen und Filter erneut ab. Es ist 04:00 Uhr morgens, als er den Motor ein zweites Mal entlüftet. Den Fehler hat er immer noch nicht entdeckt, als LILO zum ersten Mal mit einem deutlichen Wumms in der Heckwelle eines Frachters am sandigen Grund der Elbe aufsetzt. Als Michaels Vater testweise den Zündschlüssel dreht, springt überraschend der Motor an. Er läuft. Erleichterung und Bangen zugleich, weil er läuft und doch keiner sagen kann, wie lange. Die Ursache für den Ausfall ist immer noch unklar.

Doch der Diesel versieht erst mal brav seinen Dienst. Sie steuern weiter, bis der Strom dreht, und lassen dann abseits des Fahrwassers den Anker fallen, um mit dem nächsten ablaufenden Wasser weiter Richtung Schleuse zu fahren.

Am Vormittag hat sich das Wetter geändert. Statt Windstille bläst jetzt ein Nordwest mit 6 Windstärken gegen das ablaufende Wasser der Elbe. Der Nordwest schafft eine unangenehme Welle auf dem Fluss. Doch der Motor tut, was er soll, er springt brav an und schiebt die Yacht durch das Hickhack der Wellen. Es ist ein widerwärtiges kurzes Auf und Ab, das anhält bis vor die Schleuse von Brunsbüttel.

Da fängt LILOs Motor erneut an zu stottern. Dann hustet er. Michael Johanssen versucht es im Standgas, um den Motor nicht ganz absterben zu lassen. LILO treibt ohne Segel erneut auf dem Wasser. Und vom ersehnten Ziel, der Schleuse, weg, wieder hinaus auf den Fluss.

Wenn er nur schon durch die Schleuse wäre! Michael Johanssen telefoniert mit dem Schleusenpersonal. Er will raus aus der Hacksee und dem Strom, runter von der Elbe und rein in den Kanal. Er schildert dem Schleusenpersonal sein Motorproblem und bittet, doch mit einem Frachter in die Schleusenkammer gelassen zu werden. Die Schleusenwärter lehnen ab. Es ist Mittag, als sie ihn anweisen, die 2 Seemeilen zurück zur Sportbootwartestelle zu fahren.

In diesem Moment stirbt der Motor ab. Noch im Telefonat bittet er das Schleusenpersonal um Hilfe, ob man ihn nicht wenigstens bis vor die Schleuse schleppen könne. Die Situation wird bedrohlich, LILO treibt auf einen ankernden Frachter zu. Der Schleusenwärter verspricht, die Seenotretter vor der Schleuse zu verständigen.

Die manövrierunfähige LILO treibt nun auf das Heck des auf Reede vor der Schleuse Brunsbüttel wartenden Frachters zu. Zielbewusst strebt sie dessen empfindlichstem Teil, der Ruderanlage des Frachters, entgegen. Wieder lassen Vater und Sohn den Anker fallen, doch diesmal fasst er nicht. Er schliert am Grund hinterher, während LILO mit der kraftvollen Strömung weiter auf die Ruderanlage zutreibt. Quälende

Gedanken schießen dem Skipper durch den Kopf. Was passiert eigentlich, wenn 12 Tonnen schwimmender Stahl mit 2,5 Knoten wie ein Meißel ungebremst ins Ruder eines still liegenden Frachters donnern? Wer kommt hinterher für die Kosten auf? Für Frachter im Trockendock, für Verdienstausfall der Reederei und Reparatur?

Noch 100 Meter ist der Frachter entfernt. „Wenn wir nur näher zum Ufer treiben", hofft Michael Johanssen, „muss der Anker doch irgendwann greifen. Er *muss* einfach halten!" Der Skipper hat nun alle Kette draußen: 30 Meter. LILO lässt sich nicht beeindrucken und strebt weiter auf das Ruder des Frachters zu. Noch 50 Meter ist sie vom Frachter entfernt. Groß ragen seine Heckaufbauten über LILO auf. Auf der Brücke acht Stockwerke über ihnen werden sie langsam aufmerksam. Michael Johanssen kann die Details am Heck erkennen. Die massige Heckwölbung des Frachters mit dem mächtigen Ruderblatt, das tief hinunter ins Wasser ragt. Was passiert wohl mit so einem winzigen 12-Meter-Schiff wie LILO, wenn die kraftvolle Strömung das Boot unter dem Heck des Frachters verkeilt wie Treibholz?

„Im nächsten Moment krachst du gegen den Frachter", denkt Michael Johanssen, da nähert sich aus der Ferne ein Seenotrettungsboot. Es ist nicht länger als 8 Meter. „So klein!", denkt der Skipper, während er aufs Vorschiff hastet. Sein Vater bleibt am Steuer. Ihm scheint, dass der Wind in diesem Moment noch einmal zulegt, und die hackige See dazu. Ein Wurfbeutel samt Leine kommt mit dem Wind aufs Vordeck der LILO geflogen, mit zittrigen Fingern klaubt Michael ihn auf, belegt die Leine auf den Bugklampen. Dann zieht das Rettungsboot auch schon an. Auf den letzten Metern gelingt es dem Seenotrettungsboot, LILO samt schlierendem Anker vom Heck des Frachters weg 1 Seemeile nordostwärts ins Vorbecken der Schleuse Brunsbüttel zu ziehen.

Als die Seenotretter sicher sind, dass der Anker im Vorbecken der Schleuse soweit hält, lösen sie die Trosse, um das Schiff fürs eigentliche Schleppen durch die Schleuse vorzubereiten. Sie gehen längsseits und legen zunächst zwei Springs, sich überkreuzende seitliche Schleppleinen, zum Bug und Heck der LILO. Sie verhindern, dass LILO seitwärts vertreiben kann. Dann dampfen sie mit Kraft in die achtere Spring ein, um die lose hängende Vorspring ganz dicht zu belegen. Und dann in die Vorspring, um die Achterspring so dicht wie möglich zu holen. Erst dann fixieren sie LILO mit Vorleine und Achterleine. Und wieder: Eindampfen. Und Nachziehen. Und Eindampfen. Und Nachziehen…

Michael Johanssen weiß noch, wie beim Anblick der konzentriert arbeitenden Retter die Anspannung wie ein Betonbrocken von ihm abfällt. Wie mit jedem ruhigen Manöver der Retter die Ruhe in ihn zurückkehrt. Er kennt keinen der Männer, aber er fühlt sich sicher. „Ihr holt jetzt den Anker. Dann gehen wir huckepack mit euch in die Schleuse.“ Immer noch sorgen die 6 Beaufort für erhebliche Welle, als das kurze Rettungsboot mit der langen LILO an seiner Steuerbordseite durch die Schleusentore in die Kammer fährt.

Gegen 16 Uhr sind sie durch die Schleusen durch. Als sie sicher an der Längspier des Yachthafens Brunsbüttel liegen und sich von den Rettern verabschieden, steckt Michael Johanssen immer noch voll Adrenalin. Seine Gedanken kehren sofort zum Motor zurück. Was hat ihm nur den Sprit geraubt? Wieder öffnet er die Bodenklappe mittschiffs über dem Kiel und beugt sich über den Motor.

Als er hinunterkriecht und ein weiteres Mal die Kraftstoffleitung von hinten nach vorne ableuchtet, sieht er nichts Auffälliges. Erst als er den Krümmer ausbaut, um an die Kraftstoffpumpe heranzukommen und die Pumpe zerlegt, sieht er in der Förderpumpe versteckt einen kleinen Kraftstofffilter.

Er ist winzig. Und unzugänglich. Und er ist verstopft. Dreck und Plastikpartikel haben ihn zugesetzt. Während der langen Liegezeit im Hafen von Finkenwerder hat sich vermutlich der Dreck vom Filter gesetzt und am Boden gesammelt. Bei der Besichtigung und auch später ist der Motor deshalb tadellos gelaufen. Erst die Fahrt draußen auf der Elbe im Geschaukel hat Schmutz aus dem Tank und Kunststoffteile im Schlauch hochgewirbelt und den Filter erneut zugesetzt. Ein unsichtbar verbauter 50 Cent teurer Filter brachte LILO und ihre Besatzung an den Rand einer Kollision.

Was Michael Johanssen aus seinem Seenotfall auf der Elbe lernte? „Auch wenn es nur ein Motorproblem war und keine Gefahr für Leib und Leben bestand, war es doch richtig und höchste Eisenbahn, die Seenotrettung zu rufen. Seit Brunsbüttel habe ich mir angewöhnt, konsequent die Filter am Motor zu kontrollieren und einmal jährlich zu tauschen. Das sind nur geringe Kosten. Und ich habe auf jeder Fahrt jede Menge Ersatzfilter für den Fall der Fälle dabei.

Im darauffolgenden Winter habe ich zusätzlich einen 30-Liter-Tagestank eingebaut, den ich täglich auffülle und auf Sicht durch die Seitenscheibe kontrolliere, was sich im Tank angesammelt hat. Ich bin mir jetzt sicher, was in LILOs Diesel läuft. Zusätzlich führe ich stets einen separaten Kanister mit 20 Liter klarem Diesel und passendem Kraftstoffschlauch mit, den ich notfalls direkt an die Förderpumpe anschließe, um stundenlang direkt aus dem Kanister fahren zu können."

Sie bleiben noch die Novembernacht über am Steg in Brunsbüttel. Als sie am Morgen den Motor starten, sind die 55 Seemeilen unter Motor durch den Nordostseekanal kein Problem mehr.

Kaum haben sie in der Novembernacht die Hörn erreicht, setzt vor der Hörn-Brücke Schneetreiben ein. An seinem Plan gezweifelt oder daran gedacht, LILO zu verkaufen, hat Michael Johanssen in den schlimmen Momenten nie. Nur daran, dass er vielleicht bekloppt sein müsse, an einem Novemberabend wie diesem in Kiel einzulaufen, daran denkt er in der Schönheit der weißen Nacht auf dem Wasser lächelnd.

Noch im Winter schaut sich Michael Johanssen nach einem passenden Mast für LILO um und wird fündig, samt Stagen, Wanten und Segeln. Im darauffolgenden Juli bricht er unter Segeln von seinem neuen Liegeplatz in Altwarp im Stettiner Haff auf, es ist ein Urlaubstörn, 170 Seemeilen bis Kiel. Doch das schöne Wetter vor Hiddensee ist zu verlockend. Er trifft Freunde von der X-TRIP, einem Schiff, mit dem sein Eigner zu den Färöer und nach Island will, und verbringt die Nächte ankernd vor Hiddensee. Als sich das Wetter ändert und ein böiger Nordwest einsetzt, beschließt er, mit dem Wind erst um Rügen herum und dann durch den Greifswalder Bodden, die Peene und durch das Stettiner Haff bis nach Altwarp zurückzukehren.

Schon bei der Einfahrt in den Bodden sorgen die Böen für ordentlich Welle, sie schieben LILO kraftvoll unter Segeln an Peenemünde vorbei und den Fluss hinauf bis zur Schlossinsel Wolgast, wo Johanssen die Segel birgt und in den Dalben an der Spitze von 20 anderen Booten auf die Öffnung der Peenebrücke wartet. Die Yachten zappeln ungeduldig unter Motor, im böigen Wind ziehen sie vor und zurück, hin und her. Wer vor Wolgast rumtrödelt und nicht gleich flott durchkommt, der verpasst die nächste Öffnung der 5 Seemeilen flussaufwärts gelegenen Peenebrücke nach Usedom und hängt dort wieder eine Stunde unangenehm in Strom und Böen herum.

Den Skippern scheint es mal wieder eine Ewigkeit zu dauern, bis die Straßen- und Eisenbahnbrücke nach oben klappt. Als die Signalanlage endlich Grün zeigt, geht LILO als erste durch die Brücke, geschoben von einer Nordwest-Böe und den wie eine Herde ungestüm drängelnden 19 Skippern. Nur schnell, nur schnell zur Brücke nach Usedom!

Kaum ist er unter der Brücke durch, setzt Johanssen Großsegel und Genua, um jeden Hauch Wind in Speed umzusetzen und schnell voranzukommen. Er folgt der Peene südwestwärts, gleitet entlang der blauen Kräne der Peene-Werft und vorbei am Campingplatz, die anderen Boote folgen ihm. Er hat gerade vor den hohen Siloanlagen des Wolgaster Landhandels die Segel dichtgeholt, als eine neuerliche Böe LILOs Segel hart packt. LILO legt sich brutal auf die linke Backe, ihr Mast neigt sich heftig dem Wasser entgegen, als mit einem metallischen „Plang“ der Mast samt Groß und Genua aus der Verankerung reißt und backbords ins Wasser klatscht. Das Schiff dreht leicht nach Backbord und kommt zum Stehen.

Als Michael Johanssen wieder klar denken kann, registriert er Details: den zerborstenen Stumpf des Alumastes, er nimmt das langsame Aufrichten seines Schiffes wahr, dessen schwerer Rumpf sich unter dem Durcheinander aus gebrochenem Alurohr, vertörnten Drahtstagen und unter Wasser treibendem Segeltuch wieder in die Senkrechte wälzt. Und den Mast selber, dessen Verklicker, der sonst die Windrichtung anzeigt, samt Mastspitze gerade im braunen Wasser der Peene versinkt, bis er gehalten vom metallenen Seezaun und den Stagen zur Ruhe kommt.

Michael Johanssen reagiert geistesgegenwärtig. Er tut erst mal zehn Sekunden – nichts. Oder wie Rettungssanitäter und Notfallmediziner sagen: „Ten seconds. For planning the next ten minutes.“ Er sieht das Tuch der aufgerollten, im Wasser treibenden Genua, daneben hängt das Drahtgewirr der Wanten und Stagen in unentwirrbarem Durcheinander um den treibenden Mast. Er sieht die anderen 19 Yachten an sich vorbeiziehen, von denen fast jede das Geschehen beobachtet haben muss. Er versteht nicht, warum jedes Schiff an ihm vorbeizieht, als hätten die Besatzungen nichts gesehen. Er begreift: Er muss jetzt allein zurechtkommen auf dem Wasser. Zehn Sekunden, in denen er nachdenkt. Seine Lage analysiert. Und festlegt, wie er weiter vorgehen wird.

Er muss erstmal raus aus dem Fahrwasser. Irgendwie. Das hat Priorität, um mit seinen treibenden Trümmern keine Gefahr für andere darzustellen. Er sieht sich die Lage der Drahtstagen und Wanten genau an. Noch besteht keine Gefahr, sie in den Propeller zu bekommen, wenn er den Motor startet. Mit bebenden Fingern dreht er den Zündschlüssel und zieht mit langsamer Fahrt und unter steter Beobachtung der Drähte aus dem Fahrwasser Richtung südwestliches Ufer des Hohendorfer Sees, wo er nach drei Mal tief Durchatmen nach vorn geht, aufstoppt und LILOs Anker zum Grund der Peene fallen lässt. Dann macht er sich an die Bergung seines vor wenigen Augenblicken noch stehenden und jetzt treibenden Gutes. Aber wie kann er allein und nur mit seiner beiden Arme Kraft den schweren Mast so sichern, dass er nicht zur Gefahr für LILOs Rumpf wird?

Zum Glück hat Michael Johanssen seit Hiddensee das Schlauchboot hinter dem Schiff hergeschleppt. Jetzt bringt es ihn auf eine Idee. Er legt die Dirk, die Leine, die von der Mastspitze zum hinteren Ende des Baums führt, über die Backbordwinsch. Er klettert ins Schlauchboot, rudert es hinüber und drückt das Schlauchboot unter den Mast, um, wieder an Bord gekommen, mithilfe der Winsch den schweren Mast aus dem Wasser zu heben. Nur ein kleines Stück. Doch das reicht, um das Schlauchboot ein weiteres Mal als Auftriebskörper ein Stück weiter unter den Mast zu drücken. Abwechselnd winscht er und schwimmt hinüber zum Schlauchboot und drückt es weiter unter den Mast. „Ich habe nicht gemerkt, wie anstrengend das ist“, sagt der Skipper, „ich weiß nur, was für erstaunliche Kräfte ein Mensch in einer verzweifelten Situation entwickeln kann.“ Es gelingt ihm, den Mast erst auf die feste Seereling zu winschen und ihn dann auf LILOs Deckshaus zu wuchten. Damit befindet sich der Mast wieder in der Mittellinie des Schiffes – wenn auch liegend. Alle Wanten und Stagen, die den Mast vorher abspannten, sind noch dran, ebenso das Großsegel und die zerrissene Genua. Während Michael Johanssen noch wuchtet, kreist auch ein Motorboot der Wasserschutzpolizei um ihn herum und beobachtet, was er treibt. Ob er nur geschockt ist und die Geschehnisse nicht mehr richtig erinnert? Jedenfalls berichtet er, dass auch das Polizeiboot einfach weitergefahren sei, ohne nachzufragen oder Hilfe anzubieten.

Als alles festgezurrt ist und er sich überzeugt hat, dass nirgendwo versteckt Leinen oder Drähte ins Wasser hängen, startet er den Motor und setzt seine Reise wie geplant Richtung Altwaarp fort. Er muss ja nur noch die Peenebrücke nach Usedom nehmen. Und für die hat er ja jetzt alle Zeit der Welt. Es ist später Nachmittag, als LILO endlich vor den Dalbenboxen südlich von Altwarp eintrifft und großes Hafenkino auslöst, als ihr Eigner mit gefälltem Mast heimkehrt. Doch nach diesem Erlebnis ist Michael Johanssen nur froh. „Froh vor allem darüber, dass ich damals tatsächlich allein unterwegs war. Dass an Deck niemand war, der verletzt wurde. So konnte ich mich ausschließlich auf den Mast konzentrieren. Froh war ich darüber, dass kein anderes Schiff neben mir war. Nicht auszudenken, wenn der fallende Mast irgendwo im Hafen auf ein anderes Schiff gekracht wäre.“

Wichtig war es, den ersten Moment zu überwinden. „Ich stand erstmal neben mir. Habe gar nicht realisiert, was los ist. Ich war voller Adrenalin und habe mich gezwungen, mir eine Reihenfolge einzubläuen: ‚Atmen. Denken. Handeln.‘ Das Manöver, mit den schwimmenden Leinen und Stagen den Motor zu starten, war riskant. Aber ich habe der Versuchung widerstanden, den Motor sofort zu starten, ich habe ihn erst angeworfen, nachdem ich mich vergewissert hatte, dass nichts in den Propeller gelangen konnte.“

Die Ursache für den stürzenden Mast ist dem Skipper bis heute nicht klar. Seit jenen Tagen, in denen er LILOs Foto in den eBay-Kleinanzeigen entdeckte, hat Michael Johanssens Faszination an seinem Schiff nicht nachgelassen. Selbst der Motorausfall in der brenzligen Situation und der Bruch des Mastes haben ihn nicht verzagen lassen. Es sollte noch nicht das letzte Mal gewesen sein, dass Michael Johanssen in Seenot war.

Der Januar 2019 ist an der Ostsee kein kalter Monat. Michael Johannsen hat für seine LILO einen Liegeplatz in Rostock gefunden und will sein Schiff von Mönkebude in den Rostocker Stadthafen verlegen. Weil der Wetterbericht Sonnenschein bei wolkenlosem Himmel vorhersagt, schrecken ihn auch die Böen nicht, die aus Nordwest bis 7 Beaufort kommen. Er hat seine Route größtenteils binnen über das Stettiner Haff, die Peene und den Greifswalder Bodden zum Strelasund gewählt und ist voller Vorfreude: „Machen wir halt mal eine Winterüberführung mit LILO!“

Die Haffwelle ist anfangs brav, auch auf der Peene ist alles ruhig, während er in Begleitung eines Freundes entlang der winterlichen Flusslandschaft bis zur Brücke von Wolgast motort. In der späten Dämmerung passieren sie gegen 17:15 Uhr die Stralsunder Ziegelgrabenbrücke und motoren weiter Richtung Hiddensee. Noch immer ist der Himmel klar, als sie die Ostsee erreichen und von jetzt an westwärts Richtung Darßer Ort halten.

Sie sehen in der Dunkelheit bereits die Lichter Warnemündes vor sich, als der Autopilot plötzlich zu zicken beginnt. LILO kann den Kurs nicht mehr halten, das Schiff läuft Schlangenlinie in dieser Vollmondnacht. Immer häufiger piepst der Autopilot nun das Warnsignal, dass er alles andere fährt, nur nicht den eingegebenen Kurs auf Warnemünde und Rostock zu.

Der Skipper entschließt sich, das Schiff von Hand zu steuern, stellt aber schon nach wenigen Augenblicken fest, dass nicht der Autopilot die Ursache des Steuerproblems ist. Das Ruderrad dreht merkwürdig leichtgängig und ohne Widerstand. Der Skipper denkt sofort an ein Leck in der Hydraulikanlage des Ruders und füllt Flüssigkeit nach. Danach läuft der Autopilot wieder. Bis LILO etwa 4 Seemeilen vor der Hafeneinfahrt Warnemünde überraschend einen Vollkreis durch die Nacht dreht. Dann meldet sich der Autopilot erneut ab.

Wieder greift Michael Johanssen ins Steuer. Doch die Drehung des Lenkrads erzeugt keine Ruderbewegung mehr, es geht leer durch. Es ist 05:00 Uhr morgens. Sie sind auf 25 Meter Wassertiefe, zu tief, um hier sicher den Anker auszubringen. Der Skipper schaltet den Motor aus, der Wind ist eingeschlafen, nur etwas Restwelle lässt das Schiff geigen. Sie befinden sich nicht auf Legerwall, also nicht auf Land zu treibend, als Johanssen mit der Taschenlampe in der Hand die Bodenklappe zum Motorraum öffnet, um die Hydraulikleitungen erneut abzusuchen.

Nichts. Er sieht keine Chance, sein manövrierunfähiges Schiff wieder flott zu bekommen. Eine Notpinne, mit der er im Notfall steuern könnte, gibt es auf LILO, dem Eigenbau, nicht. Johanssen trifft die Entscheidung, *Bremen Rescue* anzurufen und um Hilfe zu bitten.

Eine Stunde später, es ist noch dunkel in dieser Januarnacht, sind die Retter da. „Habt ihr einen Treibanker an Bord? Den brauchen wir jetzt“, ruft einer der drei Decksmänner vom Seenotkreuzer ARKONA herüber. Als Michael Johanssen verneint, dauert es einen Moment. Dann reichen die Seenotretter ihren eigenen Treibanker hinüber zur LILO. „Bringt ihn hinten aus. Wir schleppen euch ab, der Treibanker wird das Boot kursstabil halten."

Als der Seenotkreuzer anzieht und beschleunigt, hält der Treibanker das Boot ohne Ausschlag und Schwingungen auf Kurs. Noch in der Dunkelheit bringt die Crew der ARKONA die manövrierunfähige LILO an den Kransteg des Yachthafens Hohe Düne in Warnemünde.

Was war passiert? „Das Leck befand sich an der Hydraulikpumpe des Autopiloten direkt unter der Steuersäule und war von oben nicht einsehbar. In der Nacht war der Fehler nicht zu finden. Ich musste liegend dorthin kriechen. Ich habe dann die Hydraulikflüssigkeit aufgefüllt", sagt Johanssen.

Was denkt der Skipper heute über diesen Vorfall? „Sieh zu, dass du ein Notruder anbauen kannst", sagt Johanssen. Das wird auf LILO nicht leicht, für eine Notpinne müsste die Steuersäule weichen. Trotzdem hat er für den kommenden Winter den Umbau auf die Liste gesetzt.

Und er hat sich angewöhnt, vor einer großen Fahrt nach hinten in den engen Raum unter das Cockpit zu kriechen und jede der acht Muttern der Hydraulikverbindung kurz nachzuziehen. „Seit der Geschichte habe ich ein ungutes Gefühl, wenn ich das nicht regelmäßig tue und mich zehn Minuten kriechend darum kümmere."

Als wir uns verabschieden, frage ich Michael Johannsen, ob er in jeder Situation wieder die Seenotretter rufen würde? Da denkt der Skipper einen Moment nach. „Nur dann, wenn Gefahr für Leib und Leben ist. Beim Mastbruch eher nicht. Ich prüfe mich da schon: ‚Wie weit komme ich mit dem fachlichen Wissen, das ich habe. Wenn ich aus eigener Kraft mein Schiff nicht mehr flott kriege, würde ich auch ein drittes Mal die Seenotretter rufen. Aus meiner persönlichen Erfahrung weiß ich, dass ich mich zu 100 Prozent auf die Seenotretter verlassen kann. Und seit Brunsbüttel bin ich aktives Fördermitglied."

Als ich im Zug sitze und zu meinem nächsten Termin nach Norden fahre, denke ich über die Erlebnisse des Skippers nach. Und bin wieder einmal überrascht, wie schnell sich Menschen von negativen Erfahrungen erholen, wenn sie einer Leidenschaft folgen. „Ein Boot ist eine hochemotionale Sache", wird mir gegen Ende meiner Reise ein Mann sagen, der in seinem Leben an die 8000 Yachten gebaut und trotzdem nichts von seiner Leidenschaft für Boote und das Segeln verloren hat. Selbst dann nicht, als er mit seinem Boot durch eine Windhose segelte.

Aber soweit sind wir noch nicht. Mein Zug rollt durch die Nacht. Quer durch Deutschland, von der Ostsee an die Nordsee. Zu meinem nächsten Termin mit einer Frau, die vor Norderney im Seegatt in Seenot geriet. Und zu ihrem Retter.

Scheitern, Zerschellen eines Schiffes an Felsenstrand oder Klippen, im Gegensatz zum Stranden, dem Festfahren eines Schiffes auf einer Sandbank, wo es durch Lasterleichterung bisweilen wieder flott wird.

Pierers Konversations-Lexikon, Stuttgart 1892

Krinka Bauer / Vormann Peter Henning
Nordsee. Insel Norderney.

Auf Grund gelaufen im Seegatt.

Als ich Krinka Bauer an diesem Oktobermorgen im Bahnhof Leer treffe, wird mir klar, dass Rettung vieles ist. Kraftakt und Wagnis für die einen, die retten. Erlösung für die, die gerettet werden. Aber immer ist es auch eine Begegnung einander fremder Menschen. Die Begegnung von zwei Menschen, die am Morgen noch weit voneinander entfernt ihren Lebenswirklichkeiten nachgehen und nicht im Mindesten ahnen, dass sich ihre Lebenslinien heute schneiden werden, sich treffen werden in einen dramatischen kurzen Moment, den wir „Begegnung“ nennen. Der Urknall des Miteinanders zweier Menschen, den wir viele Hundert Male am Tag erleben, meist vernachlässigen und nur als flüchtigen Augenblick wahrnehmen, den wir nur in den allerseltensten Fällen auszuloten bereit sind bis zum Grund. Und der doch der Kern unseres Miteinanders ist.

Krinka Bauer wirkt alles andere als die 71 Jahre, die sie als ihr Alter nennt. Sie ist Niederländerin und lebt mit ihrem Mann Frits in Groningen. Und allein, dass sie Niederländerin ist, die Deutsch spricht, wäre ein Grund, mich mit ihr zu treffen. Und tatsächlich: Als wir uns am Morgen im Bahnhof von Leer in Ostfriesland auf halbem Weg zwischen ihrem Wohnort Groningen und Bremen zum ersten Mal gegenüberstehen, spricht sie jenes weiche Deutsch mit dem kehligen Akzent, das aus manchem Niederländer einen Klangakrobaten wie Cees Nooteboom macht und aus hartem Deutsch eine melodiöse Sprache. Der energischen Frau mit den strubbeligen blonden Haaren sieht man nicht an, dass sie ein bewegtes Leben lebt. Ihren Vornamen „Krinka" hätte sie von ihren russischen Großeltern angenommen, die vor 100 Jahren in die Niederlande geflohen seien, sagt sie.

Ihr Beruf? Sie arbeitete über 30 Jahre als Leiterin einer Klinik für Sexualtherapie, bevor sie sich mit ihrem sechs Jahre jüngeren Mann Frits zur Ruhe setzte. Ich höre ihr schweigend zu, wie sie aus dem Leben ihrer Großeltern und ihrem eigenen berichtet.

Spätestens als sie erwähnt, dass sie Motorrad fährt, eine *Harley Davidson 1200 Sportster* fühle ich mich, was die Kunst, richtig zu leben, angeht, wie Harold, der im 70er-Kultfilm „Harold and Maude" zum ersten Mal seiner Maude gegenübersitzt. „Ich habe so ein schönes Motorrad", sagt die kleine Frau, als sie über ihren Kaffee neugierig ihr Gegenüber – mich – betrachtet. „Es war mein Mann Frits, der mich zurück zum Motorradfahren brachte, wir machen neben dem Segeln auch ausgedehnte Touren in andere Länder. Er war es auch, der mich fürs Segeln begeisterte. Er ist von Kindesbeinen zuerst gerudert und dann vor allem gesegelt. Über seinem Beruf und all seine Verpflichtungen hatte er seine einstige Leidenschaft vergessen. Aber vor 15 Jahren wurde das Meer wieder wach in ihm. Er hat sich eine Segelyacht gekauft, eine 8,5 Meter lange *Trintella 1A*, und in den Hafen von Stavoren gelegt. Von da an verbrachten wir unsere freien Wochenenden auf dem Ijsselmeer. Jedes Wochenende einmal Ferien. Ich konnte nicht segeln, aber weil ich nicht doof herumstehen wollte, habe ich Kurse belegt und die Segelschule besucht. Ein guter Freund gab meinem Mann einen Rat mit auf den Weg damals: ‚Frits, sei mit Krinka vorsichtig auf dem Wasser. Fahr mit ihr nicht zu schnell raus aufs Ijsselmeer. Und geh nicht mit Krinka aus dem Hafen, wenn auf dem Ijsselmeer hohe Welle ist.‘

Vielleicht hat dieser Freund früh die Beziehung durchschaut, die Mann und Frau auf vielen Booten verbindet. Sie segelt, weil er segelt. Und auch bei uns ist es so, dass Frits der Kapitän ist. Mein Mann weiß, wo es langgeht auf dem Boot. Er weiß immer, was zu tun ist. Ich bin ein guter Matrose. Ich kann eine Leine werfen, einen Festmacher belegen. Aber ich kann kein Schiff führen. Ich habe nicht das Selbstvertrauen, ein Schiff allein in den Hafen zurückzubringen. Ich genieße es, auf See zu sein.

Doch es ist meine größte Angst, dass etwas mit Frits ist, während wir unterwegs sind. Die Verantwortung wäre erdrückend für mich, meinen Mann aus einer gefährlichen Situation retten und das Schiff dann allein in den Hafen bringen zu müssen.

Irgendwann war uns die *Trintella* zu klein. Wie in einer Studentenbude mussten wir auf dem 29-Fuß-Schiff immer wieder tagsüber die Betten verräumen. Wir sagten: ‚Lass uns ein größeres Schiff kaufen‘, und fanden nach einigem Suchen eine 12 Meter lange *Westerly Oceanlord*, eine geräumige Mittelcockpityacht mit 1,70 Meter Tiefgang. Sie war das letzte Schiff, das gebaut wurde, bevor die renommierte englische Werft wegen Insolvenz im Jahr 2000 schließen musste. Ein schönes Schiff. Was freuten wir uns auf die langen Sommerfahrten entlang der Nordseeküste in die Ostsee!

Wir hatten schon einige Fahrten auf der *Westerly* unternommen, als diese Sache im Seegatt passiert. Es ist ein Sonntag im Juli, an dem wir das Ijsselmeer verlassen und die IENKE hinaus auf die Nordsee segeln und hinüber nach Vlieland. Auf der Insel zwischen Texel und Terschelling im Wattenmeer besuchen wir Freunde. Am Abend nach dem Besuch überlegen wir noch, ob wir überhaupt losfahren sollten. Aber Montagfrüh sagt der Wetterbericht gutes Wetter voraus, kaum Wind. Also werfen wir um 05:30 Uhr in der Früh die Leinen los, wir wollen an diesem Tag die Insel Norderney erreichen. 80 Seemeilen sind das, 14 Stunden auf See. Alles beginnt gut. Kaum sind wir raus aus dem Hafen im Südosten Vlielands, ist das gute Wetter da. Anfangs wenig Wind, dafür aber eine ungewöhnlich hohe Welle. Und die Welle ist es, die uns an diesem Tag vor Norderney zum Verhängnis werden wird."

Krinka Bauer blickt nachdenklich aus dem großen Fenster des Bahnhofscafés Leer. Ihre Kaffeetasse ist leer, ich frage sie, ob sie gerne eine weitere hätte. Sie strahlt mich an, als hätte ich ihr eben die Aussicht auf ewige Jugend verschafft. Ich lasse sie einen Moment allein. Am Tresen, während ich auf den Kaffee warte, denke ich an den Mann, der mit seinen Kollegen an jenem Tag vor Norderney Krinka und Frits Bauer rettete.

Vormann Peter Henning erinnert sich noch gut an diesen Tag im Juli. Vielleicht, weil für ihn als Seenotretter auf der Station Norderney dieser Tag wie jeder andere begann und doch anders als andere endete. Ich lernte ihn ein paar Tage zuvor in Bremen kennen, in der Werft der DGzRS. Ein Kerl wie ein Baum, aufgewachsen im ostfriesischen Neuharlingersiel, und keiner, der viele Worte macht. Über sich nicht. Und über das, was er tut, auch nicht. Und wenn ein Wort kommt, dann kommt es bedächtig.

„Wenn man in der Fischerei tätig war, ist man mindestens einmal selber abgeschleppt worden. Von Kollegen in den Häfen." Er hat das erlebt. Als Kapitän auf einem Trawler und später beim Küstenschutz, bevor er 2010 selber bei den Seenotrettern anheuert. „Man kann ja selbst jederzeit in die Lage kommen. Man will ja auch, dass jemand kommt. Kann einem ja selber alles mögliche widerfahren. Und sonst ist ja keiner da, der dafür zuständig ist."

Ein paar Schritte neben seiner Unterkunft auf dem Werftgelände der Seenotretter wird in diesem Herbst der Seenotrettungskreuzer der Station Norderney überholt und mit neuer Elektronik ausgestattet. In der Werfthalle an der Weser sind an diesem Nachmittag die Maler an dem 20 Meter langen aufgepallten Schiff beschäftigt. Es riecht nach Lack, alle Beschläge und Rollen an Deck sind abgeschraubt oder abgeklebt. Als wir an Deck über Werkzeugkisten ins Innere des Bootes steigen, ist der Seenotrettungskreuzer ausgeweidet. Demontierte Innenverkleidungen, lose Kabel, die aus Trägern und Schächten wuchern, zwischen denen sich der baumlange Vormann in den Steuerstand im oberen Stock der EUGEN hinaufzwängt. Dort oben ist kein Gerät mehr an seinem Platz, Kabelrollen liegen am Boden. Wo Anzeigen und Bildschirme waren, gähnen schwarze Öffnungen. „Das ist Routine. Alle zwei bis drei Jahre muss ein Seenotkreuzer in die Werft und wird auseinandergenommen."

Er deutet hinunter zur breiten Öffnung des Hecks. „Das ist die Öffnung für unser Tochterboot. Es ist unser kleines Arbeitsboot, mit dem wir vor allem im flachen Wasser arbeiten. Selbst die Rollen und der Kettenmechanismus, mit dem wir das Tochterboot wie ein Trawler sein Netz aus dem Heck zu Wasser lassen und wieder reinholen, liegen irgendwo da oben in der Halle zur Wartung. Das Salzwasser setzt den Dingen einfach zu."

Er lehnt sich an den Steuerstand und sieht hinaus durch die Scheiben, als wäre da nicht die Hallenwand, sondern die Weite der See. Dann erzählt er. „Jede der 55 Seenotretterstationen hat dieselbe Aufgabe: Menschen in Seenot suchen und retten. Revierabhängig gibt es aber große Unterschiede. Wir in Norderney haben im Jahr etwa 120 Einsätze. Die Hälfte sind Krankentransporte von der Insel hinüber zum Festland. Die andere Hälfte sind Menschen, die auf dem Meer Hilfe brauchen und denen wir helfen: Fischer. Wattwanderer wie die fünf Mädchen zu Pfingsten vor Neuharlingersiel, die von der Flut überrascht bis zum Hals im Wasser standen und die wir gerade noch retten konnten. Manchmal sind es abgetriebene Surfer. Hin und wieder benötigt eine Fähre Unterstützung. Und zu einem Großteil sind es auch Motorbootfahrer und Segler, denen wir helfen, so, wie der IENKE im Juli.

Der Tag im Juli beginnt tatsächlich wie jeder andere. Am Vormittag sind wir im Hafen von Norderney mit Borddienst beschäftigt. Auf einem Seenotrettungskreuzer wie diesem ist immer etwas zu reparieren, zu warten oder Ausrüstung zu pflegen. Bis Mittag machen wir Reinschiff an Bord, bis einer von uns von der Besatzung zu kochen anfängt. Danach Essen und Mittagsruhe. Das Wetter an diesem Tag ist nicht schlecht, am Nachmittag kommen 4 bis 5 Beaufort aus Nord. Das ist nicht unbedingt viel Wind, aber hohe Welle, es sind ungefähr 1,50 Meter, die vom Norden anrollen. Alles ist normal. Bis sich plötzlich am späten Nachmittag jemand über Funk meldet. Wenn um diese Tageszeit etwas reinkommt, wissen wir, es sind meist Sportboote, die den Hafen von Norderney zum Übernachten anlaufen wollten und dabei Probleme haben. Diesmal ist eine verängstigte Frauenstimme zu hören, mit niederländischem Akzent. Eine Frauenstimme, die zittrig und eindringlich zugleich ist. Allein der Klang der Stimme sagt uns, dass keine Zeit zu verlieren ist. Nicht eine Minute."

Als ich mit einem Becher Kaffee an Krinka Bauers Tisch zurückkehre, blickt sie immer noch aus dem Bahnhofscafé in Leer hinaus in die Herbstsonne. „Ja, der Wind", erinnert sich Krinka Bauer wieder. „Er ist an diesem Tag erst ausgeblieben und kommt nachmittags. Wir fahren deshalb unter Motor. Aber die Welle vom Norden ist da, sie begleitet uns den ganzen Tag, während wir erst die westfriesischen, dann die ostfriesischen Inseln entlanglaufen. Terschelling. Ameland. Schiermonnikoog. Borkum. Juist. Am Tag zuvor hat Frits noch unseren Kartenplotter upgedated, um bei der Ansteuerung der Inseln tatsächlich die aktuellsten Seekartendaten vor sich zu haben. Unser Ziel, den Hafen von Norderney, haben wir per Autorouting eingegeben. Das ist eine praktische Sache. Man gibt einfach Start- und Zielpunkt ein und der Router berechnet selbstständig den schnellsten Kurs um alle Untiefen und Hindernisse herum. Doch wir stellen fest, dass der im Plotter angezeigte Kurs uns zu nah an den Inseln entlangführt. So schön das ist, an den endlosen Sandstränden ostwärts zu fahren: Zur Sicherheit weichen wir deshalb von der vorgegebenen Route ab und laufen ein Stück weiter draußen auf See, als der angezeigte Kurs uns vorgibt.

Am Spätnachmittag stehen wir nördlich der Einfahrt zwischen den Inseln Juist und Norderney. Zwischen den Inseln sollen wir durchs Seegatt hindurch, um auf die Südseite Norderneys zum Hafen zu kommen. Vor uns liegt das Dovetief. Der Kartenplotter zeigt eine Reihe roter Tonnen, an denen entlang wir genau von Norden nach Süden aufs Seegatt zu und dahinter ins tiefere Fahrwasser zum Hafen von Norderney gelangen sollen. Die Welle von hinten ist immer noch kräftig, als wir genau der Kurslinie der elektronischen Seekarte folgen. Oben auf jedem Wellenkamm halten wir Ausschau nach einer der roten Tonnen, die uns, wie in der Karte vermerkt, den Weg nach Süden weisen sollen. Aber da ist keine Tonne.

Ich kann nach Süden hin im Gegenlicht der tief stehenden Sonne nichts erkennen. Mein Mann sagt immer: ‚Hier muss doch irgendwo eine rote Tonne sein.' Aber da ist nichts. Wir sehen einfach keine rote Tonne, so sehr wir auch Ausschau halten. Plötzlich geht ein harter Ruck durchs Boot. Der unverkennbare Ruck, mit dem sich ein Boot leicht nach vorn verbeugt und hart zum Stehen kommt. Wir sind aufgelaufen! Wir sind nicht mit hoher Geschwindigkeit unterwegs, doch es reicht. Wir hängen fest!

Geistesgegenwärtig legt Frits sofort den Rückwärtsgang ein und gibt Vollgas. Aber noch während er das tut, rollt eine dieser Wellen schräg von hinten heran. Sie packt die IENKE und hebt sie an, treibt sie wie ein Spielzeug weiter die Sandbank hinauf, als gäbe es keinen Motor und kein Vollgas rückwärts. Bis der Kiel mit einem harten Scheppern des Bootes und allem, was darin ist, auf der Sandbank aufsetzt. Das Boot vibriert bis zur Mastspitze, während der Motor weiter unter Vollgas aufheult und Frits versucht, mit aller Kraft freizukommen. Doch ihm bleiben nur zehn Sekunden. Zehn winzige Sekunden.

Dann rollt auch schon die nächste Welle auf die Sandbank zu, um unter uns durchzurauschen und gleichzeitig zu brechen. Wieder hebt die Welle unsere IENKE ein Stück an und treibt sie weiter die Sandbank hinauf, um sie oben hart mit dem Kiel auf die Sandbank zu knallen. Diesmal hat die brechende Welle unser Boot leicht zur Seite gedreht. ‚Was passiert da mit uns?', schießt es mir durch den Kopf. Ich kriege nur so viel mit, dass wir nun quer zur Welle liegen. Wir sehen sie auf breiter Front heranrollen, als sie uns mit ihrer ganzen Wucht breitseits trifft und uns achtlos wie ein Schneeschieber weiter auf die Schräge hinaufschaufelt.

Ich weiß nicht mehr, ob ich gelähmt bin. Ob ich schreie. Nur Frits ist ganz ruhig. Während das Schiff sich neigt, versucht er wieder und wieder, irgendwie Herr zu bleiben über die Bewegungen des Schiffes. Aber das Schiff reagiert nicht mehr auf ihn. Es ist nur noch ein Stück Treibholz in den Wogen. Während ich langsam die Situation begreife, höre ich ihn ruhig sagen: ‚Ruf auf Kanal 16 die Seenotrettung'. Er sagt es, kurz bevor uns die nächste Welle erreicht und erneut hart auf die Sandbank wirft. IENKE bebt unter den Schlägen. Sie hat nun fühlbar Schräglage. Es muss etwas geschehen. Als ich das Funkgerät im Cockpit in die Hand nehme und einen Notruf absetzen will, funktioniert es nicht. ‚Geh unter Deck. Versuch es noch mal am Funkgerät über dem Kartentisch', sagt Frits, während ich im Niedergang aus dem Augenwinkel sehe, wie die nächste Welle anrollt.

Kaum bin ich unten im Schiff und hangle mich zum Kartentisch, trifft uns die nächste brechende See breitseits. Tassen, Töpfe, Teller, Bücher, der Inhalt des Kartentischs: Unter der Wucht des Aufpralls öffnen sich Schapps und Schränke. Was nicht niet- und nagelfest ist und was nicht fest gelascht ist, ergießt sich auf den Salonboden, während das Boot mit einem brutalen Scheppern aufsetzt. Dann herrscht zehn Sekunden lang Ruhe. Während ich endlich Verbindung zu einem Seenotretter habe und unsere Situation beschreibe, trifft uns wieder eine Welle, unser Schiff wird hart mit dem Kiel auf die Sandbank geworfen. Es würde 20 Minuten dauern, sagt der Mann. Und beendet seinen Funkspruch mit ‚Wir kommen.'

Zehn Sekunden Ruhe, in denen ich mich zurück an Deck hangle und Frits berichte. Zehn Sekunden, bevor die nächste Welle uns erwischt. Kann unser Boot das aushalten? Frits versucht immer noch, uns irgendwie von der Sandbank runter zu bekommen, aber so sehr er den Motor auch aufheulen lässt: Die Welle ist stärker als er. Wo bleiben bloß die Seenotretter?

Ich weiß nicht mehr, wie viel Zeit vergangen ist. Vielleicht fünf, vielleicht zehn Minuten? Frits bittet mich erneut, die

Seenotretter anzufunken. Ich gehe unter Deck. Trotz meiner Angst, dass gleich der Kiel durchs Schiff kommt oder der Mast fällt. Meiner Angst, dass Frits etwas geschieht, der sich am Ruderrad festkrallt.“

Wieder verliert sich ihr Blick hinaus auf den Bahnhofsplatz von Leer. Aber sie ist woanders in diesem Augenblick. Sie ist in ihren Gedanken zurück in den schrecklichen Momenten an Deck der IENKE.

Vormann Peter Henning steht immer noch am Steuerstand seiner EUGEN in der Werfthalle. So wie er damals am Steuerstand seines Schiffes stand, an dem Tag, als er es nach draußen steuerte. „Mit dem ersten Funkspruch hatte die Frauenstimme uns ihre Position durchgegeben. Wir wissen, wir werden mindestens eine Viertelstunde brauchen bis zu den Verunglückten, eher 20 Minuten. Es sind 4 Seemeilen bis da raus, wir kennen die Stelle gut. Es ist da, wo bis vor kurzem noch der Weg zum Seegatt und in den Hafen führte, bevor die Tonnen nach Westen verlegt wurden. Wir wundern uns noch, wie das Schiff dort wohl hingeraten ist, als zum zweiten Mal ein Funkspruch von der IENKE hereinkommt. Wieder ist es die zitternde Frauenstimme. ‚Bitte kommen Sie schnell. Kommen Sie, so schnell sie können‘, bittet die Stimme mit dem weichen Akzent.“

Krinka Bauer kann sich noch gut erinnern an die Männerstimme am anderen Ende der Leitung. Und was sie ihr antwortet. „Wir kommen. Aber wir brauchen noch. Wir können nicht direkt Kurs auf Sie nehmen, weil wir einen Bogen fahren müssen. Aber wir kommen.“

„In mir brodelt es. Ich spüre Angst. Angst, dass gleich der Mast herunterkommt. Dass der Kiel abreißt. Ich spüre auch Angst um mein Leben. Todesangst. Frits ist immer noch ruhig. Es ist faszinierend für mich zu sehen, wie ruhig er in dieser Situation bleibt. Während ich Angst habe, ist er ganz ruhig und weist mich immer wieder an: ‚Tu jetzt dies. Mach jetzt das.' Wir haben nicht überlegt, das Schiff aufzugeben. Und in die Rettungsinsel zu gehen. Die hätte uns in der Brandung nicht viel geholfen. Soviel ist uns klar: Wir kommen vom Schiff nicht runter. Wohin? Wir sind 1,5 Seemeilen, knapp 3 Kilometer, vom Strand entfernt.

Die nächste Welle trifft das Schiff. Boxt es weiter die Sandbank hinauf. Es neigt sich weiter und weiter, begleitet vom Scheppern des Riggs und dem Lärm der tausend Dinge unter Deck, die in Bewegung sind und durcheinandergeworfen werden von jedem Ruck, den die IENKE macht.

Dann sehe ich das rotweiße Schiff, das im Süden um die Westspitze Norderneys auf uns zuhält und näherkommt. Es ist noch weit weg. Aber als ich das Schiff der Seenotretter sehe, weiß ich, dass ich jetzt nicht mehr allein bin. Ich bin erleichtert, als sie näherkommen. Sie steuern in weitem Bogen um uns herum auf die Nordseeseite. Dort, woher wir kamen. Und bleiben plötzlich dort draußen stehen. Warum kommen sie jetzt nicht näher? Sie sind doch so nah! Wieder rollt eine Woge heran. Ich kann mich jetzt nur noch festhalten in unserem schräg daliegenden Cockpit. Und warten."

Auch Peter Henning erinnert sich an den Moment, in dem die IENKE am Horizont in Sicht kommt. „Merkwürdig", denken wir uns. „Das Boot liegt doch dort, wo der alte Tonnenweg ins Seegatt geführt hat. Und 1 Seemeile entfernt von den roten Tonnen, die den neuen Weg ins Seegatt markieren.

Je näher wir kommen, desto mehr sehen wir: Es sieht gar nicht gut aus für das Schiff. Die Yacht ist schutzlos den Seen ausgesetzt, die sie immer wieder mit großer Gewalt anheben und auf die Sandbank werfen. Wir haben schon manches nagelneue Billigboot gesehen, das sowas nicht aushielt und wundern uns, dass die harten Bewegungen diesem Boot bisher nichts anhaben können.

Bei manch Anderem wäre in der gleichen Situation der Kiel schon weggerissen worden. Manchmal konnten wir auch schon durch ein Loch ins Innere des Rumpfs blicken. Bei manchem blieb auch einfach der schwere Kiel im Sand stecken.

In einer solchen Situation oder bei gleichzeitiger Wetterverschlechterung gäbe es nicht viel anderes, als das Boot aufzugeben, die Menschen vom Schiff abzubergen und es sich selbst zu überlassen. Allein in diesem Jahr waren es fünf bis sechs Segler oder Motorbootfahrer, die wir in dieser oder einer ähnlichen Situation vor Norderney freigeschleppt haben. Als wir näherkommen, sehen wir den Mast, der bei jedem Knall auf den Kiel hart vibriert. Und wir sehen die zwei Menschen, einen Mann und eine Frau, die sich im schräg liegenden Cockpit festhalten.

Wir entscheiden uns, einen Versuch zu wagen, das Schiff von der Sandbank runterzuholen. Ausgang ungewiss. Doch um einen Schleppversuch machen zu können, müssen wir erstmal rankommen an das verunglückte Schiff, um die Schleppleine zu übergeben. Aber für den Seenotrettungskreuzer liegt das Schiff schon zu weit oben auf der Sandbank. An Deck spüren wir die Wellen vom Norden ebenso, unser schweres Schiff geht hin und her, als wir das Tochterboot am Heck klarmachen: ein flachgehendes Aluminiumboot mit 180 PS. Damit können wir auch im Flachwasser ran. Wir sind dann mit dem kleinen Tochterboot rüber. Und haben uns seitlich angenähert, um zu vermeiden, dass die nächste Welle das Tochterboot auf die Segelyacht wirft."

Krinka Bauer hat sich ihre Brille ins Haar geschoben und strahlt mich über ihre erneut leere Tasse Kaffee gebeugt an, als würde sie diesen Moment der Erlösung immer noch empfinden: „Was war ich froh, als plötzlich aus dem Heck des großen Schiffes ein kleines Boot aufs Wasser rutschte und zu uns rüberbrauste, ganz nah bis zu uns.

Frits klettert auf dem schräg liegenden Boot nach vorne, um den schweren Festmacher, den sie herüberreichen, am Bug festzumachen. Er hat erhebliche Mühe mit dem sperrigen Teil, es dauert, bis er den Festmacher fest hat. Frits hat dabei nicht einmal geflucht. Er ist sich treu geblieben, er flucht nie. Und das war gut in dieser Situation. Dann sehe ich, wie das Tochterboot anzieht. Die schwere Trosse, die uns verbindet, kommt triefend aus dem Wasser, strafft sich. Die IENKE dreht sich langsam wieder dem Meer zu. Aber so sehr das kleine Boot auch anzieht: Unser Boot will sich einfach nicht bewegen, während weiter die Wellen an unserer Bordwand brechen."

„Die Yacht sitzt schon fest oben auf der Sandbank", erinnert sich Peter Henning an jene Minuten. „Aber das ist keine Überraschung. Ein Wunder ist eher, dass das Boot die schweren Schläge aushält.

Als unsere ersten Schleppversuche im Tochterboot keine Wirkung zeigen, kommt der Seenotkreuzer von hinten Bug voraus auf uns zu. Wir übergeben an sie die Schleppleine, dann zieht der Seenotkreuzer einfach an. Im Nu ist die Segelyacht dann runter von der Sandbank und sie schwimmt frei auf. Wir können sie weiter in tieferes Wasser ziehen und mit dem Seenotrettungskreuzer in den Hafen schleppen. Das Ehepaar im Cockpit war überglücklich, dass wir sie freischleppen konnten. Man sah ihnen an, was sie ausgestanden hatten."

Krinka Bauer: „Die Seenotretter waren sehr nett. Sie waren so besorgt um uns. Fragten häufig an und konnten nicht glauben, dass kein Wasser ins Schiff läuft. Zurück im Hafen sagten sie uns: ‚Wenn ein Schiff so etwas übersteht, dann ist es wirklich ein gutes Schiff. Und es ist in Ordnung.'

Unserem Schiff vertraue ich weiterhin. Ich habe Respekt vor Sturm. Am meisten fürchten wir eigentlich Gewitter auf dem Wasser, aber ich weiß, unser Schiff kann das ab. Kein

Vertrauen habe ich mehr zum Kartenplotter. Wir hatten in dieser Situation viel zu viel Vertrauen in das Gerät. Und vor allem darauf, dass wir ja die neuesten Kartendaten am Vortag heruntergeladen hatten. Auf die Idee, dass damit etwas nicht richtig sein konnte, kamen wir nicht."

Auch Vormann Peter Henning findet den Fall in dieser Hinsicht bemerkenswert. Er zieht sein Handy und zeigt mir darauf die elektronische Seekarte. In ihr ist die Ansteuerung des Seegatts vor Norderney von Westen eingegeben. „Wir haben uns das später auf dem fest verbauten Kartenplotter der Yacht angesehen, dort war trotz vorherigem Update noch immer die alte Route aus dem Norden verzeichnet. Tatsächlich waren die Tonnen vorher verlegt worden. Das ist nicht ungewöhnlich. Bei uns werden ständig Tonnen verlegt. Mehrere Tage Sturm und im Seegatt sieht alles anders aus. Die bisherige Ansteuerung ist verlandet und muss deshalb aufgegeben werden. Sobald die Tonnen verändert werden, schickt ein Tonnenleger das gleich an seinen Verteiler: an die Wasserschifffahrtsverwaltung, an die Stellen, von denen Seekarten ausgegeben oder korrigiert werden. An Fischer und Hafenmeister, die darüber als erste Bescheid wissen.

Es ist gut möglich, dass Seekartenplotter Änderungen langsamer registrieren als Smartphone- oder Tablet-Karten. Man sollte sich in unserem Revier in jedem Fall kurz vor der Reise telefonisch beim Hafenmeister versichern, ob die Tonnen noch am angegebenen Platz sind und die Route noch dieselbe ist."

Krinka Bauer formuliert es einfacher. „‚Vertraue niemals auf die Apparatur', denke ich mir heute. ‚Vertraue nicht auf das Gerät. Vertraue auf deine eigenen Augen.' Das Fehlen der roten Tonnen hätte uns warnen müssen, aber wir haben einfach zu sehr unserem neuen Gerät vertraut und darauf, dass es Dinge besser weiß als wir. ‚Ruf vorher beim Hafenmeister an, wenn du Zweifel hast.‘ Hätten wir so gehandelt, dann wäre uns das nicht passiert.

Wir blieben dann noch zwei Tage auf Norderney. Zwei Tage, um das Schiff unter Wasser durch Taucher auf Schäden kontrollieren zu lassen. Aber auch, um uns zu vergewissern, dass mit uns alles in Ordnung ist. Ich dachte daran, den Törn abzubrechen, mit der Fähre und der Bahn zurückzufahren. Nach Norderney habe ich Angst bekommen auf dem Meer. Die Seenotretter rieten mir deshalb: ‚Fahren Sie unbedingt weiter. Fahren Sie nicht mit der Fähre zurück.’ Wir haben uns noch am selben Tag eine nagelneue Rettungsweste gekauft und sind dann noch weiter bis in die Ostsee.

Auf dem Rückweg sind wir wieder nach Norderney. Ich hatte ein bisschen Angst. ‚Also wieder Dovetief rein.‘ Aber diesmal ging alles gut.“

Vor dem Bahnhof von Leer verabschieden wir uns. Krinka Bauer wird gleich in ihren Wagen zurück nach Groningen steigen. Und ich in den Zug von Leer nach Rostock und Greifswald. Im Fischereihafen von Freest würde ich am nächsten Tag den Seenotretter Henry Schönrock auf seiner Fahrt hinaus auf die Greifswalder Oie begleiten, der letzten und einsamsten deutschen Ostseeinsel, der mir dort seine Geschichte erzählen würde. Begegnungen können einen süchtig machen. Und seit ich jedes Jahr sechs Monate auf dem Meer lebe, noch mehr als früher.

Ich frage Krinka Bauer, ob sie wieder segeln wird im nächsten Sommer: „Nichts ist zufällig“, antwortet sie. „Es gibt keinen Zufall. Wir sind nicht tot. Wir sind gerettet worden. Uns ist nichts passiert. Schlimmeres ist uns erspart geblieben. Wir hätten auch tot sein können. Das Ereignis hat etwas in mir verändert. Ich habe Frits gefragt, ob er nicht im nächsten Sommer nur mit seinen Freuden segeln gehen will. Aber mein Mann will nicht ohne mich.“ Sie schweigt einen

Moment. „Ich mache das für ihn. Es freut mich zu sehen, wenn Frits das Leben genießen kann. Er ist so froh auf dem Boot. Er ist so glücklich, wenn ich ihm das schenke.“

Als ich im Zug sitze, der an diesem Oktobertag durch Ostfriesland rollt, schaue ich hinaus in die Landschaft. Heute Morgen lag das Land um Leer unter dem Nebel. Aber jetzt am Mittag, als die Sonne durch die Wolken bricht, beginnen die Felder grün zu leuchten unter dem milchigen Licht, wie es nur am Meer leuchten kann. Kühe liegen träge auf den Feldern. Drei käuende Schafe auf einer Weide. Überall sehe ich das Wasser, das zu dieser Landschaft gehört. In Pfützen. In Tümpeln.

Ich denke mir: Seenot ist immer auch Begegnung. Nicht nur die, in der sich zwei fremde Menschen begegnen, die vorher nie miteinander zu tun hatten. Sondern auch die, in der sich zwei Menschen begegnen, die sich lange und gut kennen, und unter ungewohnten Umständen neu kennenlernen. Und manchmal wird einem Menschen dabei auch etwas über sich selbst klar.

Olaf Rebulla
Adria. Kroatien.

Eine namenlose Insel.

Kroatien ist ein kleines Land. Gerade mal zehn Prozent mehr Einwohner als in Berlin leben dort, sie verteilen sich auf eine Fläche, auf der die Bundeshauptstadt 65 Mal Platz finden würde. Doch Kroatien besitzt nicht nur eine der längsten Meeresküste Europas, sondern auch die zweitmeisten Inseln. Etwa 1200 Inseln ziehen sich an der ebenso viele Kilometer langen Küste entlang. Nur auf etwa 120 dieser Inseln leben dauerhaft Menschen, die überwiegend ihrer Tätigkeit als Fischer nachgehen oder im Sommer in der Gastronomie und im Tourismus arbeiten. Die restlichen fast 1100 Inseln sind unbewohnt. Meist sind sie zu klein, um ein Überleben zu ermöglichen, manchmal findet sich gerade Platz, um eine Steinhütte mit ein paar Holzbänken und Tischen aufzustellen und in den Sommermonaten darauf eine Konoba zu bewirtschaften mit kaltem Wein und gegrilltem Hobotnica, dem achtarmigen

Kraken. Die Vegetation der Inseln ist einfach: Undurchdringliches Latschengestrüpp krallt sich zwischen die scharfkantigen Kalksteinfelsen, die die Wellen dort, wo sie ans Ufer waschen, als spitzen, blanken Felsen auf einer Höhe von etwa 1,50 Meter über dem Meeresspiegel freilegen. Kaum eine der 1200 Inseln verfügt über Sandstrände, bis auf eine Handvoll Abschnitte sind nicht nur die kroatische Küste, sondern auch die Ufer der Inseln felsig und von Kiesstränden unterbrochen.

An einem Samstag im Vorfrühling verlässt eine knapp 20 Meter lange Motoryacht in der Abenddämmerung den Steg einer großen Hafenstadt in Mitteldalmatien. Die Yacht ist gerade mal drei Jahre alt, der Skipper ist allein an Bord. Er soll im Auftrag des Eigners die Yacht südwärts verlegen. Weil es noch früh im Jahr ist, ist die Sonne bereits um 17:45 Uhr weit im Westen hinter der langen Insel vor der Hafenstadt untergegangen. Der Skipper ist ortskundig, er hat vorschriftsgemäß die Lichter der fast 5 Meter breiten und über 20 Tonnen schweren Luxusyacht an, als er sie aus dem Hafen hinaus in die 11 Seemeilen lange Wasserstraße zwischen dem Festland und der Insel steuert. Wo sie endet, beginnt eine Welt voller kleiner unbewohnter Inseln, eine Schärenwelt, die bis hinüber zu den Kornaten reicht.

Die Tücke des Winters und Vorfrühlings auf See sind die kurzen Tage. Das Wetter ist gut, die Sicht klar, nur die Dunkelheit fällt schnell an diesem Samstagabend. Weil der Skipper die Gegend kennt, gibt er Gas. Die zwei je knapp 1000 PS leistenden Motoren beschleunigen die 20-Tonnen-Yacht im Nu auf über 20 Knoten, sie rauscht in Gleitfahrt durch die anbrechende Vorfrühlingsnacht. Der Skipper hält längs der Wasserstraße zwischen Inseln und Festland genau auf den Lichtschein des Inselstädtchens voraus am Horizont zu. Am Ende der Wasserstraße zwischen Inseln und Festland dreht er in elegantem Bogen vom bisherigen Kurs südwärts und rauscht weiter durch die sternklare Nacht, um westlich des hell erleuchteten Inselstädtchens ins freie Fahrwasser aufs offene Meer zu gelangen.

Vielleicht ist der Skipper für einen kurzen Moment unaufmerksam. Vielleicht verbirgt die dunkle Silhouette der unbeleuchteten Insel am Horizont die Sicht auf das, was vor ihm liegt: eine kleinere namenlose Insel, unbeleuchtet wie die größere dahinter.

Wie eine harte Faust trifft ein wuchtiger Schlag den Bug der dahingleitenden Yacht. Als hätte der gewaltige Flukenschlag eines plötzlich aufgetauchten Wals sie getroffen, wird die 20 Tonnen schwere Yacht in voller Fahrt aus dem Wasser gehoben, begleitet von infernalischem Krachen und Kreischen. Es währt nur Sekunden, das Steigen der Yacht in die Luft im letzten Aufheulen ihrer Motoren. Die Wucht des heftigen Schlages, die den Skipper in seinen Sitz presst. Schon ist der harte Schlag vorüber, ein Schweben, ein leichtes Neigen und Drehen der schweren Motoryacht in der Luft. Dann schlägt sie mit lautem Krachen mit dem Heck wie in einem Stunt auf dem Wasser auf. Die Motoren sind abgewürgt. Die Nacht ist immer noch da, ringsum herrscht Stille, nur durchbrochen vom Plätschern des in den Rumpf eindringenden Wassers. Und der Stimme des Skippers, der im Blinken der Armaturenbeleuchtung nach dem Funkgerät tastet und Hilfe ruft.

Noch in der Nacht wird der Skipper vom Hafenkapitän des nahen Inselstädtchens und der Seenotrettung abgeborgen. Bereits am nächsten Tag, einem Sonntag, läuft in der Früh die Bergung der verunglückten Motoryacht an. Es war nur die winzige Landzunge eines unbewohnten Inselchens, die ihr zum Verhängnis wurde. Ein Streifen harten, scharfkantigen Kalkfelsens, in den sich mageres Latschengestrüpp krallt. Kein halbes Fußballfeld lang ist die Landzunge, die aus der

Insel ins Meer ragt, und zehn Meter breit. Wo sie endet, breitet sich eine kleine Bucht aus, in der die Motoryacht leicht seitwärts geneigt im flachen Wasser liegt. Die Bergungskräfte sind schnell, bereits am Nachmittag steht die Yacht aufgepallt in einer Werft des Inselstädtchens. Reste der Felsen haften noch in den zersplitterten Stellen des Bugs. Abschürfungen, geborstenes Laminat und Schaumstoffreste überziehen das Unterwasserschiff. Der Aufprall hat den Rumpf dort, wo sich das Bugstrahlruder befindet, samt der Einbauten nach innen gedrückt, bevor der Fels wie eine Sprungschanze die Yacht durch die Luft fliegen ließ. Borddurchlässe sind herausgerissen.

Am Heck und im Motorraum sieht es am Übelsten aus. Die beiden armdicken Antriebswellen hat der Aufprall aus dem Rumpf gerissen, er verformte sie und die beiden Bronzepropeller zu merkwürdigen Gebilden wie verwelkte Blüten. Was die Kollision im Motorraum unbeschadet überstand, hat das eindringende Meerwasser in wenigen Sekundenbruchteilen zerstört – von der Motorelektronik über die Batterien bis zur Klimaanlage und Hydraulik.

Der Skipper wurde mit einer Strafe belegt. Die Reparatur der Motoryacht verschlang einen hohen sechsstelligen Betrag. Auch wenn die eigentliche Unfallursache unbekannt ist: Fest steht, dass nicht nur für schnelle Motoryachten Distanzen am Wasser und besonders in der Nacht nur schwer zu schätzen sind. Auch das Fahren nach GPS und Kartenplotter hat Tücken und kann zu bösen Überraschungen führen, wenn abhängig vom Maßstab entscheidende Details wie eine dünne Landzunge in der Kartenansicht unterschlagen und nicht gezeigt werden. Und zu guter Letzt: Wer schaut noch prinzipiell und aus guter Seemannschaft in die Seekarte vor jeder Ausfahrt in einem Revier, das er wie seine Westentasche zu kennen meint?

Immer wenn ich diese Geschichte höre, bin ich betroffen. Ob vor dem Seegatt Norderneys oder einer kroatischen Insel: Die größte Gefahr für ein Schiff geht weniger vom Meer aus, sondern vom Land. Der Großteil aller Schadensfälle, die bei Yachtversicherern eingehen, rührt von Grundberührungen her. „Beschütz Du mich vor der See. Beschütz ich Dich vor dem Land", die flehentliche Bitte und der stille Schwur, die jeder Skipper leise seinem Boot gegenüber zuflüstert, sie sind wahrer und aktueller denn je. Und nicht nur in Kroatien oder dem Seegatt.

Und die namenlose Insel? Sie liegt im Meer wie eh und je – unbesiedelt, bedeckt von Latschengestrüpp, wo die Wellen den Bewuchs nicht erreichen konnten. Eine von 1200 kroatischen Inseln vor der 1200 Kilometer langen Küste Kroatiens.

„Opasnost od Brodoloma"
kroatisch für: Seenot.

Karl-Heinz Beständig
Adria. Kroatien. Insel Piškera.

Eine Insel. Drei Boote. Und ein Gewitter.

Nach Auflage gerechnet ist er einer der erfolgreichsten Segel- und Wassersportautoren Deutschlands. Und einer der meistgelesenen Selfpublisher seit jenen Jahren, in denen es den Begriff „Selfpublisher" noch gar nicht gab. Sein Buch *888 Häfen & Buchten*, von Motoryachtskippern und Seglern kurz nur „der Beständig" genannt, ist das führende nautische Werk für Kroatien und hat 33 Auflagen erlebt. Für die Recherchen an seinem Buch ist er seit 40 Jahren auf seinem Boot in Kroatien unterwegs, am liebsten unscheinbar und unerkannt, um ungestört seiner Arbeit nachzugehen.

Auf meine Mail-Anfrage, ob er schon einmal in Seenot war, kommt zunächst ein freundliches „Nein". Mit spannenden Erlebnissen könne er nicht aufwarten, schreibt Karl-Heinz Beständig. All die Stürme, die ihn und sein Boot heimgesucht hätten, wären unspektakulär gewesen, er hätte sie in Buchten abgewettert. 40 Jahre Kroatien und keine Erlebnisse? Diese Mischung aus Understatement und Einschätzung der eigenen Lebensleistung kenne ich von den Bergrettern der Bergwacht. Wer viele Jahre draußen unterwegs ist in den Bergen oder auf dem Wasser und ungewöhnliche Dinge tut, dem scheinen Extreme in seinem Leben nicht mehr erwähnenswert.

Ich bohre weiter nach. Schließlich kennt jeder langjährige Leser die Aufnahmen aus früheren Auflagen aus dem Schlusskapitel des „Beständig" über das Wetter in Kroatien. Über plötzliche Springfluten auf der Insel Mali Lošinj. Oder den umgewehten LKW mit Anhänger, den Karl-Heinz Beständig im Dezember 1992 vollgepackt mit Hilfsgütern ins kroatische Kriegsgebiet steuerte, bis ihn eine heftige Bora an der Küste des Velebit-Gebirges samt Anhänger auf die Seite legte. „Das war rund 30 Meter über dem Meer", schreibt Beständig in seinem Nachwort, „aber im warmen Führerhaus fühlte ich mich sicher … bis eine Orkanbö das Fahrzeug umriss." Die Bora-Böe am Meer kam nach Angaben der örtlichen Polizei mit 160 km/h angerauscht, weit jenseits der 12 Windstärken, die die Beaufortskala definiert.

„Wenn ich am Meer bin, dann möchte ich nicht unbedingt in einer Marina sein, sondern das Meer spüren." Unser Gespräch beginnt mit einem Satz, der viel über Karl-Heinz Beständig und seine Einstellung zum Meer aussagt. „Ich verbringe die Nächte auf meinen Einhandtörns nie in Marinas oder Häfen, sondern ausschließlich in Buchten", sagt er. Als ich ihn frage, ob das immer so war, muss er nachdenken. „Doch, einmal, 1979, da war ich mit meinem Boot ein paar Jahre in der Marina Hramina auf der Insel Murter. Das war eine frühere Werft gleich neben dem Örtchen Murter, wo sie vorher Fischkutter überholt und gebaut hatten. Als es mit der Fischerei, dem Werftgeschäft und den Fischkuttern abwärts ging und der Tourismus im sozialistischen Jugoslawien leise ins Laufen kam, machten sie aus der einstigen Holzbootwerft einen modernen touristischen Hafen, der heute ein Luxushafen ist. Ich war 1979 Kunde Nummer 4 in der Hramina, blieb mit meinem Boot ein paar Jahre dort.“

Sein Boot, auf dem er seit vier Jahrzehnten segelt, ist so ungewöhnlich wie der Eigner. Ein Stahlboot, mit 8,30 Metern Länge wenig länger als ein H-Boot und doch 4 Tonnen schwer. „Ich hab sie gekauft, als ich 24 war. Ein Eigenbau, geschweißt in den 1960er-Jahren in einem Garten am Bodensee, ich konnte sie für kleines Geld aus einer Konkursmasse erwerben.“ Sein altes Boot möchte er in kroatischen Gewässern nicht missen. Da darf auch mal der Anker slippen, wenn er in Buchten übernachte, erzählt er.

„Mit einem Rumpf aus Stahl muss ich nicht mit Totalverlust rechnen, wenn der Anker im Sturm mal nicht hält und ein Felsufer immer näher rückt. Dann gibt es vielleicht ein paar Schrammen und nur ganz selten einen größeren Schaden.“ Mit seinem Boot liegt er heute wieder in einer dalmatinischen Werft, so wie ganz am Anfang. „Da kann ich am Boot flexen und schweißen, ohne andere zu stören. Sowas geht in einer heutigen Marina nicht mehr.“

Beim Ankern in geschützten Buchten fürchtet er weniger das Wetter als leichtsinnige Crews. „In vier Jahrzehnten hat sich das nicht geändert in Kroatien. Wenn ich bemerke, dass auf einer Nachbaryacht keine gute Seemannschaft praktiziert wird und die Crew nicht auf die Wetterentwicklung achtet, laufe ich lieber aus. Das hängt garantiert mit einem Schlüsselerlebnis zusammen, das ich im Sommer vor 37 Jahren hatte.“

Es ist Juli, als Beständig auf seinem Boot allein in der Bucht von Piškera in den Kornaten, dem größten Inselarchipel der kroatischen Adria, ankert. Die Kornaten waren damals noch eine einsame Gegend, auch die Marina Piškera gab es in der gleichnamigen malerischen Bucht noch nicht. Er ankert mit seinem Stahlschiff in dem schmalen Schlauch zwischen der großen Insel Piškera und der winzigen Nachbarinsel Vela Panitula, etwa an der Stelle der heutigen ACI-Marina, als zwei deutsche Motoryachten in die Bucht einlaufen, offensichtlich befreundete Eigner-Ehepaare. Der eine Skipper bringt seinen Anker nahe seinem aus, während die andere Motoryacht ohne Anker einfach längsseits an ihr festmacht.

Nach Einbruch der Dunkelheit wetterleuchtet es in großer Entfernung über dem westlichen Horizont. Doch allmählich ziehen rabenschwarze Wolken auf und versperren den Blick auf den klaren Sternenhimmel. Das Gewitterrisiko nimmt zu. Zwar herrscht noch Windstille am Ankerplatz, aber spätestens jetzt ist erhöhte Wachsamkeit geboten. Der Wind kommt erst nach Mitternacht, zunächst als schwache Brise, dann kräftiger. Die ersten Böen sind mäßig und für einen gut eingegrabenen Anker eigentlich kein Problem. Doch plötzlich gibt es einen heftigen Ruck. Erschrocken schaut Beständig aus seiner kleinen Kajüte nach draußen. Was er sieht, kann er kaum fassen. Sein Boot hat Fahrt aufgenommen! „Das ist keine Drift durch einen slippenden Anker. Mein Boot und ich befinden sich in einer rasanten Schleppfahrt", erzählt Beständig.

Was ist passiert? Die Bucht ist unbeleuchtet, die Sicht ist schlecht. Als die ersten Gewitterböen über die Bucht von Piškera fegen, kommen die Eigner der beiden Motoryachten an Deck. Ohne weiter an den einen Anker zu denken, der beide Yachten hält, starten sie ihre Motoren. Die eine Yacht dreht und gibt Gas, reißt dabei die danebenliegende Motoryacht mit. Als sie sich lösen, tuckern beide Seite an Seite los, um nur schnell der Legerwall-Gefahr vor Piškera zu entkommen, die droht, ihre Boote in dem engen Schlauch auf die Felsen zu werfen.

Was die beiden Skipper in der Dunkelheit nicht merken: Sie verlassen die Bucht nicht allein. Eine der beiden Yachten schleift immer noch ihren Anker hinter sich her und fängt den Anker der 4-Tonnen-Stahlyacht von Karl-Heinz Beständig samt ihrem Eigner.

„Die Yachten geben Gas. Ich brülle 30 Meter weiter hinten, aber das ist sinnlos. Im Motorenlärm können mich die beiden Skipper nicht hören, und keiner blickt sich nach hinten um. Es ist unheimlich, wie mein Schiff hilflos mit der Motoryacht beschleunigt. Schreckliche Augenblicke. Erst weiter draußen, im tieferen Wasser vor den Kornaten werden die Motoryachten langsamer. Der eine besinnt sich auf den immer noch draußen hängenden Anker. Als er versucht, ihn an Bord zu winschen, merkt er, dass er etwas am Haken hat und schaut über die Schulter. Mein Schiff ist etliche Meter hinter ihm, mein Anker hängt in seiner Kette. Glücklicherweise haben sich die Ketten nicht vertörnt, wir bringen die Anker schnell wieder auseinander. Doch hätten die beiden nicht angehalten, ich wäre ohne fremde Hilfe nicht mehr freigekommen."

So lange die Geschichte auch zurückliegen mag: In ihren Details ist sie für Kroatien immer noch typisch. „Es gibt immer noch viele Crews, die zu eng und teilweise zu sorglos ankern", berichtet Beständig. Überraschende nächtliche Gewitterböen und Starkwind, der Jugo, der sich langsam aufbaut und über Süd auf West und gelegentlich sogar auf Nordwest drehen kann, bringt unbedacht ankernde Yachten schnell in die Bredouille. „Wenn Gewitter, Böen, Bora oder schwerer Jugo drohen, achte ich vor allem auf ausreichend Platz. Da jault's dann ganz gewaltig", sagt Karl-Heinz Beständig. „Ich bin für meine Recherchen jedes Jahr ausschließlich im späten Sommer und vor allem im Herbst in den kroatischen Gewässern unterwegs."

Nach den Berichten seiner Leser, die den Autor erreichen, geht er davon aus, dass leichtsinniges oder fehlerhaftes Ankern oder slippende Anker an der kroatischen Küste immer noch die Unfallursache Nummer eins sind. Dabei sind es nach seiner Beobachtung nicht unbedingt Neulinge auf dem Wasser, denen ein Anker im Unwetter Probleme schafft. „Zwischen den Inseln passiert sehr wenig. In der Regel gehen eher die Anfänger diszipliniert und vorsichtig an das Revier heran, hören sehr gut die Wetterberichte ab, bleiben auch mal im Hafen. Und viele Charterverträge schreiben heute einem Skipper vor, ab Windstärke 6 nicht mehr auszulaufen. Es sind daher häufig erfahrene Leute, die von den Launen des Wetters an der kroatischen Küste überrascht werden. „Es ist wie beim Segelfliegen“, sagt Karl-Heinz Beständig. „Es stürzen weniger Anfänger ab als alte Hasen. Routine verführt gelegentlich zu einer gewissen Leichtsinnigkeit.“

Als Unfallursache Nummer zwei in Kroatien sieht Beständig unsichere Bojen an. „Ich gehe ganz, ganz selten an eine Boje. Vor zwei Jahren zum letzten Mal. Und wenn, dann setze ich die Taucherbrille auf und tauche nach unten, um Schäkel, Verbindungen und den Festmacher zu kontrollieren. Auf eine Boje verlasse ich mich nicht. Außer, ich tauche wirklich selber runter.“

Der Grund: Kroatische Bojenbetreiber haften nicht für Schäden an Yachten, die durch ihre Bojen verursacht werden. Zu eng gelegte Bojenfelder, slippende Grundgewichte oder sich aus der Verankerung lösende Bojen: In keinem dieser Fälle haftet ein Bojenbetreiber, sondern zunächst der Skipper. Große Schäden haben oft winzige Ursachen. Er erzählt den Fall eines Restaurantbetreibers, von dessen Bojen innerhalb eines Jahres drei Yachten auf Drift gingen. Ursache: Die Schraubbolzen der Bojen waren vor dem Aufdrehen im dauernden Seegang mit einfachen Plastik-Kabelbindern aus dem Elektrofachhandel gesichert. Weil das Plastik der UV-Strahlung nicht standhält, lösen sich erst die Kabelbinder und dann die Schäkel. „Das kann sogar bei Windstille passieren, dass eine Yacht plötzlich samt Boje unter heiterem Himmel vertreibt."

Es gibt viele Betreiber, die einen guten Job machen und ihre Bojen immer wieder kontrollieren. Und andere, die einfach nichts tun. „Den Behörden sind die schwarzen Schafe bekannt. Manche sind sehr nette, höfliche Leute. Oft ist es eben Mentalität zu sagen: ‚Das hielt letztes Jahr. Das geht schon noch.'"

Selbst modern aussehende Bojen sind tückisch: Noch vor kurzem waren die modernen Funkbojen der letzte Schrei. Per Funkübertragung wurde an den Bojenbetreiber in Zagreb gemeldet, dass die Boje belegt sei und kassiert werden konnte. Doch das System funktionierte nicht zuverlässig, es ist eigentlich stillgelegt. Beständig sagt dazu: „Die Bojen sind jetzt drei Jahre im Wasser, aber der Betreiber in Zagreb macht nichts mehr. Die Bojen werden nicht mehr gewartet, liegen aber trotzdem im Wasser. Einer meiner Leser ist gestrandet mit seiner Yacht, weil die Boje nicht hielt."

Als Schadensursache Nummer drei sieht Karl-Heinz Beständig Brände an Bord. Vor allem die zunehmende Zahl von Bränden macht ihm Sorgen. Auf dem Wasser passiert das häufig. Drei Großfeuer auf Yachten sogar in vorbildlich geführten Marinas wie der Marina Punat, verursacht durch fehlerhafte Installationen auf Yachten am bordseitigen Landanschluss. Eine noch im Travellift brennende Yacht ...

„In der Regel sind es Kurzschlüsse mit nachfolgendem Kabelbrand, die ein Feuer auslösen. Es wird mangelhaft repariert oder bei den Anschlüssen improvisiert. Oder es werden immer leistungsstärkere Komponenten auch in älteren Schiffen verbaut. Wenn das ordentlich abgesichert ist, sollte in der Regel selbst ein Kurzschluss kein Problem sein. Landstrom, Bordstrom: alles muss hervorragend abgesichert sein. Dann kann nichts passieren. Wenn ein Feuer im Motorraum einer

Yacht ausbricht, gibt es wenig Chancen, selbst mit einem guten Feuerlöscher eines GFK-Brandes in der Entstehung Herr zu werden.“ Aufgrund dieser Erfahrungen drängen die Versicherer die Marinas, dass Landliegeplätze größere Abstände zueinander einhalten, damit bei einem Feuer nicht mehrere Yachten betroffen sind.

Ist Kroatien gefährlicher als andere Reviere? „Kroatien ist ein wunderschönes Revier und ein ungefährliches Revier, wenn man mit einer gewissen Demut an diese Küste rangeht. Kroatien ist aber auch eines der sturmreichsten Gewässer. Mit Wetterphasen, die von Jahr zu Jahr verschieden sind. Mit plötzlichen Kaltlufteinbrüchen aus Kaltluftpropfen. Mit Windhosen. Das hat schon mancher Weltumsegler und erfahrene Blauwassersegler zu spüren bekommen.“

Auch in diesem Jahr wird Karl-Heinz Beständig im September wieder auf seinem kleinen Stahlboot zu Recherchen für die nächste Ausgabe der *888 Häfen & Buchten* aufbrechen. Auf seinen Reisen segelt er einfach und ohne Schnickschnack.

„Für die früheren Ausgaben meines Buches hatte ich noch keinen Tiefenmesser an Bord. Da habe ich die Buchten noch mit dem Handlot vermessen, bis ich mir ein Echolot gönnte. Ich bin auch heute noch ohne Ankerwinsch unterwegs und hole den Anker von Hand. Einen Windmesser habe ich auch nicht an Bord. Den Wind spüre ich, und ich sehe ihn auf der Wasseroberfläche“, sagt der 69-jährige. Seit ein paar Jahren denke er über Rollsegel auf dem Vorschiff nach. Das sei in seinem Alter doch eine gute Investition, er werde ja schließlich auch nicht jünger.

Den Namen seines Bootes will Karl-Heinz Beständig nicht verraten. „Ich habe das früher öfter gemacht. Aber das tat meiner Arbeit nicht gut, wenn Leute mein Boot erkannten und mich einluden. Jetzt bleib ich lieber unerkannt.“

Wie jedes Jahr, segelt er Ende September wieder los und ist bis Anfang Dezember unterwegs, um sein Buch zu überarbeiten. Seine Druckdateien verschickt der 69-jährige von seinem Stahlboot direkt aus Kroatien an die Druckerei. „Damit mein Revierführer noch vor Weihnachten für die nächste Saison wieder fertig ist", sagt er.

Es sind etliche Telefonate, die ich mit Karl-Heinz Beständig führe, bis dieses Stück fertig ist. Er hat viel Geduld mit mir, wo er doch in diesen Tagen vor Weihnachten gerade mit der Auslieferung seiner 33. Ausgabe zu tun hat. Am meisten beschäftigt mich nach unserem Telefonat seine Antwort auf die Frage, warum er Autor und Selfpublisher wurde. „Ich war eigentlich Automechaniker. Später war ich Kraftfahrer. Erst meine Reisen auf meinem Boot brachten das Neue in mein Leben. Das Meer hat mich zum Autor und Selfpublisher gemacht."

„Hav Neyðstøða“
Das Wort für „Seenot“ auf den Färöer.

Michael Ziese
Nordatlantik. Färöer. Insel Vágar.

„Þetta Reddast.“ Hurrikane enden nicht in der Karibik.

Man muss lange mit dem Finger auf der Seekarte suchen, um irgendwo in Europa mehr Abgeschiedenheit zu finden als auf den Färöer. Die „Schafsinseln“, wie sie auch heißen, weil ihre 50.000 Bewohner hauptsächlich neben Fischfang Schafzucht betreiben, liegen nicht nur abgelegen irgendwo in der Weite zwischen dem Ende Schottlands und Islands. Sie sind auch einsam. 35 Einwohner teilen sich einen Quadratkilometer.

Für unser nächtliches Skype-Telefonat sitzt Michael Ziese zusammen mit seiner Lebensgefährtin Antje in der Hauptstadt Tórshavn vor einem Café, das bereits geschlossen hat. Ich sehe ihre Gesichter unter den wollenen Isländermützen in der Dämmerung der Färöer, während es draußen vor meinem Hamburger Hotelzimmer bereits Nacht ist. Unser Gespräch beginnt Micha mit einer Geschichte, die die Bewohner der Färöer gerne erzählen. „Als Wikinger einst auf Irland die

Frauen raubten und auf überfüllten Booten nordwärts ruderten, hielten sie kurz auf den Färöer an. Hier setzten sie diejenigen Wikinger unter ihnen an Land, die zu weich waren und leicht seekrank wurden. Nur die ganz Harten sind weitergerudert bis Island." Es sei eine Geschichte, die etwas über die Färöer erzählt und etwas über Island. Und auch über ihn selbst. „Ich passe gut hierher", lacht er. „Auch ich werde gelegentlich schon mal seekrank."

Tatsächlich unterscheiden sich die Färöer, wie sich die Bewohner der gleichnamigen Inselgruppe nennen, sehr von ihren 300 Seemeilen nordwestlich wohnenden isländischen Nachbarn. Island ist landschaftlich spektakulärer und liegt näher an Grönland. Die Färöer sind europäischer, dänischer und politisch doch nicht Teil der Europäischen Union. Sie sind auch kein großes Eiland wie Island, sondern bestehen aus 18 bewohnten Inseln, inmitten von fast 800 Inselchen, Felsen, Schären und Holmen – Basaltfelsen, den Überbleibseln einstiger vulkanischer Aktivität, die heute baumlos, strauchlos, bedeckt von Tundra und Moosen verstreut im Meer liegen. Aus der Luft betrachtet sehen die Konturen der 18 besiedelten Hauptinseln zerfurcht aus wie Hahnenkämme, über denen sich an jedem Tag des Jahres Sonnenschein und Regenschauer mehrmals abwechseln. Dank des Golfstroms frieren ihre Häfen niemals zu.

Micha fühlt sich wohl hier. Er ist 50 Jahre und kam auf seiner X-TRIP, einer 37-Fuß, also knapp 12 Meter langen *Elan*-Segelyacht hierher. Der Name X-TRIP ist Programm, das „X" steht für extreme Reisen an extreme Orte, denen Michael sich verschrieben hat. Vor vier Jahren segelte er ein halbes Jahr lang und 5000 Seemeilen einhand mit seinem Bobtail Loupi von der Adria über Nordafrika in die Ostsee. Zwei Jahre später brach er von seinem Heimathafen Stralsund über Dänemark, Norwegen und den Shettlands nach Island auf.

Die Färöer waren in diesem Jahr eigentlich nur als Zwischenstopp auf dem Rückweg nach Schottland geplant. Nur drei bis vier kurze Sommerwochen sollte der Aufenthalt dauern.

Doch erst zwingt ihn ein Defekt an der Maschine seiner X-TRIP auf den südlichen Schafsinseln zu bleiben. Ende August ist es dann ein aus Westen heranziehendes Sturmtief, das ihn auf den Färöer festhält. Es sind die Reste des Hurrikans *Dorian*, der in einem weiten Halbkreis seine Runde im Uhrzeigersinn entlang der Ränder des Atlantiks dreht. Als unscheinbare Regenfront beginnt *Dorian* unbemerkt im Spätsommer 2019 irgendwo in den Weiten der See vor der westafrikanischen Küste. Die Regenfront bewegt sich zunächst mit der Geschwindigkeit eines Fahrradfahrers westwärts, gewinnt dann zwischen Westafrika und der Karibik irgendwo über dem sommerlich aufgeheizten Meerwasser des Atlantiks jeden Tag an Kraft.

Sie beginnt, sich um die eigene Achse zu drehen, dann wird aus der Drehung ein Wirbeln, bildet vor Kraft strotzend ein Auge, eine wolkenfreie Zone des Nichts inmitten eines Wolkenwirbels. Ein Auge, das aus immer größerem Umkreis Luftmassen an sich reißt und dadurch Windgeschwindigkeiten jenseits aller Vorstellung erzeugt, um dann als Hurrikan der stärksten Kategorie weiter westwärts die Inseln der Karibik zu erreichen. Dann, über den Bahamas, bleibt er unvermutet einfach stehen für mehrere Tage und macht auf den umliegenden Inseln alles dem Erdboden gleich. Zieht weiter zur Küste Floridas und verschont wider aller Erwartung „Trumpwater", die amerikanische Ostküste. *Dorian* meidet sie in weitem Abstand und sendet nur seine stürmischen Ausläufer dorthin, während er im Tempo eines Joggers nordostwärts entlang Kanada bis nach Neufundland strebt. Erst südlich von Grönland verliert *Dorian* an Kraft. Aus dem einstigen Hurrikan wird ein Sturmtief, das sich mit anderen Tiefs aus den Polarregionen vermählt und nun Kurs ostwärts nimmt: auf Nordeuropa zu.

Als Micha zum ersten Mal in den Wetterkarten das Sturmtief entdeckt, befindet sich dessen Zentrum noch weit weg. In Irland soll das Tief auf die europäische Küste treffen, das liegt weit südlich der Färöer. Doch fünf Tage bevor das geschieht, ändert das Sturmtief unvermittelt, doch entschieden seinen Weg. Es verlässt seine östlich verlaufende Zugbahn und wandert nun nordostwärts: genau auf die Färöer zu.

Der Skipper wird von der Kursänderung überrascht. Er ist zu diesem Zeitpunkt auf der X-TRIP mit seiner Lebensgefährtin Antje in den südlichen Schafsinseln Sandoy und Suðuroy unterwegs. Er ist nun gewarnt. Doch Segeln in den Färöer ist anders als anderswo. Buchten gibt es zahllose, Häfen für Segelboote mit ausreichend Wassertiefe aber kaum. „Es gibt auf den Insel gerade mal fünf bis zehn weitere Segler. Die Segelszene ist sehr überschaubar. Bis vor zwei Jahren waren in den Gewässern um die Inseln nur Fischer unterwegs und so gut wie keine Segler. Man ist quasi der Erste, der hier segelt. Es gibt so gut wie keine Infrastruktur für Segler: keine Marinas, keine Gebühren, kein Handbuch. Wenn es so etwas wie einen Hafen gibt, legt man sich ins Päckchen und geht längsseits mit bereits vertäuten Trawlern." Hinzu kommen extreme Wellen und Strömungsverhältnisse. Unterwegs bei mäßigem Wind von 3 bis 4 Beaufort können Tidenströme über 7 Knoten und Wellenhöhen von 3 Metern einem Boot zu schaffen machen. Der lange Fetch, die Anlaufstrecke des Windes aus dem Nordatlantik, sorgt für Wellenbewegungen wie vor Portugal oder in der Biskaya. „Am besten läufst du einen Hafen hier auf den Färöer nur in der kurzen Pause an, wenn Strom und Tide gerade bei 0 sind und zum Stillstand kommen." Micha sieht den Sturm auf sich zukommen. Aber es ist gerade kein Hafen da.

„Þetta Reddast.“ Das geflügelte Wort der Menschen auf den Färöer, das bei jeder Gelegenheit fällt und das sie von den Isländern übernahmen. „Thä:ttah: Rrrrreddast“ sprechen sie es aus. „Wird schon gut gehen.“ Vielleicht wird man so, wenn man stets mit Wind und Meer lebt. Mit Gewalten, die soviel größer sind als das eigene Ich.

Micha entscheidet sich, zunächst nordwärts zur Insel Vágar zu steuern, der westlichsten Insel der Färöer. Dort lebt ein Bekannter, dort will er sich weitere Infos über das beste Versteck vor dem Sturm beschaffen.

Doch auf dem Weg nach Vágar schickt das Sturmtief bereits seine ersten Vorboten. Der Wind geht auf Südost und dreht auf. Tórshavn, die Hauptstadt der Färöer und sicherster Hafen, ist für die X-TRIP und ihre Besatzung nun nicht mehr erreichbar. Hier gäbe es sogar einen Sportboothafen, den einzigen auf den Färöer. Doch Tórshavn liegt 35 Seemeilen in der Richtung, aus der jetzt der Wind bläst. Während das Sturmtief weiter auf die Färöer zusteuert, versucht der Skipper von See aus fieberhaft, einen geeigneten Hafen für sich und sein Schiff zu finden. Die Insel böte zwei Vorteile: In einer der beiden Buchten, in Miðvágur lebt ein Freund. Und die Insel verfügt über den Hauptflughafen der Färöer. Sonstige Optionen? Kaum in Sicht. „Man sitzt in dieser Situation drin. Und kann nicht mehr raus. Nirgends war ein Platz zu kriegen.“ Es ist Donnerstag, der 12. September 2019, als sie auf Vágar festmachen. Morgen ist Freitag, der 13. Am Samstag soll der Sturm kommen. Die Wetterberichte sagen Starkregen, dann Wind mit über 55 Knoten voraus.

„Þetta Reddast“ – Es wird schon gut gehen. Aber wird es das wirklich, nur weil ein geflügeltes Wort das sagt? Micha beschließt, auf Vágar zu bleiben. Zwei Buchten bleiben: Sørvagur ganz im Südwesten, eine langgestreckte Bucht mit Aquafarmen und einem Fischereihafen hinter einer Mole.

Sie würde die X-TRIP gut vor dem jetzt gerade herrschenden Südost schützen. Doch die Bucht ist wie ein Trichter nach Nordwesten offen, sobald der Wind von Südost auf Nordwest dreht, wäre die X-TRIP ihm hoffnungslos ausgeliefert. Also steuert der Skipper die Bucht von Midvágur im Südosten der Insel an. Midvágur: Eine kleine Siedlung, deren wenige Häuser sich zu Füßen 400 Meter hoher Berge um die winzige Bucht erstrecken. In der Bucht ein Fischereihafen, der vollbesetzt mit Trawlern ist. Und vier Molenköpfe, die eher Arbeitsplattformen für die Fischer als sichere Liegeplätze bieten. Zumindest die Nordhälfte der Bucht ist durch eine hohe Mole aus meterhoch aufgeschütteten Basaltquadern geschützt, falls der gerade wehende kräftige Südost weiter auf Ost drehen sollte.

Am nächsten Morgen hat der Südost weiter aufgefrischt. Micha ist froh, noch vor dem Wind in den Hafen gekommen zu sein, doch seine X-TRIP ist hier mehr schlecht als recht vor dem Sturm geschützt. Am südlichen Molenkopf liegt die große stählerne Arbeitsplattform einer Lachsfarm vertäut, ein blauweißer meterhoher Stahlponton mit Kran und Aufbauten, an dem er nun seine X-TRIP festmacht. Er geht weiter auf die Suche nach einem geschützten Hafen, leiht sich einen Wagen und fährt die Insel ab. Spricht mit der Gemeindeverwaltung von Midvágur. Mit Fischern. Doch so sehr ihm die Menschen auf Vágar auch zu helfen versuchen: Es gibt keinen Liegeplatz. Fischer erzählen ihm unter anderem vom Hafen auf der Insel Hestur, die sich wie ein Riegel von Nordwest nach Südost erstreckt. Es wären nur 6 Seemeilen, knapp 12 Kilometer, nach Südost, bei normalen Bedingungen etwas mehr als eine Stunde. Aber bei dem vorherrschenden Wind und den Wellen ist der 6 Seemeilen entfernte Hafen von Hestur fast so unerreichbar wie der Mond. Ihm bleibt nur der Liegeplatz an der nun heftig in den Wellen arbeitenden Plattform.

Heimkehrende Fischer berichten von 14 Meter hohen Wellen draußen auf dem Atlantik vor Midvágur. Der Wind weht heftig, und trotz der Arbeitsplattform, hinter der er liegt, bekommen der Skipper und seine Frau bereits zum Frühstück die Wellen zu spüren, die der Südost in die Bucht von Midvágur jagt und die stählerne Plattform erst erzittern, dann heftig schwingen lassen. Er geht immer wieder an Deck, beobachtet die Umgebung. Die Fischer, die gleich nebenan im winzigen Hafen noch immer dabei sind, ihre Schiffe sturmfest zu vertäuen. Die Trawler, die auf der Nordseite der Bucht im Schutz der aufgeschütteten Steinmole einigermaßen ruhig liegen. Um 10:00 Uhr vormittags, so sagt es der Wetterbericht, soll der Wind von Südost auf Südwest drehen und im Laufe des Tages weiter auf Nordwest. Noch weht der Südost heftig. Soll er sein Boot nach Norden hinter die Steinmole verlegen?

Als die Stahlplattform in den Wellen zu sehr an der X-TRIP reißt, beschließt der Skipper, die Leinen loszuwerfen und auf die Nordseite zu verlegen. Bereits jetzt ist das ein mutiges Unterfangen. Die Wellen im Hafenbecken gehen nun 1,50 Meter hoch, doch noch mehr muss der Skipper befürchten, dass in den nächsten Minuten der Mast seiner X-TRIP auf den Kran und die hohen Aufbauten der Plattform schlagen wird, wenn er noch länger bleibt. Er startet den Motor und steuert sein Schiff in den Schutz der Steinmole. Platz findet er, doch Sicherheit nur bedingt. Er hängt nun an der Kaimauer zwischen den vertäuten Trawlern.

Die Ruhe des Skippers währt kurz. Gegen 10 Uhr beginnt der Wind tatsächlich, im Uhrzeigersinn zu drehen. Erneut verholt sich Micha auf die Südseite der Bucht, doch diesmal östlich der Schwimmplattform, um vor den heftigsten Böen, die nun über den langen Schlauch der Bucht heranjagen, geschützt zu sein. Gegen Mittag liegt X-TRIP noch ruhig an der Plattform. Die Anspannung wächst in der Ruhe vor dem

Sturm. Zweifel am glücklichen Ausgang bereitet dem Skipper ausgerechnet die Anteilname der Menschen von Midvágur. Für sie ist er anscheinend einer der ersten Segler, die jemals in ihrer Bucht lagen.

Besorgt fragen sie auf der X-TRIP nach und sehen nach dem Rechten. Ein Fischer, der vom letzten wütenden Weststurm berichtet, bei dem die Wut der Wellen Basaltquader aus der Mole wusch. Ein Mitarbeiter der Lachsfarm, der noch schnell vier neue Festmacher samt Ruckdämpfern vorbeibringt. „Euer Boot wiegt 9 Tonnen? Die hier halten 20 Tonnen“, sagt der Mann nachdenklich, „das könnte reichen.“ Das „könnte“ gibt dem Skipper arg zu denken. Was weiß er denn, was in in den nächsten Stunden auf ihn zurollt? Nur seine Lebensgefährtin Antje sieht das positiv: „Die Einwohner sorgen sich um uns. Solange sie sich noch sorgen, sehen sie uns nicht als verloren an.“

„Þetta Reddast.“ Ob das gutgehen wird? Um 16:00 Uhr hat der Nordwest so aufgefrischt, dass Michael und Antje ihre Yacht nicht mehr allein lassen und an Bord bleiben, komme jetzt, was da wolle. Stündlich legt der Wind zu. Um 20:00 Uhr Abendessen mit heißen Pellkartoffeln. Sie haben den Wind jetzt aus Nordwest, er trifft die X-TRIP jetzt wie eine Breitseite. Der Mittelwind überschreitet die 30 Knoten, in Spitzen weht es zunächst mit 40, dann 48 Knoten. Um Mitternacht soll er am heftigsten wehen mit Spitzen um die 60 Knoten, über 110 Kilometer pro Stunde. Und am Morgen gegen 04:00 Uhr wieder abflauen auf 40 bis 50 Knoten.

„Þetta Reddast.“ Was kann man tun, damit das gutgehen wird? Bereits jetzt arbeiten die Yacht und die Plattform in den Seen heftig gegeneinander. Nicht eine, sondern vier Vorleinen hat Michael sicherheitshalber vom Bug zur Arbeitsplattform gelegt. Von der Mittelklampe in der Mitte des Schiffs laufen drei Leinen hinüber. Hinten sind es wiederum vier Festmacher, die das Heck der X-TRIP an der schwimmenden Plattform sichern sollen. Zusätzlich laufen Springs – Leinen, die die Längsbewegung des Bootes abfangen sollen – auf die Mittelklampen. Doch die Yacht und die schwere stählerne Plattform arbeiten in der Hafenwelle brutal gegeneinander. Immer wieder reißen die Bewegungen der schweren Plattform hart an der X-TRIP.

Die geliehenen Festmacher haben zwar hohe Haltekraft, aber weil sie aus Polypropylen sind, besitzen sie keinerlei Dehnung. Jeder Ruck in die Festmacher kommt trotz Ruckdämpfer bei den beiden Insassen im Boot als harter Aufprall an. Und jede Gegenbewegung, in der sich Schiff und Plattform berühren, ist wie ein Kinnhaken. Die zehn Autoreifen an der Bordwand der Stahlplattform und sämtliche Fender, die als Puffer zwischen Bordwand und Plattform dienen und derer Micha vorher habhaft wurde, können den Aufprall der Yacht an der Plattform nur wenig mildern.

X-TRIP ist zwar über insgesamt neun Festmacher und mehrere Reserveleinen fest mit der Plattform verbunden, doch Sorgen macht sich der Skipper um die Klampen auf seinem Deck, die den schweren Aufprall abfangen müssen. Sicherheitshalber hat er die Leinen, Trossen und Festmacher nicht nur auf den Backbordklampen, sondern übers Deck auf alle fünf Klampen des Schiffes gelegt. Um sie zu entlasten, setzt er auch die Winschen im Cockpit ein, die sonst dazu dienen, die Segel dichter zu holen, und legt die Festmacher darüber.

„Þetta Reddast?“ Um Mitternacht kommt die Tide. Und mit ihr kommt der Sturm in Orkanstärke. Stahlplattform und Boot spielen nun Bungee miteinander: Während die Böen die X-TRIP um 30, 35 Grad zur Seite neigen und die Yacht kurz darauf in die Leinen einruckt, als würde sie an eine Betonwand geschleudert, holt die schwingende Plattform das Schiff im nächsten Moment gnadenlos wieder zu sich zurück, um gleich darauf mit ihr zu kollidieren. Dann wiederholt sich das Spiel von neuem. An Schlaf unter Deck ist nicht zu denken. An ein Gespräch auch nicht, der Lärm des Sturms, das Pfeifen des Riggs, die Wellen, die der Wind um und über die Plattform gegen die Bordwand schleudert, die Kakophonie der 1000 Dinge an Bord: All das verschluckt jedes Wort unter Deck. Antje hat einfach nur ihre Augen geschlossen. Sie versucht in ihrer Koje, irgendwie zur Ruhe zu kommen, ihre Packung Oropax hat sie längst bereitgelegt, um wenigstens dem Lärm zu entkommen, den der Orkan mit sich bringt, wenn sie schon dem wütenden Schleudern des Bootes nicht entgehen kann. Zum x-ten Mal in dieser Nacht streift sich Michael Ziese seine wollene Islandmütze über die Ohren und bindet sie fest. Dann schlüpft er in seine regennassen Stiefel, um draußen im Schein der Taschenlampe Festmacher und Klampen zu kontrollieren. Wenn er nur die heftigen Bootsbewegungen irgendwie mildern könnte.

Gegen Mitternacht reißt plötzlich eine der Trossen, mit denen die Plattform zum Land hin gesichert ist. Im Schein der Lampen erkennt der Skipper die gerissenen Fasern des armdicken Festmachers, die jetzt wie Mädchenhaar im Wind flattern. Die Bewegungen der Arbeitsplattform werden nun unerträglich, X-TRIP ist an sie gekettet, auf Gedeih und Verderb. „Was mache ich bloß, wenn die Klampen an Deck ausreißen?“, denkt sich Micha. Er weiß, er braucht einen Plan B, wenn sich das Schiff in der Gewalt des Sturms losreißen und aus dem Hafen hinaus auf See treiben sollte. Doch er hat keinen. Es gibt keinen Plan B mehr.

Etwas später ist plötzlich die Stromversorgung der X-TRIP zum Land unterbrochen. Als der Skipper ein weiteres Mal nach draußen geht und in der heftigen Bewegung die Plattform ableuchtet, entdeckt er das von den heftigen Bewegungen der Arbeitsplattform herausgerissene Stromkabel. Doch das ist jetzt seine geringste Sorge. Er muss damit rechnen, dass ein weiterer der Festmacher, die die Plattform am Ufer halten, bricht.

Um die brutalen Bewegungen irgendwie abzufedern und wenigstens die Kollisionen zu vermeiden, winscht er das Boot im Sturm so eng an die Plattform heran, wie es irgend geht. Er sorgt mit maximalem Zug dafür, dass Boot und Plattform sich wenigstens halbwegs gleichförmig in den Wellen verhalten.

Sonntagmorgen, 04:00 Uhr. Vom Nachlassen des Sturms ist wenig zu spüren, der Mittelwind bewegt sich noch immer um die 45 Knoten. Immer wieder ist der Skipper jetzt draußen. Kontrolliert. Holt Lose aus den Festmachern und spannt sie nach. Es dauert bis 07:00 Uhr, bis die beiden Segler spüren, dass die Bootsbewegungen weniger heftig werden und das Boot in den Böen jetzt nur noch um 20 Grad krängt. Um 10:00 Uhr weht der Sturm immer noch mit 30 Knoten. Während der nahegelegene Flughafen Vágar in der Nacht von Windstärken bis 72 Knoten berichtet, fragt der vollkommen übermüdete Skipper seine Lebensgefährtin: „Wollen wir an Deck frühstücken? Die Sonne kommt gleich raus."

Wenn man ihn heute fragt, was er in den Schrecken dieser Nacht am schlimmsten empfand, sagt Micha: „Wenn sich dein festes Ufer mit dir und deinem Schiff bewegt, ist das höllisch. Als die armdicken Festmacher rissen, hab ich mich so eng an die Plattform rangewinscht, dass das Boot ihre Bewegungen eng mitmachte. Da wurde es besser."

Eine weitere Erfahrung ist für Micha das Verhalten des Windes. „Die Windrichtung gibt dir zwar der Wetterbericht an. Aber das kann an deinem Platz ganz anders aussehen. Was die Topografie mit dem Wind anstellt, die flache Bucht mit dem Flachland des Flugplatzes davor, die Berge links und rechts des

Flugplatzes: Das kann keiner sagen. 40 Meter pro Sekunde, die wir in der Spitze gemessen haben, das war wirklich wild. Das sind 77 Knoten, wo doch die alte Beaufortskala über 65 Knoten und Windstärke 12 keinen Wert mehr nennt."

Antje hingegen hat die Stunden vor dem Sturm in schlimmer Erinnerung: „Ich bekam es mit der Angst zu tun, als wir feststellten: Es gibt keine Liegeplätze. Wir sind in der Mausefalle. Es gibt hier keine Liegeplätze auf Färöer. Es gibt keinen Hafenmeister. Nur eine Kommune. Die Leute bemühten sich sehr, einen Liegeplatz für uns zu finden. Sie haben praktisch ganz Färöer abtelefoniert. Aber alles war unmöglich. Da wurde es für uns innerlich ungemütlich."

Auch auf die Frage, was er in dieser Situation am meisten vermisste, hat Michael Ziese eine klare Antwort: „Wer auf die Färöer will, braucht vor allem gute Kugelfender. Nicht die Würstchen, die man von Booten in unseren Breiten kennt. Tage vorher hatten wir auf dem Schrotthaufen kaputte Fender gefunden, die waren alle angebohrt. Ich habe die Löcher mit Silikonpfropfen verfüllt, um sie dichtzukriegen. Es waren lange Würste, über einen Meter lang, drei Stück. In dieser Situation kann man nicht genug gute Fender an Bord haben. An Material hätte ich gerne noch mehr Festmacher. Vor allem längere. Schön lange Festmacher, auch für Springs. Man kann nie genug an Bord haben."

Antje antwortet auf die Frage, was sie beide richtig gemacht haben: „Wir sind unterschiedliche Planer. Micha lässt's auf sich zukommen. Und ist dann trotzdem vorbereitet. Er sagt: ‚Mal kucken, was kommt. Es muss immer einen Plan B geben.' Ich habe Urvertrauen zu Micha, weil er gefühlt zwölf Leben hat. Wenn man sechs Jahre Einhand unterwegs ist auf dem Meer, weiß man: Es gibt immer eine Lösung."

Für Micha steht fest: „Es ist nicht der erste und nicht der letzte Sturm für mich gewesen. Es gibt für so einen Fall keine

Literatur. Alles was du tun kannst, wenn du alles getan hast, ist: Regensachen parat legen. Weiter handeln. Weiter funktionieren. Leichtes Essen vorbereiten."

Nur eines weiß er, nachdem er die Menschen auf den Färöer kennengelernt hat: Er will bis zum nächsten Sommer bleiben. Bis dahin auf den Färöer als Fischer arbeiten. Das hat auch mit den Menschen auf den Inseln zu tun. „Die Färöer sind ganz erstaunt, dass wir hierbleiben. Dass wir nun sechs Wochen da sind und nach dem Sturm nicht einfach wieder gehen, das finden die toll. Es kommen jetzt ständig Leute an Bord, selbst der Pfarrer kommt. Hier gibt es viele Gespräche. Die Isländer erlebten wir zurückhaltend, schüchtern. Alle sind freundlich, wollen helfen."

Es ist Nacht geworden während unseres Telefonats. Nacht in meinem Hotelzimmer in Hamburg, von dem aus ich telefoniere. Und Nacht über den Färöer, wo Antje und Michael vor einem Café sitzen. Ihre Gesichter unter ihren Islandmützen leuchten auf meinem Handy in die Dunkelheit meines Hotelzimmers, während sie über ihre Pläne sprechen. Dann verabschieden sich die beiden. Ob doch was dran ist an der Weisheit der Isländer und der Menschen auf den Färöer?

„Þetta Reddast!" Es ist gut gegangen! Und doch ist die Quintessenz dieser Geschichte für mich eine andere: Es wird schon gut gehen – wenn man selber etwas tut. Man kann immer etwas tun. – Fast immer.

Saskia Kaden.
Nordsee. Vor der belgischen Küste.

Hand gegen Koje.

Saskia Kaden treffe ich auf der Messe *boot* in Düsseldorf. Wer sie sieht, kommt um den Satz „Mit der Frau kannst du Pferde stehlen“ nicht herum. Eine junge Frau im Hoodie mit krauser Mähne, die wohl schon im Alter von dreieinhalb Jahren ihren älteren Brüdern hinterher in jedes Abenteuer wackelte.

Aber Saskia Kaden hat keine Brüder, nur eine jüngere Schwester. Und das mit dem „Pferdestehlen“ ist nur die eine Seite der 37-jährigen. In ihrer Freizeit unternimmt sie Einhandtörns auf kleinen Booten. Vor drei Jahren segelte sie mit einem 7-Meter-Kajütboot via Amsterdam nach Texel. Im Sommer letzten Jahres erneut auf einem 7-Meter-Boot in Südfrankreich die 120 Seemeilen von Montpellier zur Île de Porquerolles. „Auf dem Törn habe ich etliche Höhenmeter zurückgelegt“, grinst sie, „ich hatte Mistral und ziemlich hohe Welle. Als es zu arg wurde, bin ich für zwei Tage in die

Rhone-Mündung nach Port Napoléon geflohen. Aber selbst danach musste ich weiter aufkreuzen. Anstrengend war, dass die *Etap 22* keinen Autopiloten besaß. Es war nicht drin, das Ruder auch nur für einen Moment allein zu lassen, um auf die Toilette zu gehen."

Segeln hatte sie bereits in der Grundschule gelernt, auf einem *Optimist*, später mit Freundinnen auf den masurischen Seen und mit ihrem Vater auf einem Adriatörn in Kroatien. Aber dann war anderes wichtiger. BWL-Studium in Wien, ein Job in Köln als Scrum-Master in der Softwareentwicklung. Als vor vier Jahren ihr Vater ganz plötzlich stirbt, gibt es einen Ruck in ihrem Leben. „Bis dahin hatte ich viel gearbeitet. Hatte mich verlobt. Nach dem Tod meines Vaters wusste ich plötzlich, ich muss mein Leben ändern."

Um unter Leute zu kommen und Menschen kennenzulernen, beschließt sie, Segelscheine zu machen. Am Unterbacher See in Düsseldorf segelt sie brav ihre Pflichtstunden für ihre ersten Segelscheine ab. Um Praxis zu bekommen, schaltet sie im Internet in der *Crewbörse Ijsselmeer* ein Inserat und bietet „Hand gegen Koje" an. Ein junger Mann meldet sich.

Tino ist 27, kommt aus Wien und lebt in Köln. Den Segelschein hat er und ein Boot auch, eine *Cometino 850*, ein nettes Kajütboot, das in den Niederlanden am Grevelingenmeer in Brouwershaven liegt, auf der nördlichsten Insel der Provinz Zeeland. Seine Freundin mag Kanäle, aber nicht das Meer. Weil Tino raus will aufs Meer, sucht er jemanden. Sein Plan: im September raus auf die Nordsee. Und rüber nach England.

In Köln lernen sie sich kennen. Tino ist jünger als Saskia, sein Boot hat er auch noch nicht lang. Als sie in Brouwershaven ablegen, müssen sie auf der *Cometino* erst den Motor ankurbeln, um ihn zu starten, weil der Starterknopf kaputt ist. Kaum draußen aus dem Hafen üben sie auch gleich ein erstes Mann-über-Bord-Manöver, weil Tino beim Einholen der Fender der linke Schlappen über Bord geht. „Das kann ja heiter werden“, denkt sich Saskia, „wenn‘s schon so fröhlich losgeht. Aber weil das Manöver unter Motor hervorragend klappt und der Skipper seinen Schlappen schnell aus den Wellen aufgefischt hat, ist sie beruhigt. Trotzdem beschleichen sie leise Zweifel „am Gesamtkunstwerk“. An Bord befinden sich lediglich Seekarten der niederländischen Küste und auf dem Smartphone nur eine elektronische Seekarte ohne alle Tiefenangaben.

Ihre erste Station ist der südlich gelegene Yachthafen in Colijnsplaat. Mit dem Stegnachbarn kommen sie über das Woher und Wohin ins Gespräch. Als der Skipper erfährt, dass die beiden ohne Karten Richtung England unterwegs sind, sich erbarmt und ihnen seinen gesamten Kartensatz überlässt, denkt sich Saskia, dass Segler doch ziemlich coole Leute sind.

Am nächsten Morgen hat der Wind auf West gedreht und aufgefrischt. Zwei Stunden nach dem Ablegen erreichen sie die westlich gelegene Roompotsluis, passieren die Noordlandbrug – und dann sind sie draußen auf See. Genauer gesagt: im seeseitigen Vorbecken der Schleuse.

Beim Versuch, gegen den Wind über das Vorbecken herauszukommen, erweist sich der 9-PS-Motor als nur bedingt hilfreich. An Aufkreuzen ist im engen Vorbecken nicht zu denken, und der auflandige Wind lässt kein Vorwärtskommen zu. Also bleiben die beiden im Vorbecken am Steg gegenüber der Seenotrettungsstation Neeltje Jans. Und verbringen eine unruhige Nacht im Schwell, in der die *Cometino* gegen den Steg schlägt, ein Fender aufgibt und mangels anderer Kurzweil der Alkohol der Zeit beim Verrinnen hilft.

Am Morgen ist der Himmel klar bei 3 bis 4 Beaufort, doch weil den Skipper ein veritabler Kater plagt, fliegt England von der Liste möglicher Destinationen. Vlissingen soll es jetzt sein, die weiter südlich gelegene Hafenstadt in der

Schelde-Mündung. Einmal unter Segeln auf der Nordsee um die Halbinsel Walcheren herum. Von dort soll es dann binnenwärts über die Kanäle wieder zurück gehen, soweit ist alles klar. Doch unterwegs stellen sie fest, dass der Kanal wegen Brückenarbeiten gesperrt ist. „Fahren wir doch einfach die Schelde aufwärts weiter. Und schauen wir uns halt gleich Antwerpen an", denken sie sich. Auf dem Fluss entdecken sie, dass die Schelde ein Strömungsgewässer ist, und Sandbänke gibt es auch reichlich. Kurz vor Antwerpen, auf dem Weg nach Osten, hat der Motor Aussetzer. Er stottert. Er zickt.

Weil ihnen zur Abhilfe nichts besseres einfällt, füllen die beiden Diesel aus dem Kanister nach. Mit stotterndem Motor schaffen sie es bis zur Großschleuse Beerendrecht, der Einfahrt in den Hafen von Antwerpen und den zurück nach Norden führenden Kanal. Sie hoffen, dass die Wärter sie zwischen all den Containerschiffen, Frachtern und Schleppern in die Großschifffahrtsschleuse reinlassen. Aber das erweist sich als Fehlanzeige. Stattdessen bieten die Schleusenwärter den beiden an, die Nacht im Nothafen am westlichen Ende der Doppelschleusen mit Blick auf Containerterminals und Rohöllager zu verbringen. Antwerpen mal anders!

Weil keiner von beiden Ahnung hat, was dem Motor fehlen könnte, hilft ein Freund des Schleusenwärters und kommt vorbei, erklärt den Seglern den Motor und diagnostiziert ein Entlüftungsproblem. Kaum ist die Luft raus, wo sie nicht hingehört, läuft der Motor auch wieder einwandfrei. Trotzdem beschließen die beiden, die Besichtigung Antwerpens im Nothafen vor der Schleuse stattfinden zu lassen und die Nacht dort zu verbringen. Die Hälfte ihres einwöchigen Urlaubs ist nun vorbei.

Der nächste Tag ist ein herrlicher Septembertag. Die Sonne scheint, soviel sie über Nothafen und Schleuse kann. Nur der Wind lässt sich nicht blicken. Kein Blatt fällt an diesem stillen Septembertag vom Baum. Weil der Kanal nach Norden gesperrt ist, schlagen die beiden den Weg zurück über die Schelde ein, auf dem sie gekommen sind, um noch am selben Tag in Vlissingen zu sein, und starten den Motor.

Dreieinhalb Stunden später geht mit einem Huster der Motor aus. Sie befinden sich irgendwo nördlich Terneuzen. Das Boot treibt nicht nur in der Strömung, sondern auch inmitten des Fahrwassers. Es fühlt sich an wie das Kamener Kreuz auf der A2. Der Skipper widmet sich derweil dem Motor. Als er die Tür zum Motorraum öffnet, dringt ihm rabenschwarzer Qualm entgegen. Aus einem Leck im Motor spritzt heißes Öl und bedeckt dessen Wände. Ein Blick reicht, um festzustellen, hier hat ein Motor sein irdisches Dasein beendet und alles Leben ausgehaucht.

Kein Motor. Kein Hauch Wind. Nur ein Boot, das in der Strömung zwischen den beiden Fahrwassern inmitten der Großschifffahrt treibt. Saskia Kaden spürt Hilflosigkeit in sich aufsteigen. Einen Moment ist sie paralysiert wie ein Reh inmitten gleißender Scheinwerfer auf einer Autobahn.

Dann reißen die beiden sich zusammen. „Ist das jetzt ein *Mayday*? Oder ein *Pan-Pan*?“, fragen sie sich. Ihnen wird klar, dass sie die Situation nicht mehr aus eigener Hilfe meistern werden. Tino setzt einen *Pan-Pan*-Notruf ab, Saskia dämmert, dass sie ihr Boot irgendwie im Fahrwasser als Manövrierunfähig kenntlich machen müssen und hisst einen großen roten Segelsack am Fockfall. „Irgendeiner wird schon merken, dass mit uns irgendwas nicht in Ordnung ist.“ Um das letzte Häuchlein Wind einzufangen und nicht auf der Sandbank zu landen, setzen sie die Genua. In der Aufregung denken sie erst jetzt daran.

Tino kommt mit dem *Pan-Pan*-Notruf nicht weiter. Keine Antwort. Vielleicht, weil die Schelde Binnenfunkbereich ist? Vielleicht, weil das Handfunkgerät nicht genügend Reichweite besitzt? Oder ist schlicht der falsche Kanal eingestellt? Jedenfalls kommt und kommt an diesem Nachmittag keine Antwort.

Auch die Telefonnummer des *KNRM*, des niederländischen Seenotrettungsdienstes, haben sie ebensowenig im Handy gespeichert wie die von *Bremen Rescue*. „Wir waren nicht mehr in der Lage, irgendwas im Internet ausfindig zu machen", berichtet die Seglerin über diese Momente. Sie tun, was die meisten Menschen in einem Notfall tun: Sie rufen erstmal zuhause an. Tinos Freundin sucht für sie die Telefonnummern raus und sendet diese per WhatsApp. Der Skipper ruft die *KNRM* an. Schildert den Notfall. Die *KNRM* sagt: „Wir kommen!"

„Uns fiel ein riesiger Stein vom Herzen. Wir waren euphorisch", sagt Saskia. Doch die Erleichterung hält nur Minuten an. Ihre Lage ist immer noch misslich. Knapp vorbeigleitende Containerschiffe und Sandbänke, ein hilfloses Treiben in der Strömung wie eine Fliege auf dem Wasser. Kaum ist die erste Euphorie weg, stellen sie fest: „Das ist ja immer noch doof!" Zumal sie im Telefonat auch nicht gefragt haben, wie lange die Retter brauchen werden.

Es vergeht eine gefühlte Ewigkeit, die in Wirklichkeit vielleicht nur 20 Minuten dauert, bis sich ein schwarzes Schlauchboot in auffälliger blau-weißer Deckshaus-Bemalung nähert. Drei Männer und eine Frau sind darauf, das Boot kommt längsseits, ein Mann steigt über und befestigt Schleppleinen. Die Frau spricht die beiden verstörten Segler an, bringt sie zum ersten Mal runter, indem sie ganz ruhig mit den beiden redet, sich nach ihrem Zustand erkundigt, während das Rettungsboot sie in den Hafen von Terneuzen schleppt.

Von ihrer Ankunft im Hafen von Terneuzen erinnert sich Saskia Kaden vor allem an die Menschen: an das Hafenkino auf der Pier bei der Ankunft, dessen Ursache sie sind, weil alle angelaufen kommen, um zu helfen. An ihr Telefonat mit dem Hafenmeister. An den Mechaniker der Werft, der ihnen nach einem Blick in den Motorraum bestätigt, dass der Motor tatsächlich tot ist. Und an die Frau am Stand, die ihnen in der

Stadt ein holländisches Frikandel-Spezial mit Currysauce und Zwiebeln und ein Bier hinstellt. Und sie denkt daran, dass der nächste Tag richtig teuer werden würde, weil die Werft für 15 Minuten Abschleppen über eine halbe Seemeile vom Meldesteiger zum Liegeplatz 350 Euro verlangen wird. Als ich Saskia frage, warum sie danach nicht mit dem Segeln aufhörte, antwortet sie: „Es war ja alles ok. Keiner ist zu Schaden gekommen. Ich habe nie um mein Leben gebangt. Es war strahlender Sonnenschein. Es ging nur darum, nicht auf die Sandbank aufzulaufen oder einem Frachter in die Quere zu kommen."

Was sich für sie geändert hat? „Heute kucke ich als erstes nach dem Kühlwasser. Mir wurde das nach dem Törn klar: Wir haben nicht nach dem Kühlwasser geschaut. Ich war neu als Seglerin. Und Tino war neu als Eigner. Wir hätten uns natürlich besser vorbereiten müssen. Wir wussten nicht, dass das Revier ein Binnenfunkbereich ist. Und dass wir nach England wollten und nicht mal Karten dabei hatten, geht gar nicht.

Was aber für jeden gilt, der auf einem Boot unterwegs ist, ob erfahren oder Neuling auf dem Wasser: ‚Sei dir deiner Möglichkeiten bewusst! Du kannst immer etwas tun!' Wir? Hätten einfach nur den Anker fallen lassen müssen. Aber daran dachten wir im Stress mit dem qualmenden Motor nicht. Ich habe viel gelernt auf diesem Törn. Vielleicht hat auch erst dieses Erlebnis den Wunsch geweckt, als Einhandseglerin unterwegs zu sein."

Was Saskia für Pläne für ihre Zukunft hat? Da wird die Frau, mit der man Pferde stehlen kann, für einen kurzen Moment ernst. „Ich habe zu viele Menschen in jungen Jahren sterben sehen. Mein Plan ist: In vier Jahren möchte ich mich mit 40 selbstständig machen. Und dann ein halbes Jahr arbeiten. Ein halbes Jahr segeln. Ich weiß, ich muss das mit 40 Jahren machen. Und meine Weltumsegelung jetzt angehen."

Antke Reemts
Fachinterview.

Die Arbeit der Seenotretter.

Antke Reemts besuche ich an einem grauen Oktobernachmittag in der DGzRS-Zentrale in Bremen. Wäre nicht der Blick aus dem 3. Stock hinaus auf die träge strömende Weser und die Bremer Altstadt am anderen Ufer, dann unterschiede sich dieses schmale Büro von keinem anderen der Welt.

Ein Monitor. Ein graues Telefon. Papiere auf dem Tisch. Nur der unter ihrem Fenster in der hauseigenen Werft liegende Seenotrettungskreuzer EUGEN erinnert daran, dass Antke Reemts Tätigkeit anders ist als die meisten anderen Jobs, bei denen man an einem Schreibtisch vor einem Computer sitzt. Ihre Arbeit dreht sich um die Rettung von Menschen in Seenot. Sie ist Sprecherin der *DGzRS*, der Deutschen Gesellschaft zur Rettung Schiffbrüchiger. Über ihren Schreibtisch laufen die Meldungen über jeden der über 2000 Einsätze, die die 1000 Frauen und Männer der Seenotretter 2019 leisteten.

Thomas Käsbohrer: Frau Reemts, waren Sie selbst schon einmal in Seenot?

Antke Reemts (denkt kurz nach): Oh ja. Ich bin in der Nähe von Norddeich am Wattenmeer aufgewachsen. Schon als Studentin mit Anfang 20 war ich häufig segeln mit einer *Dehler Sprinta*, einem 7-Meter-Kajütsegler mit immerhin 1,10 Meter Tiefgang. Eines Nachmittags haben wir nicht aufgepasst und sind bei der Ansteuerung vor Langeoog auf eine Sandbank aufgelaufen.

Das ist ja fast wie die Geschichte von Krinka Bauer im Seegatt vor Norderney?

Antke Reemts: Das stimmt. Die Seegatten – in diesem Fall die Accumer Ee zwischen Baltrum und Langeoog – sind anspruchsvoll. Die verzeihen es einem nicht, wenn man unaufmerksam ist. Es war am Nachmittag und eine Stunde vor ablaufendem Wasser. Wir hatten leichten Nordwest und mit jeder Welle hämmerte unser Boot auf den harten Sand. Wir saßen einfach fest.

Haben Sie damals denn genauso wie Krinka und Frits Bauer die Seenotretter gerufen?

Antke Reemts: Das haben wir eben nicht. Handy gab es ja noch nicht, aber über Funk hätten wir Hilfe rufen können. Bis 1999 hatte noch Norddeich Radio die UKW-Hörwache. Hinterher war uns klar: Das haben wir nicht richtig gemacht! Wir hätten die Seenotretter rufen sollen.

Zum Glück hat der Kiel gehalten. Es war eine Stunde vor ablaufendem Wasser. Unsere *Sprinta* ist erst mit dem auflaufenden Wasser wieder freigekommen. Das waren lange Stunden.

Was haben Sie damals als Seglerin nicht richtig gemacht?

Antke Reemts: Wir haben die Gefahr nicht richtig eingeschätzt. Der Seegang war moderat, aber wir hätten sehr leicht einen Wassereinbruch haben können. Wir haben nicht genau genug auf die Seekarte gesehen, wir hätten das Wasser besser beobachten müssen, vor allem aber war es leichtsinnig, kurz vor Niedrigwasser so dicht unter den Inseln zu sein. Wir haben daraus gelernt. Das ist uns nie wieder passiert.

Wann ist denn aus ihrer heutigen Sicht der beste Zeitpunkt, um die Seenotretter zu rufen?

Antke Reemts: Ganz klar: In dem Moment, in dem man darüber nachdenkt, *ob* man die Seenotretter rufen soll.

Ich hätte in einem weniger bedrohlichen Fall die Sorge, was mein Anruf in der DGzRS-Zentrale alles in Bewegung setzt. Die ganze Maschinerie von Menschen und Booten ...

Antke Reemts: Ein Anruf über Funk oder Handy bedeutet ja nicht, dass sofort drei Seenotrettungskreuzer auslaufen. Aber man hat schon mal die Daten übergeben. Mitgeteilt, was los ist. Wieviele Personen an Bord sind. Worum es geht. Man hat sich in Ruhe darauf vorbereitet. Und wenn man dann später durchgibt: „Wir haben das selber mit Bordmitteln hingekriegt", ist das vollkommen in Ordnung. Mit Komplikationen verbunden sind Fälle, bei denen Menschen zu spät anrufen. Wenn eine Notlage gegeben ist, man sich aber erst meldet, wenn daraus ein handfester Seenotfall geworden ist. Das macht einen Einsatz oft sehr viel komplexer. Eine frühe Alarmierung kann ein Unglück oft sogar verhindern.

Was war los 2019 bei Ihnen auf Nord- und Ostsee?

Antke Reemts: Von den Unfallzahlen her war 2019 ähnlich wie 2018 und damit glücklicherweise ein durchschnittliches

Jahr. Richtig große Ausreißer gab es nicht. Wir hatten auf unseren 20 Seenotrettungskreuzern und den 40 Seenotrettungsbooten insgesamt etwa 2100 Einsätze.

Etwa 50 Prozent entfielen auf die Berufsschifffahrt und Krankentransporte von Inseln, Halligen oder Schiffen. Immerhin 50 Prozent der Einsätze kommen aus dem Wassersport.

Das sind über 1000 Einsätze im Freizeitbereich? Was sind die Ursachen im Wassersport?

Antke Reemts: In den etwa 25 Geschichten Ihres Buches spielt ja mindestens fünf Mal die Grundberührung eine Rolle. Das ist auch bei uns die häufigste Ursache, warum Seenotretter gerufen werden. Zweithäufigste Ursache sind Maschinenschäden, diese treten vor allem im Frühjahr auf, oft auch weil Maschinen nicht ausreichend gewartet werden, zum Beispiel Filter verstopft sind.

Maschinenschaden wie in der vorangegangenen Geschichte von Saskia Kaden. Oder bei Michael Johanssen?

Antke Reemts: Ja. Verstopfte Filter sind tatsächlich für uns ein Thema. In fast 200 Fällen war auch Manövrierunfähigkeit der Auslöser für den Notruf. Da reicht schon eine Leine, die sich jemand in den Propeller gezogen hat. Die Seenotretter konnten sehr vielen Menschen helfen. Dabei waren auch über 50 Menschen, die unmittelbar aus Lebensgefahr – also Seenot – gerettet werden mussten.

Yachtversicherer sagen ja, dass über 60 Prozent aller gemeldeten Schadensfälle Grundberührungen sind. Das stille Gebet des Skippers „Beschütz Du mich vor der See, beschütz ich Dich vor dem Land“, gilt immer noch ...

Antke Reemts: Elektronische Hilfsmittel wie Autopilot und Kartenplotter sind großartige Hilfsmittel, aber um Grundberührungen zu vermeiden, kann man sich nicht ausschließlich auf die Technik verlassen.

Auch dafür ist Ihre Geschichte im Seegatt von Norderney ein gutes Beispiel. Die jüngste Aktualisierung war zum Zeitpunkt der Erlebnisse von Krinka Bauer eingespielt. Dennoch gab es Änderungen im Revier.

Ausschlaggebend für die deutschen Seegebiete sind die „Bekanntmachungen für Seefahrer“ des BSH, die auf deren Website abgerufen werden können. Auch der Anruf beim Hafenmeister kann schon viel bringen.

Aber gerade in den Seegatten kann sich nach einem Sturm ein Fahrwasser verlegen. Die Seenotretter machen regelmäßig genau deshalb Kontrollfahrten im Revier. Sie sind im Seenotfall oft darauf angewiesen, eine Abkürzung zu nehmen. Sie wollen wissen, bei welchem Wasserstand sie wo durchschlüpfen können.

Weist die DGzRS-Statistik Zahlen aus, bei denen Seenotfälle auf den Einsatz elektronischer Seekarten zurückgehen?

Antke Reemts: So genau können wir das nicht aufschlüsseln. Die Ursache eines Seenotfalls spielt für die Seenotretter nicht wirklich eine Rolle. Viele Wassersportler bereiten ihre Törns exzellent vor. Aber es gibt eben auch jene, die im Menü des Kartenplotters nicht mehr zurückfinden, wenn sie ihn versehentlich verstellt haben.

Ostsee oder Nordsee: Können Sie sagen, wo mehr schiefgeht?

Antke Reemts: Das lässt sich kaum vergleichen. Generell kann man sagen, dass die Nordsee als Tidengewässer ein sehr anspruchsvolles Revier ist. Hier sind deutlich weniger Charterer unterwegs – im Gegensatz zur Ostsee. Manch ein Inselhafen ist für den Tiefgang einer hochseefähigen Yacht gar nicht geeignet.

Was die elektronischen Übertragungswege angeht, haben die Alarmierungen über das Handy deutlich zugenommen. Die Handyanrufe kommen über unsere eigene Nummer hier in der Seenotleitung Bremen rein, gelegentlich auch über Landrettungsstellen.

Entspringt das nicht unseren Lebensgewohnheiten? Unser Handy benutzen wir im Viertelstundentakt. Das Funkgerät halbjährlich. Gibt es Gründe, trotz Handy immer das Funkgerät mitlaufen zu lassen?

Antke Reemts: Die Tendenz, auf See den Funk nicht anzuschalten, weil man denkt, alles übers Handy regeln zu können, hat tatsächlich Konsequenzen. Sicherheitsmeldungen werden nicht gehört. Vom Seenotfall in der Nähe, wo ich vielleicht hätte helfen können, bekomme ich nichts mit. *Bremen Rescue Radio*, die Seenotküstenfunkstelle in der Seenotleitung, sendet *Mayday-Relay.* Ohne Funk höre ich das alles nicht. Oft bittet die Seenotleitung auch ganz gezielt um Unterstützung, gelegentlich sogar Wassersportler.

Passiert das häufiger?

Antke Reemts: Wir hatten kürzlich eine Meldung vom Ufer der Peene. Ein Schwimmer hing hilflos an einer Fahrwassertonne. Die Wachleiter in Bremen sahen über AIS, dass sich eine Segelyacht in unmittelbarer Nähe befand. Die Seenotleitung funkte die Segelyacht in der Nähe an und sprach sie mit Namen an. „Die können doch nicht uns meinen?“, dachte sich die Besatzung zuerst, doch dann konnten sie tatsächlich einen 17-jährigen Jungen aus Lebensgefahr retten. Er klammerte sich an der Tonne fest, die er zu fassen bekommen hatte, nachdem er beim Schwimmen den gesicherten Badebereich verlassen hatte und von der Strömung abgetrieben worden war.

Unsere Seenotleitung setzt die umliegende Seeschifffahrt mit ein, weil sich ja oft andere Fahrzeuge näher am Einsatzort befinden als unsere eigenen. Das war auch so bei dem Absturz eines Sportflugzeus in der Flensburger Förde, bei dem Bootsbesatzungen an der Suche beteiligt wurden.

Die Hilfe nahegelegener Schiffe in einem Seenotfall ist nichts Neues und eher die klassische Form der Rettung auf See. Zwei Ihrer Geschichten im Buch erzählen ja auch davon, wie Frachter im Atlantik Segler von ihren havarierten Booten abbergen. Oft ist das der einzige und, wie im Fall des jugendlichen Schwimmers, auch der schnellste Weg, ein Leben zu retten.

Sich ausschließlich auf Smartphones zu verlassen, ist also zweischneidig. Es sind mögliche Gefahrenquellen, weil ihr allzu selbstverständlicher Einsatz Risiken birgt. Aber andererseits helfen sie Leben retten?

Antke Reemts: Nehmen wir unsere App *SafeTrx*. Mittlerweile nutzen sie über 20.000 User, ein großer Teil der Wassersportler arbeitet aktiv und regelmäßig damit. Via *SafeTrx* haben sie ihre Daten für den Notfall bei uns hinterlegt und sorgen via Track-Aufzeichnung der App dafür, dass wir im Ernstfall möglichst schnell Hilfe zum richtigen Punkt bringen. Viele Wassersportler sind küstennah unterwegs – die mobile Abdeckung muss natürlich gegeben sein.

Funktioniert die Seenotretter-App auch im Ausland, beispielsweise auf einem Chartertörn?

Antke Reemts: Die Wachleiter in der Seenotleitung sehen auf der Monitoring-Konsole auch die User, die sich außerhalb unseres Einsatzgebiets tracken lassen. Ein Notruf aus der App landet bei der Seenotleitung in Bremen, es sei denn, im entsprechenden Land wird *SafeTrx* ebenfalls verwendet – dann wird der Notruf auf das lokale *MRCC* (*M*arine *R*escue *C*o-ordination *C*entre) umgeleitet. *SafeTrx* hat sogar schon dabei geholfen, Fehlalarmierungen aufzuklären.

Wie das denn?

Antke Reemts: Uns erreichte ein *COSPAS/SARSAT*-Alarm, also der Alarm des internationalen satellitengestützten Rettungssystems zur Lokalisierung von Notfunkbaken. Die Position lag an Land in Thailand. Der 24-Stunden-Kontakt war nicht erreichbar. Schließlich kamen unsere Wachleiter auf die Idee, die *MMSI* (die weltweit gültige Rufnummer zur Kennzeichnung einer Seefunkstelle) auch in der *SafeTrx*-Datenbank zu suchen und sie wurden fündig.

Kurz darauf erreichten sie den Besitzer am Handy. Er stand neben seiner Yacht auf einer Werft in Thailand. Dass die Epirb versehentlich ausgelöst worden war, hatte er noch gar nicht bemerkt.

Solche Satellitenalarme sind sehr häufig Fehlalarme. Die Berufsschifffahrt ab einer bestimmten Größe ist ausrüstungspflichtig. Jeder Alarm wird nachverfolgt, bis die Sicherheit des Senders zuverlässig feststeht. Der Kontakt wird oft über den in der Datenbank angegebenen 24-Stunden-Kontakt hergestellt oder direkt über die Reederei. Wir sprechen dann mit dem Schiff, um sicher zu gehen, dass wirklich kein Seenotfall vorliegt. Manchmal passiert es auch, dass ein Schiff verkauft wird, die *Epirb* – also die Notfunkbake – ist aber nicht umgemeldet. Oder sie liegt im Schrott, aber die Batterie wurde nicht entfernt. Das verursacht sehr viel Arbeit.

Gibt es denn weitere Dinge, die die Arbeit der Seenotretter erschweren?

Antke Reemts: Viel Aufwand entsteht, wenn jemand erst sehr spät als überfällig gemeldet wird. Wollte jemand um

18:00 Uhr zurück sein und wir erhalten den Anruf in der Seenotleitung erst um 22:00 Uhr, dann ist das Suchgebiet exponentiell größer als Stunden zuvor. Ein überfälliges Boot ist noch kein Notfall, kann aber ein Notfall sein. Oder einer werden. Die Recherchen in so einem Fall sind aufwendig. Die Angabe „Das Auto meines Mannes steht mit Anhänger in Mecklenburg-Vorpommern“ ist ganz schwierig zu überprüfen und als Ausgangspunkt für einen möglichen Seenotfall eine Herausforderung.

Das ist bei Schiffen mit Seefunkstelle leichter. Wenn die Wachleiter Glück haben, meldet sich jemand über Funk ganz schnell.

Gibt es weitere No-Gos?

Antke Reemts: Kitesegel, wenn sie herrenlos gefunden werden. Ist da noch jemand im Wasser oder gar in Lebensgefahr? Wir bieten abziehbare Aufkleber für Kitesegel und Board an, um darauf eine Telefonnummer einzutragen. Sonst werden daraus aufwendige Suchen, bis wir sicher sind, dass wirklich niemand im Wasser ist. Wir sind auch dankbar dafür, wenn ein Kitesegler sich vorsorglich bei uns meldet mit der Mitteilung: „Mein pinkfarbenes Segel ist um 17:00 Uhr abgetrieben.“ Das erspart uns unnötige Einsätze.

Die Seenotretter spüren die Fun- und Freizeitgesellschaft?

Antke Reemts: Manchmal schon: Da wird ein vermeintlich abtreibender Schwimmer gesichtet, dann ist es aber ein Luftballon-Einhorn oder ein Badetier. Das kommt jedes Jahr einige Male vor.

Sind die Deutschen Rettungswestenmuffel?

Antke Reemts: Generell ist das mit dem Tragen der Rettungsweste deutlich besser geworden. Wenn jemand mit Rettungsweste über Bord geht, sind die Chancen deutlich besser, gefunden zu werden. Vor allem, weil man einen Kopf im Wasser schlicht nicht sieht. Eine Rettungsweste ist gut sichtbar – ein Mensch ohne nicht.

Man sollte sich auch immer klar machen, wie schwer es ist, jemanden wieder an Bord zu holen.

Sie arbeiten als Frau in einer echten Männerwelt. Wieviele von ihren 1000 Rettern sind Retterinnen?

Antke Reemts: Derzeit arbeiten ungefähr 50 Frauen als freiwillige Seenotretterinnen auf unseren Stationen.

Vielen Dank für das Gespräch. Und die Unterstützung der DGzRS für unser Buchprojekt.

Antke Reemts: Man kann aus den Geschichten, die andere erlebt haben, sehr viel lernen. Man muß wirklich nicht jeden Fehler selber machen. Außerdem kann es sehr sinnvoll sein, sich auf Zwischenfälle an Bord mental vorzubereiten, die Situation im Kopf durchzugehen: Wie könnte ich in einer solchen Situation handeln? Habe ich Ersatz an Bord? Wie schnell komme ich an mein Notruder? Und so weiter und so weiter. Es ist Teil guter Seemannschaft, auch auf die Situationen vorbereitet zu sein, die unplanmäßig verlaufen.

Nicht jede Notsituation lässt sich vermeiden. Aber es ist gut, wenn sie sich bewältigen lässt, ohne dass dabei jemand zu Schaden kommt.

Mathias Müller von Blumencron
Atlantik. Zwischen Neufundland und Azoren.

Der Wal.

Vielleicht sind es die Vorbilder, die ein Mensch sich setzt, die vieles über ihn verraten. Mathias Müller von Blumencron treffe ich an einem nieselnden Novemberabend in einem Hotel nahe des Berliner Hauptbahnhofs. Die letzten Herbsttouristen hängen neben verfrühten Nachtschwärmern an der Bar, als wir in der dämmrigen Lobby Platz nehmen.

Darf man jemanden wie ihn alles fragen, dessen Lebenslauf als Chefredakteur sich wie das Who's Who aller wichtigen deutschen Print- und Onlinemedien liest? Einen, der in seinen knappen Urlaubswochen nichts lieber tut, als mit einer Crew ähnlich Verrückter auf einem bügelbrettähnlichen 12-Meter-Rennboot in Bestzeit über den Atlantik zu knallen und nebenbei noch Regattatrophäen einzuheimsen? Man kann. Und spätestens seine Antwort, was und wer ihn seglerisch wirklich prägte, beamt mich für einen Abend raus

aus dem regnerischen Berlin. Raus aus der leeren Lobby. Raus auf den Atlantik, wo er mit seiner Crew während eines Rennens mit einem Wal kollidierte. Und ins Hamburg vor 50 Jahren, raus auf die Elbe, auf der er mit seinem Vater segeln lernte.

„Meine ersten journalistischen Geschichten entstanden aus dem Segeln heraus. Auf dem Wasser zu sein, über den Ozean zu jagen, ist ein intensiver Teil meines Lebens. Ich habe Segeln gelernt, als ich ein Kind war. Wir hatten einen *Schwertzugvogel*, mit dem wir die Elbe runter und wieder raufgekreuzt sind, jedes Wochenende. Gelegentlich sind wir gekentert. (Lacht.) Mein Vater hat früher *Kutter* gesegelt und hatte die Tendenz, jedes mal mit viel zu großen Segeln rauszufahren. Er hatte immer zu viel drauf, so dachte ich zumindest. Als ich 15 war, hatte mein Vater den Eindruck, dass ich keine Lust mehr hätte, so viel mit ihm zu segeln.

Da hat er mir die Pinne in die Hand gedrückt: ‚Hier. Nimm du das!' Von da an bin ich mit Freunden los, wir haben viele abenteuerliche Sachen gemacht. Wir waren so eine Gang, die jeden Nachmittag auf der Elbe unterwegs war, wir haben trainiert für irgendwelche Regatten. Und haben viele, viele Touren unternommen. Die Elbe runter, durchs Wattenmeer. Das war verdammt schön. Aber wir haben die Kiste nicht mehr umgeschmissen. Nur einmal. In einer Gewitterböe.

Als Segler haben mich vor allem meine Jahre in der Jolle beeinflusst. Die Elbe war unser Revier, unser Leben – ein Leben auf dem großen Strom. Deshalb haben wir auch gegen Atomkraftwerke demonstriert, waren natürlich in Brokdorf, das war wie im Bürgerkrieg. Wachstum und Industrie waren uns zuwider, das waren für uns Attacken auf die Natur, unseren ureigenen Lebensraum. Wir lasen Joseph Conrad, Moitessier, Patrick van God und die ganzen Verrückten, die die Wahrheit auf dem Ozean und in fernen Welten suchten.

Deswegen mussten wir auch Ost- und Nordsee erobern. Mein Vater hatte sich nach dem *Zugvogel* ein eigenes Dickschiff gekauft. Eine *Hanseat 70*, damals ein schickes Schiff über 10 Meter Länge. Wir haben damit große Touren unternommen. Nach Norwegen. Rund um Schottland. Caledonian Channel. Hebriden. Alles. Zuerst mit der Familie. Dann mit meiner Jollen-Gang: Die Eltern eines meiner besten Freunde hatten ebenfalls eine *Hanseat 70*, die sie uns für einen Sommertörn liehen. Vier Studenten, alle 21. Und Eltern, die sagten: ‚Fahrt los!'

Wir waren alle fanatische Segler, Regatten waren unser Alltag und zur Abwechslung hatte jeder von uns schon Tausende Meilen auf irgendwelchen Dickschiffen im Kielwasser. Gleich auf dieser ersten Tour ging es zum Nordkap. Auf dem Rückweg wollten wir von den Lofoten zu den Färöer, dann rund Irland zurück nach Hamburg. Wir hatten zwei Monate Zeit.

300 Seemeilen südwestlich der Lofoten brach der Mast. Das Rigg kam runter, an einem der Unterwanten hatte eine schadhafte Verpressung aufgegeben, und plötzlich knallte bei rauer See die ganze Takelage seitlich ins Wasser. Es waren 180 Seemeilen bis zur nächsten Küste nach Norwegen.

Was tun? Wir haben Leinen und Segel aus dem Wasser gezogen und dann mit dem Bolzenschneider die Stagen gekappt, um möglichst schnell den gebrochenen Mast loszuwerden. Aus dem Spibaum haben wir uns dann ein Notrigg gebaut und kamen mit unserem Boot tatsächlich bis zu einem Fischernest in der Nähe von Trondheim.

Und wie jetzt weiter? Nach Hause waren es noch 1200 Seemeilen, 2000 Kilometer. Mit dem Spibaum als Mast kamen wir nicht so richtig voran, der war zu niedrig. Ein Fischer sagte: ‚Kommt mal mit!', führte uns in seine Hütte und deutete zur Decke. Da hing ein Telegrafenmast aus Holz. ‚Den könnt ihr haben.'

Wir haben das Ding gegen zwei Flaschen Rotwein getauscht. Dann haben wir den Stamm zwei Tage lang so geschäftet und bearbeitet, drei Jungs und meine damalige Freundin, bis daraus ein vernünftiger Mast geworden war. Wir sind dann durch Inseln und an den Fjorden vorbei in einem Monat wieder nach Hause gesegelt.

Im Skagerrak hatten wir ordentlich Wind von achtern, fuhren sogar mal 8 Knoten. Der Vater meines Freundes war glücklich, als er sein Schiff wiedersah. Wir hatten mit dem Schlimmsten gerechnet, aber er sagte nur: ‚Toll gemacht. Ihr könnt wieder los!' Im nächsten Jahr sind wir dann nach Spitzbergen, an den Rand der Arktis, an die eisige Grenze der befahrbaren Gewässer. Das war einer meiner faszinierendsten Trips überhaupt."

Ob er damals nicht Angst empfand? Mathias Müller von Blumencron schmunzelt. „Ehrlich gesagt, war das wie bei dieser Wal-Geschichte im letzten Jahr. Wir merkten rasch, dass da nichts wirklich Bedrohliches war. Die große Gefahr bei einem runter gekommenen Rigg ist ja, dass der Mast bei starker Welle den Bootsrumpf durchschlägt. Man muss schnell das Rigg kappen, was wir auch taten. Keiner war in Lebensgefahr, keiner hatte sich verletzt."

Sein heutiges Boot ist anders als andere Boote. Seine RED ist eine *Class 40*, ein flacher federleichter Renner von 12 Metern Länge und 3 Metern Tiefgang. Gebaut, um mit kleiner Crew in Transatlantikrennen zu bestehen, an dem Mathias Müller von Blumencron mit seiner Crew teilnahm, allesamt hochprofessionelle Segler. „In diesen Regatten fahren wir auf für normale Mannschaften eher haarsträubende Art und Weise übers Meer", erzählt er. „Selbst für Leute, die mit Extremen vertraut sind, ist die *Class 40* radikal. Aber man entwickelt da so seine Sicherheit. Man kommt einfach raus an Deck. Es ist dunkel, die Gischt fliegt einem ins Gesicht. Das Schiff rast

Riesenwellen herunter. Und dann macht man eben einfach so seine Arbeit."

Doch manchmal geht es bei einem Rennen wie diesem nicht nur um Geschwindigkeit und Pokale, wie die nachfolgende Geschichte zeigt. Die Begegnung mit einem Wal mitten auf dem Atlantik wird für Mathias Müller von Blumencron zu einem Moment, in dem ein Segler auf dem Meer zu sich kommt. Und beschreibt, was Segeln selbst in Momenten der Gefahr wirklich ist. Nur wenige Texte können die Intensität des Segelns besser beschreiben als die vom Skipper selbst auf Englisch verfassten schlichten Blogeinträge, die ich mit dessen freundlicher Genehmigung aus dem Englischen für dieses Buch übersetzt habe.

8. Juli 2018.

Als eines von zwei Dutzend Schiffen verlässt die RED Bermuda. 3292 Seemeilen liegen vor uns. 6000 Kilometer bis Hamburg, die wir in drei, besser zwei Wochen zurücklegen wollen. Die Wettervorhersage ist nicht ohne. Ein tropisches Sturmtief mit Namen *Chris* läuft hinter uns her. Wenn es dumm kommt, überholt *Chris* uns mitten auf dem Atlantik, mit orkanartigen Windgeschwindigkeiten nahe seinem Zentrum. *Chris* kann unsere Reise ungeheuer beschleunigen, wenn wir es schaffen, uns geschickt in seinem östlichen und später südlichen Sektor zu halten. Doch wehe, wenn wir *Chris* zu nahe kommen. Dann wird er zeigen, dass er um so vieles stärker ist als wir.

10. Juli 2018.

Der erste Tag auf See ist nie der glücklichste. Du fühlst die Seekrankheit in dir aufsteigen. Du trauerst dem Landleben nach. Den Menschen. Den Farben. Den Geräuschen. All den Gerüchen. Stattdessen bist du auf dem Boot – dieser leeren Höhle, die in den Wellen auf und ab hüpft. In der du dich nirgendwo hinbewegen kannst, ohne dich gut festzuhalten. Du zwingst dich zu essen, dein Magen hat ganz anderes im Sinn. Nachts raus aufs Vordeck zu müssen, ist zu Anfang immer gewöhnungsbedürftig, während RED mit 17 Knoten die Wellen hinunter rauscht.

400 Seemeilen in 30 Stunden – der Kartenplotter sagt, dass wir in acht Tagen Land's End vor uns haben werden. Aber an derlei Hochrechnungen glaube ich nicht. Das Leben auf dem Meer hält sich nicht an Vorhersagen oder Erwartungen.

Gerade kam die Nachricht rein, dass die RAMBLER das Rennen aufgeben muss. Ich hoffe, sie schafft es zur US-Küste, bevor *Chris* auftaucht. *Chris* wird uns definitiv jagen, auch wenn seit heute klar ist, dass er nach Neufundland hinaufziehen und dort über dem kalten Meer viel von seiner Kraft einbüßen wird. Solange wir *Chris* nicht zu nahe kommen und er auf seinem weiteren Weg zwischen „Trumpwater" und Irland nicht cholerisch wird, werden wir gut mit *Chris* zurechtkommen. Statt *Chris* machen uns all diese unbekannten Objekte nervös, die da draußen herumschwimmen und fürs Ausscheiden der RAMBLER verantwortlich sind.

Das ist nichts Neues. Aber wir können solche schwimmenden Hindernisse vor uns kaum ausmachen, vor allem nachts nicht. Es können Wale sein oder ein Mondfisch, groß wie ein Fass. Schildkröten. Baumstämme. Alle Arten treibenden Mülls, der vor allem für ein Boot mit Doppelruder gefährlich werden kann. Einem Boot wie unserer RED. So gut ein Boot mit Doppelruder zu steuern ist, die Schwachstelle ist, dass die Ruderblätter nicht vom davorliegenden Kiel geschützt werden. Selbst harmlose Zeitgenossen wie Schildkröten oder Mondfische können unser Ruder schwer beschädigen. Es hilft nur Daumen drücken, dass so etwas nicht passiert. Daumen drücken für uns. Und für all die faszinierenden Geschöpfe, die da unter der Oberfläche dieses wunderbaren Ozeans leben.

So langsam gewöhnen wir uns ans Bordleben. Wir fliegen unter unserem A6 dahin, dem schweren Spinnaker, in Spitzen mit 20 Knoten, knapp 40 Stundenkilometer schnell. Auf Trab halten uns nur die Squalls, die typischen Regenschauer, die mit heftigen Böen einhergehen, wenn wir einer der schwarzen Wolken zu nahe kommen. Verflossen sind die Sonnentage auf Bermuda, es ist regnerisch und grau. Ich fürchte, davon werden wir noch viel mitbekommen auf dieser Überfahrt.

12. Juli 2018.

Was für ein Mist! Hab ich's nicht geahnt, dass der Ozean voller Überraschungen steckt? Jedenfalls bekamen wir heute unsere Dosis ab. Es war nur ein metallisches Klicken am Heck. Ein Laut, der nicht auf die RED gehört. Plötzlich baumelte das linke Steuerruder lose vom Heck. Eine der beiden stählernen Halterungen, die das schwere Ruder am Rumpf halten, hat sich gelöst. In Situationen wie dieser funktioniere ich ohne nachzudenken: Speed rausnehmen. Spinnaker runterholen. Dann das Großsegel bergen.

Als die RED in den Wellen treibt, versuchen wir, unser loses Ruder an der Ruderwelle zu sichern und an Bord zu wuchten. Zum Glück ist es halbwegs ruhig, doch die ein Meter hohen Wellen lassen uns immer noch heftig schaukeln. Irgendwie schaffen wir vier es, zunächst das Ruder aus der Halterung zu ziehen, ohne dass es unseren Händen entgleitet und ins Wasser fällt, dann das Biest erst an Deck zu hieven und später unter Deck zu schaffen. Wir besehen uns den Schaden. Die niemals endenden Bewegungen von Boot und Ruder haben es geschafft, den vier massiven 10-Millimeter-Stahlbolzen einfach die Köpfe abzuscheren. Gestern Abend hörten wir einen Gegenstand an der Bordwand entlang treiben, er hat den bereits angenagten fingerdicken Bolzen wohl den Rest gegeben.

Eine Überraschung ist das nicht. Die RED hat jetzt fünf Atlantiküberquerungen hinter sich. Allein drei mit dem Voreigner, zwei mit mir. Eigentlich hätte ich es sehen müssen. Ich bin der Eigner.

Und jetzt? Wie das jetzt reparieren, auf See, ohne entsprechende Ersatzteile an Bord? Wir suchen das ganze Boot ab. Solche Bolzen sind auch an den Wanten der RED verbaut – keine gute Idee, da ranzugehen. Uns kommt eine andere Idee: Glücklicherweise sind die beschädigten Bolzen zu lang. Also schrauben wir an den abgeschorenen Enden einfach Muttern drauf, die wir von den durchgebolzten Relingstützen nehmen. Die passen. Wir müssen jetzt nur achtgeben, uns nicht mehr an der Reling festzuhalten.

Jetzt müssen wir nur noch im Seegang das Ruderblatt wieder in Position bringen. Wir sichern das massige Teil mit Leinen und hieven es vorsichtig über Bord. Und dann in Position. Als es an seinem Platz sitzt, ist die RED wieder ein ordentliches Boot mit halbwegs funktionierendem Doppelruder.

Eine dauerhafte Lösung ist unsere Notreparatur freilich nicht. Erst recht keine, um schweres Wetter auszuhalten. *Chris* ist ja auch noch irgendwo hinter uns da draußen, schwächer zwar, aber immer noch mit Windvorhersage bis 35 Knoten. Wir beschließen deshalb, die Azoren anzulaufen, die nur 1100 Meilen entfernt sind, und bis zu denen der Wetterbericht gutes Wetter verspricht. Da sind wir so vielversprechend ins Rennen gestartet. Liegen unter den ersten fünf. Ob wir nach einem kurzen Reparaturstopp auf den Azoren in der Lage sein werden, uns wieder in die Regatta einzuklinken? Der Frust verfliegt, als am Abend Delphine plötzlich um die RED herum spielen. Als wollten sie uns Mut machen und loben für unsere Reparatur. Was sind wir euch dankbar, ihr Kerle …

12. Juli, nachts.

Langsam dämmert uns, dass wir unsere hart erarbeitete Position aufgeben müssen. Vorbei ist der Kampf um Spitzenplätze, aus ist es mit einer Platzierung unter den Top 5. Aber mir macht es vielleicht am wenigsten aus. Wir haben wunderschönstes Segeln, eine magische Nacht umfängt uns. Millionen Sterne über uns, eine sanfte Brise von der Seite schiebt uns. Immer wieder besuchen uns Delphine und zeichnen eine glimmende Spur in die nächtliche See. Wir sind vernarrt in die Delphine, in ihren Spieltrieb, ihre Freude, ihre Geselligkeit. Sie sehen nach uns in dieser Nacht, als wollten sie uns sagen: „Hey, lasst den Kopf nicht hängen, Jungs. Das Leben ist einfach zu schön, um schlecht drauf zu sein."

Im Moment haben wir beste Bedingungen, nicht nur von Wind und Wetter. Das Boot kann endlich innen austrocknen. Wir reden mehr miteinander, als wir es die letzten Tage taten. Und vier Menschen, die mit offenen Augen durch die Welt laufen, haben sich eine Menge zu sagen. Der Druck des Rennens ist abgefallen, der uns sonst die richtige Dosis Adrenalin verpasst, damit wir unser Bestes geben.

Ich mag Fahrtensegeln, auf einem schnellen Boot sowieso. Du bist plötzlich offen für Eindrücke, dein Geist kann schweifen, wohin er will. Nach ein paar Tagen auf dem Meer wandert dein Verstand umher, von den verlockendsten zu den unvergesslichsten Plätzen. Auf einem Boot brauchst du keine Drogen, damit Kopf und Seele auf diese faszinierenden Reisen gehen. Und wenn dir das Träumen einmal zuviel ist: kümmerst du dich einfach wieder um dein Boot und die Segel, dass es optimal am Wind läuft. Mich befriedigt dies immer wieder aufs Neue: Ein Boot zu segeln, das dir dankbar jede deiner Mühen am Tuch und Trimm vergilt. Wo jeder kleine Schrick am Segel dich noch mehr in Einklang bringt mit den Kräften der Natur.

Ich gebe zu, ich sehe böse Überraschungen wie das lose Ruder mittlerweile entspannter. Ich liebe Überraschungen, wenn auch nicht derartige. Leben ohne das Unerwartete wäre langweilig, das ist einer der Gründe, auf einem Ozean segeln zu gehen. Genau deshalb macht es einfach keinen Sinn, lange durchzuhängen. Das Leben ist so wunderschön hier draußen auf dem Meer. Ob Rennen oder nicht, spielt letzten Endes keine wirkliche Rolle. Genieß das Meer!

13. Juli.

Über rohe Eier laufen. Wir brummeln dahin auf dem großen blauen Ozean. Routine ist eingekehrt, Routine, die uns vergessen lässt, welcher Tag heute ist, oder wann wir abgelegt haben. Bermuda scheint Jahrhunderte hinter uns zu liegen. Das einzige, worüber wir uns sorgen, ist, nur ja das Ruder nicht zu viel zu beanspruchen. Aber was ist zuviel? Wir steuern das Boot, als würden wir über rohe Eier laufen. Bis jetzt scheint unsere Reparatur zu halten. Wir sind schnell unterwegs, im Durchschnitt mit 12 Knoten, gelegentlich rennt RED sogar mit 19 Knoten dahin, und bis jetzt halten die Bolzen. Doch weil wir mit Provisorium segeln, laufen wir nicht mit voller Geschwindigkeit, was vor allem meinem Mitsegler Shane auf die Nerven geht: „Ich hab mich auf jede Wache gefreut, aufs Aufstehen und darauf, mit euch daran zu arbeiten, das Boot nach vorn zu prügeln. Jetzt weiß ich gerade nicht mehr, was ich denken soll.“

Unterwegs haben wir telefonisch Ersatzbolzen bestellt. Sie sind bereits in Lissabon eingetroffen, der stets hilfreiche Gunnar Knierim hat sie auf den Weg gebracht. Es ist großartig, einen wie ihn und sein Team im Hintergrund zu haben, falls irgendwas wirklich schiefgeht. Ich hoffe, dass sie noch vor uns auf den Azoren eintreffen, das Paket haben wir an das legendäre *Peter Café Sport* adressiert. Die Azevedos, die

Besitzer des Cafés, haben bereits geantwortet, dass sie das Päckchen bis zu unserer Ankunft aufbewahren werden.

Wir befinden uns jetzt genau zwischen Neufundland und Horta, immer noch 580 Seemeilen, über 1000 Kilometer zu segeln. Die hübsche Brise, die in diesem Moment bis 24 Knoten weht, wird schwächer werden. Ankunft in zwei Tagen und 15 Stunden, sagt die Routenvorhersage. Mal sehen. Drücken wir uns die Daumen, dass wir die Eier nicht zertreten.

15. Juli 2018.

An all unsere Freunde. Noch habe ich es selber nicht so ganz begriffen. Es passierte vor nicht einmal zwei Stunden. Unsere RED ist mit einem Wal kollidiert und unser Heck ist schwer beschädigt.

Ich habe selbst gesteuert, wir waren gerade auf einen kleinen Squall konzentriert, der sich näherte. Wir laufen unter großem Spi mit 10 bis 12 Knoten dahin, als plötzlich der gewaltige Buckel eines Wals aus dem Wasser auftaucht, gerade zwei Bootslängen voraus. Er bewegt sich ganz langsam und im rechten Winkel zu unserem Kurs, von Backbord nach Steuerbord und hebt seine große Schwanzflosse genau vor uns aus dem Wasser. Vielleicht habe ich einen Moment zu lang gezögert, bevor ich instinktiv hart Luvruder lege. Vielleicht habe ich zu lange überlegt, wie ich uns sicher um den Wal herumsteuere, ohne dass der Spinnaker einfällt. Jedenfalls hören Shane und ich im selben Moment ein Krachen im Heck am Steuerbordruder und sehen, dass es schwer beschädigt ist. Der unter uns tauchende Wal hat es mit seiner Schwanzflosse demoliert. Vielleicht ist es auch ein zweites Tier, mit dem wir kollidiert sind.

Ein kurzer Blick nach hinten genügt. Wo das Ruder befestigt war, hat die Kollision ein breites Stück unseres Hecks herausgerissen. Das bislang einwandfrei arbeitende Ruder ist nun ebenfalls beschädigt. Wir bergen so schnell wie möglich die Segel, um sofort das defekte Ruder ziehen zu können, damit es nicht mit der nächsten kleinen Belastung die ganze Hecksektion wegreißt. Wasser dringt durch das beschädigte Heck ins Schiff, aber das ist nicht weiter schlimm, denn die Klassenvorschriften für die *Class-40*-Boote schreiben für genau solche Fälle eine vom Rest des Bootes abgeschottete Hecksektion vor. Eine wirklich vorausschauende Richtlinie, die eigentlich für jede Segelyacht gelten sollte.

Das Ruder herauszuholen geht uns leicht von der Hand, was das angeht, sind wir jetzt schon echte Experten im Ruder-Ziehen mitten auf dem Ozean. Nach kurzer Begutachtung des Hecks entschließen wir uns, schnell wieder die Segel zu setzen, es scheint uns der einfachste Weg zu sein, einen größeren Wassereinbruch in der Hecksektion zu vermeiden.

Unsere erste Reaktion ist Enttäuschung. Uns ist klar, dass wir das Rennen endgültig aufgeben müssen. Der Schaden ist ohne gründliche Reparatur in Horta auf den Azoren nicht zu beheben, das wird uns Tage kosten. Zugleich sind wir erleichtert, dass nichts Schlimmeres passierte. Wie leicht hätten wir den massigen Körper des Tieres treffen können, was ernste Konsequenzen für Boot und Tier zur Folge gehabt hätte.

Noch eines stimmt uns froh: Wir sind bereits auf dem Weg zu den Azoren nach Horta, es sind nur noch 330 Seemeilen. Wir können das Boot mit dem geflickten Ruder auf Kurs halten. Wir beten, dass unsere Notreparatur weiter hält. Es ist das Luvruder, das dem Wind zugewandte Ruder, das das Steuern bei stärkeren Winden tricky macht, wenn das Ruder aufgrund der Schräglage aus dem Wasser kommt. Doch der Wetterbericht kündigt für den nächsten Tag eher abflauende Winde an, bei denen das Ruder im Wasser bleiben würde. Wir sind jetzt langsamer unterwegs, zwischen 6 und 8 Knoten, was sich anfühlt, als würden wir nach Horta schleichen.

Bitte haltet uns die Daumen, dass alles weiterhin hält. Wir sind sicher und in guter Stimmung. Unser Rumpf ist dicht und wir hoffen, Horta in den nächsten beiden Tagen zu erreichen …

16. Juli 2018.

Es ist der Morgen nach dem Crash. Ein wunderschöner Morgen mit einem friedlichen blauen Ozean, einem klaren Himmel mit federleichten Wölkchen. Sanfter Schwell von Westen bei 9 bis 12 Knoten Wind. Wir brummeln unter unserem großen Kite dahin. Alles fühlt sich normal an – solange keiner den Kopf nach hinten zum Heck wendet, wo bis vor kurzem unsere zwei Ruder fröhlich ihren Dienst versahen. An der Stelle des Steuerbordruders ist jetzt nichts mehr – außer herausgerissenen Glasfaserpaneelen und Schaumresten der Sandwichkonstruktion. Das Heck sieht aus, als hätte eine Riesenfaust das Ruder getroffen und herausgerissen. Es war ja auch eine Faust, die kräftigste, die der Ozean dir schicken kann: die Schwanzflosse eines Wals. Noch immer gehen mir die Bilder durch den Kopf ... Der gräuliche Riesenrücken, der plötzlich aus dem Wasser emporwächst, zwei Bootslängen vor uns, wie eine vor unseren Augen aus den Wellen wachsende Insel, unmittelbar voraus. Shanes und meine kurzfristige Erleichterung, als wir dachten, wir wären glücklich um den großen Rücken herumgekommen. Der Schock, als wir unmittelbar darauf das Krachen am Ruder hören.

Nach so einem Ereignis hört man nicht auf, sich zu fragen: „Hättest du etwas anders machen können? Hättest du noch schneller anluven sollen? Aber hätte nicht genau das unser zerbrechliches Heck dem Tier noch näher herangebracht?“ Alles in allem hatten wir Riesenglück, in der Situation nicht unter Autopilot gelaufen zu sein, oder abgelenkt mitten im Manöver beim Bändigen der großen Segel. Nicht auszudenken, wenn wir mit dem großen Walkörper selbst kollidiert wären.

Wir sind auf dem Weg nach Horta und fragen uns, was wohl als nächstes auf uns zukommt. Ein Meteorit, der an Deck einschlägt und im Rumpf ein Loch oben und eins unten hinterlässt? Ein Geisterschiff voller Piraten, die uns des Nachts überfallen? Der Vorfall steckt uns in den Knochen. Wieviel Pech kann einen treffen auf einer Atlantiküberquerung? Irgendwer hat wohl gedacht, „Einmal Pech für die vier Jungs ist nicht genug".

Wo ich gerade dabei bin: Es ist eine echte Herausforderung, RED unter Spinnaker mit einem einzigen Ruder und ausgerechnet dem auf der Luvseite zu steuern. Das ist eine phantastische Übung in Sachen „Gefühl fürs Boot entwickeln". Du musst jeden Strömungsabriss am Ruder vermeiden, musst jede Bewegung des Bootes vorausahnen. Du musst jeden Lufthauch, jede Welle förmlich riechen, bevor sie dein Boot erreichen. Du musst agieren, bevor das Boot darauf reagiert. Schaffst du es nicht, kommt dein Ruder aus dem Wasser, und es gibt nichts mehr, was der Steuermann tun kann, um die Kontrolle über sein Boot zu behalten. Wir steuern so vorsichtig wie möglich, aber wir wollen ja auch Horta zeitig erreichen. Endlich. Endlich zeigt die Routenberechnung als Ankunftszeit den morgigen Tag an.

Im Laufe des 17. Juli erreichen wir den Hafen von Horta. Der erste Abend an Land nach einer langen Zeit auf dem Meer ist etwas Besonderes. All die Erinnerungen an die letzten Tage. Du denkst immer noch darüber nach, was du hättest anders machen können. Du riechst all die wunderbaren Dinge an Land, siehst schöne Menschen. Wo könnte man das alles besser genießen als im *Peter Café Sport* in Horta, bis dort wie üblich Jaques Brels Chanson *Le Port d'Amsterdam* als letzter Song das Ende des Abends ankündigt.

Am nächsten Morgen beginnen wir mit der Reparatur. Aus England erwarten wir zwei Spezialisten, Matt und Jack Collings, Vater und Sohn, die uns innerhalb von vier Tagen die zerstörte Hecksektion wieder aufbauen sollen. Kompromisse wollen wir keine eingehen, Heck und Halterung fürs Ruder müssen stabil wie Fels sein, damit uns so etwas kein zweites Mal passieren wird. Es ist großartig, wie fremde Menschen uns ihre Unterstützung im Hafen anbieten, um unser Schiff wieder flottzukriegen. Ein Berg an Schwierigkeiten ist zu meistern, angefangen damit, dass auf Horta kein Gestell aufzutreiben ist, das unsere RED mit ihren 3 Metern Tiefgang an Land aufnehmen könnte. Wegen heftiger Regenschauer müssen wir ein Zelt improvisieren, um trocken am Heck arbeiten zu können.

Am 25. Juli, eine Woche nach Erreichen von Horta, sind wir wieder im Wasser und segeln weiter. Es fällt uns schwer, die Azoren zu verlassen, und all das, was wir dort an Hilfe und Unterstützung erfahren haben. Fünf Tage waren wir zusammen mit Matt und seinem Sohn Jack die ersten, die am Morgen zur Arbeit auf den Steg kamen. Und die letzten, die am Abend nach Jacques Brels *‚Amsterdam‘* das *Peter Café Sport* verließen. Auch für Matt und Jack war es eine neue Erfahrung. Zum ersten Mal arbeiteten sie als Vater und Sohn gemeinsam an einem Projekt.

Am 8. August erreichen wir Hamburg. Als wir an diesem Tag vor der Elbphilharmonie die Segel bergen, hat RED seit unserer Abfahrt vor einem Dreivierteljahr 14.000 Seemeilen im Kielwasser. Es ist meine Tochter Lissa, die mich mit einem Geburtstagskuchen und mit der Frage überrascht: „Daddy, was hast du am meisten auf dem Meer vermisst?“ Zunächst fällt es mir schwer, darauf eine Antwort zu finden. Natürlich habe ich meine Familie vermisst. Meine Freunde. Aber darüber hinaus habe ich fast nichts vermisst. So spartanisch unser Boot sein mag: Es ist jedes Mal wieder eine unbeschreibliche Freude, dieses Boot durch die Wellen zu segeln. Dieses wundervolle Gefühl, dem Wind, den Wellen, den Elementen so nah zu sein. Nein, es gibt keine Dusche an Bord. Nicht mal eine Toilette. Ja, unsere Kojen sind schmale Rohrrahmen, mit Stoff bespannt. Ja, unser Essen besteht nur aus Trockenmahlzeiten, die allerdings heutzutage verblüffend gut schmecken. Dazu gibt's Müsli, Nüsse, Beef Jerky und derlei. Aber für mich hat Segeln nichts mit dem Komfort zu tun, den ich zuhause habe. Beim Segeln geht's ums Segeln. Und darum, das Bekannte gegen das Unbekannte einzutauschen, eine Sache, die mir auch sonst im Leben immer wichtig ist. Beim Segeln geht es darum, die Kraft der Elemente zu erleben. Darum, dass deine Mühen mit dem Tuch und dem Trimm sofort dankbar vom Wind und vom Boot beantwortet werden.

Aber auch da gibt's Vorbilder: Halvard Mabire zum Beispiel, der Präsident der *Class-40*-Vereinigung. Er ist 35 bis 40 Mal über den Atlantik gesegelt. Ich hatte das Glück, gegen ihn auf einem Rennen von Québec nach Saint-Malo anzutreten. Ein solches Rennen über den Atlantik ist vor allem ein gekonntes Herumspielen mit den Wind- und Wettersystemen, die über den Ozean ziehen. Man wird von einem Tief eingeholt. Man reagiert auf Winddrehungen. Halvard tat das auf ungeahnt perfekte Weise, er halste irgendwo da draußen im Nichts an einer Stelle, wo kein anderer halste. Doch es war keine Stunde zu früh und keine zu spät. Als ich mir später am Bildschirm seinen Track ansah, waren es wunderschöne Kurslinien, die er in den Ozean gezeichnet hatte. Er hat eine minimalistische Linie auf dem Atlantik hinterlassen wie ein abstrakter Maler."

„Trotz aller Erlebnisse hatte ich bisher Glück an Bord", sagt Mathias Blumencron, als wir uns vor dem Hotel verabschieden. „Es kann immer etwas passieren, wenn wir unter Spinnaker mit 15 bis 20 Knoten durch die Dunkelheit knallen. Ich habe noch keine schwere Verletzung an Bord erlebt. Oder dass jemand nachts über Bord geht – unser aller Albtraum. Ich habe auch noch nie einen richtig schweren Sturm auf See erlebt, einen Orkan. Solange mein erster Gedanke ist: ‚Wie kriegen wir denn das jetzt in den Griff!', ist alles gut."

Dann treten wir hinaus in die Novembernacht in Berlin. Es nieselt, während ich durch den nächtlichen Park am immer noch hell erleuchteten Bundesinnenministerium vorbei zum Hotel gehe. Extremes Segeln bringt extreme Erfahrungen hervor, das habe ich bei meinen bisherigen Gesprächen mit Profiseglern gelernt. Und manchmal stehen die Dinge auch auf Messers Schneide, wie mir der Bericht des französischen Profiseglers Bernard Stamm von seiner Atlantiküberquerung zeigen wird, den ich wenige Tage später in meiner Email finden werde. Aber soweit ist es jetzt noch nicht.

SOS, (internationales Notsignal) (19.Jh.).
Initialwort zu *Save Our Ship* ‚rettet unser Schiff' oder
Save our Souls ‚rettet unsere Seelen'. Das Signal wurde
wegen der Form der Morsebuchstaben gewählt
(S=3 Kürzen, O=3 Längen); der Text ist eine nachträgliche
Deutung

Kluge, Etymologisches Wörterbuch der deutschen Sprache,
Berlin/Boston 2011

Tahsin Oezen
Mittelmeer. Ostägäis.

Ein Schrei auf dem Meer.

Tahsin Oezen ist Chefredakteur des österreichischen Yachtmagazins *Ocean 7*. Wir treffen uns in seiner Wohnung in Wien im 18. Bezirk – ein modernes vierstöckiges Haus in einem Viertel mit kleinen Geschäften und Wohnanlagen. Sie wurden im Wien der 1920er-Jahre errichtet, als die Stadt nach dem Ersten Weltkrieg überquoll von Flüchtlingen und Heimkehrern aus den früheren österreichischen Balkan- und Ostgebieten. Während Tahsin seine Geschichte erzählt, schaut er immer wieder hinaus in die Bäume des Parks vor seinem Fenster. Vor sich auf dem Tisch liegt aufgeschlagen das Logbuch seiner Reise, von der er erzählen wird. Ein Logbuch, das an einer Stelle abrupt abbricht.

„Die Geschichte bewegt mich noch immer“, sagt Tahsin Oezen, „obwohl sie jetzt vier Jahre zurückliegt. Ich habe ja als Chefredakteur einer Segelzeitschrift den lieben langen Tag mit Geschichten vom Meer und vom Segeln zu tun. Doch immer wieder taucht diese Geschichte vor meinem inneren Auge auf. Es sind Einzelheiten, die sich mir einprägten. Momente und nichtige Kleinigkeiten wie ein auf dem Wasser treibender dunkler Rucksack in der Nacht. Wenn ich heute einen solchen Rucksack sehe, dann ist diese Nacht wieder da, als wäre sie gestern gewesen.“

Es ist Mittwoch, der 15. Juli 2015. Keiner ahnt, dass dies der letzte Sommer sein wird, in dem die türkische Küste Europas bevorzugtes Reise- und Charterziel ist und die Ferienflieger nach Antalya voll sind. Tahsin Oezen kreuzt an diesem Sommernachmittag auf einem Katamaran westwärts den schmalen Finger der Datça-Halbinsel entlang, dem äußersten Zipfel im Südwesten der Türkei. Mit an Bord sind seine 13-jährige Tochter mit drei Freundinnen und deren Eltern aus Wien. Neun Menschen: fünf Erwachsene und vier Kinder. In der Nacht wollen sie das Kap von Knidos runden, um am nächsten Tag noch vor Turgutreis bei der Insel Çatal Adasi einen Badestopp einzulegen. Dann war’s das auch schon wieder mit dem Segeltörn, in Turgutreis gegenüber der griechischen Insel Kos soll der Urlaubstörn enden.

Der Vormittag ist windstill, doch pünktlich setzt auch an diesem Sommertag um 12 Uhr in der Ostägäis der Meltemi ein und weht kraftvoll mit fast 20 Knoten von den unbesiedelten Felshängen der Halbinsel Datça herunter. Geschützte Ankerbuchten sind rar an der 60 Kilometer langen Gebirgsküste, in denen die Fallböen nachts schon manches ankernde Schiff in Bedrängnis brachten. Doch Tahsin Oezen ist ein erfahrener Skipper. Als Segler ist er eigentlich ein Spätberufener. Es war sein Grafiker, der ihn zu einem gemeinsamen Kroatientörn überredete. Es brauchte nur Minuten auf dieser Segelreise in Kroatien vor Dugi Otok, der „Langen Insel“, da war es um Tahsin Oezen geschehen und er wusste, dass Segeln irgendwie das Ding seines Lebens ist. Nach diesem ersten Törn hat Oezen fast jeden Segelschein gemacht, den er in Österreich machen konnte. Und Harri, sein Grafiker, der ihn zum Segeln brachte, ist auf diesem Türkeitörn mit Tochter Zoi wieder dabei.

Gegen 15 Uhr erreichen sie das westliche Ende der Datça-Halbinsel, um vor den antiken Mauern der untergegangenen Hafenstadt Knidos zu ankern, und von dort mit Anbruch der Dunkelheit zu ihrer Nachtfahrt und der vorletzten Etappe ihres Urlaubstörns aufzubrechen. Sie vertäuen sich mit einer Landleine zum Ufer hin und verbringen die Zeit mit Schwimmen im kristallklaren Wasser der Bucht. Sie hören den Lärm der Zikaden unter den unsterblich wirkenden Olivenbäumen und wandern zwischen den Trümmern von Knidos umher. Wo einst eine antike Großstadt mit zwei Häfen lag, gibt es jetzt zwischen den Ruinen nur noch ein Buchtrestaurant und eine Bar für die Yachties, die sich hierher verirren, sowie ein Kassenhäuschen fürs Ausgrabungsgelände.

Es ist noch hell, als sie wie geplant gegen 21:30 Uhr die beiden Motoren ihres Kats starten und den Anker aus dem Grund holen. Der Wind ist eingeschlafen, der Skipper ist mit den beiden Männern allein an Deck. Sie wollen zusammen die Nachtfahrt unternehmen und den Kat um Kap Knidos herum nach Norden zwischen der Insel Kos und dem Golf von Gökova steuern.

Kurz vor Mitternacht haben sie die Lichter des griechischen Kos zur Linken und der türkischen Hafenstadt Bodrum zur Rechten. Die Segler freuen sich, denn, ungewöhnlich für den Meltemi, ist er nicht am späten Abend endgültig eingeschlafen, sondern plötzlich zurückgekehrt. 10 bis 15 Knoten zeigt der Windmesser anfangs aus Ost, nach kurzer Flaute sind es 25 Knoten aus Nordwest. Tahsin Oezen hat Segel gesetzt und steht selbst am Steuer, um den Kat in langen Kreuzschlägen nordwärts zu steuern. Eine halbe Stunde später hat der Wind bereits auf fast 35 Knoten aufgefrischt, der Kat schießt mit knapp 8 Knoten Geschwindigkeit durch die sternklare Nacht. Im Rauschen des Windes und der Wellen verstummen alle anderen Geräusche. Die Schwärze der mondlosen Nacht, in die die Yacht gleitet ... Herz, was willst Du mehr am Ende eines Törns? Weil er müde ist und der Wind langsam auf 25 Knoten zurückgeht, übergibt der Skipper das Steuer an Harri, seinen Wachführer. Doch er bleibt im Cockpit, um sprungbereit zu sein und eingreifen zu können, wenn es erforderlich ist.

Als er am Tisch in leichten Dämmerschlaf fällt, hat Tahsin Oezen einen sonderbaren Traum. Er träumt von einem Garten, in dem ein wunderschöner Baum steht. Ein Vogel flattert unruhig in die Krone, dann wieder heraus, das Flügelschlagen wird lauter, jetzt sind es mehrere Vögel, die den Baum umschwirren, das Flattern wird lauter und lauter. Plötzlich ist Tahsin Oezen hellwach. Als er um sich blickt, stellt er fest: Das Flattern ist kein Traum, sondern Wirklichkeit. Es ist sein Großsegel, das schlägt und den Lärm verursacht, weil der große Fahrtenkatamaran im Wind steht. Für einen kurzen Moment ist der Rudergänger eingenickt, der Zweirümpfer kommt mit killenden Segeln zum Stehen.

„Vielleicht wäre alles anders gekommen, wenn mein Freund nicht hinter dem Steuer eingeschlafen wäre? Wenn wir nicht 15 Minuten von unserem ursprünglichen Kurs abgewichen wären“, fragt sich Tahsin Oezen heute. Er steht in dieser Nacht auf, löst den Rudergänger ab, der sich schlaftrunken an den Cockpittisch begibt, und bringt die Yacht zurück auf Kurs. Wenige Minuten später, der Kat rauscht wieder hoch am Wind durch die Nacht, hört Tahsin Oezen in der Dunkelheit einen Schrei. Einen Schrei, von dem er nicht sicher ist, ob es nicht eher ein Kreischen war. Weil der Meltemi immer noch mit 28 Knoten aus Nordwest weht, nimmt der Skipper es im Brausen der Elemente kaum wahr. Vielleicht eine Möwe? Möwen auf See haben manche Laute im Repertoire.

Wenige Augenblicke später hört der Skipper das Kreischen ein zweites Mal. Ein hohes Kreischen, selbst im Lärm der Wellen bei 6 Beaufort kann er es klar vernehmen. Dann erkennt er in der Dunkelheit einen schwachen Lichtpunkt, der in den Wellen auf und ab hüpft. Ein funzeliges Lichtsignal auf dem Wasser? Da muss ein Boot in Seenot sein, folgert der Skipper, der Lichtpunkt dort drüben geht energisch auf und ab. Tahsin Oezen wirft die Schoten los, startet den Motor und weckt die beiden anderen Männer. Als sie wach sind, bergen sie die Segel und motoren auf das Licht zu.

Tahsin Oezen erinnert sich: „Als wir näherkommen, erkenne ich sechs Menschen an Bord eines Schlauchbootes. Fünf Männer und eine Frau. Alle an Bord rufen. Nur die Frau schreit in ihrer Verzweiflung so hoch, dass mir der Laut selbst bei Wind und Welle durch Mark und Bein geht. Alle Insassen recken mir verzweifelt die Arme entgegen, reden in einer Sprache auf mich ein, die ich nicht verstehe.“

Als Tahsin den Strahl seiner starken Taschenlampe auf sie richtet, erkennt er, was auf dem Gefährt da draußen vor sich geht. Das winzige Schlauchboot ist vollgelaufen, der Motor macht keinen Mucks. Wie ein Kinderplantschbecken geht das Boot in den steilen Wellen auf und ab. Die drei Segler halten weiter den Scheinwerfer auf das Schlauchboot gerichtet, vor allem, um den Menschen zu signalisieren, dass sie gesehen werden und jemand da ist. In einiger Entfernung kommt der Katamaran zum Stehen. Das sind Flüchtlinge. Und jetzt? Die Lichter des Hafens von Kos liegen hinter ihnen. Sie befinden sich auf Höhe von Bodrum, ein paar Seemeilen vor dem türkischen Festland und ebenso weit von ihrem Charterhafen Turgutreis entfernt. Die Menschen sind in Seenot, ihr Boot ist vollgelaufen und manövrierunfähig, weil ihr Motor ausgefallen ist. Die Menschen im Schlauchboot wollen raus, nur noch raus aus ihrer Situation. Raus und sofort an Deck des Katamarans, der doch so nah bei ihnen ist. Tahsin Oezen wägt ab, wie er sich verhalten soll. Er weiß, wenn er die Menschen dort aufnimmt, steht er mit einem Bein als Schlepper vor einem griechischen oder türkischen Gericht. Er und seine beiden Begleiter machen sich zunächst ein Bild von der Lage, sie umkreisen mit ihrem Kat immer wieder das Schlauchboot und beobachten die Menschen darauf. Offensichtlich sind die Personen im Schlauchboot ansprechbar, niemand ist ohne Bewusstsein oder verletzt. „Wäre das nicht der Fall gewesen", macht der Skipper klar, „oder hätte einer der Insassen akut in Lebensgefahr geschwebt, dann hätte ich eingreifen müssen."

Die Anspannung der drei Segler ist enorm. Sie können nicht einfach weiterfahren, ein manövrierunfähiges Boot ist ein Fall von Seenot. Die Menschen, die da draußen im Starkwind durchnässt in den Wellen treiben, an Bord zu nehmen, können sie auch nicht. Sie entscheiden sich, über Funk eine *Pan-Pan*-Meldung abzusetzen. Ist ein Menschenleben in unmittelbarer Lebensgefahr, sendet man *Mayday*. Ist ein Schiff manövrierunfähig und in Gefahr, sendet man *Pan-Pan*. Einer der Mitsegler geht unter Deck ans Funkgerät, um 04:15 Uhr geht dessen Funkspruch raus. Im Stress dieser Minuten verwechselt er bei der Positionsangabe die Angabe für Nord und Ost. Doch das ist erstmal einerlei, denn niemand antwortet auf ihren Notruf. Weder auf griechischer noch auf türkischer Seite. Nach fünf Minuten wiederholt er den *Pan-Pan*-Notruf ein zweites Mal. Um diesmal jeden Fehler auszuschließen, notiert er mit fahriger Hand im Logbuch die Position und den Text seiner Meldung.

Tahsin Oezen versucht an Deck weiter, die Situation auf dem Schlauchboot einzuschätzen. Die Menschen sind verzweifelt. Sie sind durchnässt und der See ausgesetzt, doch ihr Boot hält sich in den Wellen und sie begreifen, dass die Leute auf dem Katamaran nicht einfach weitergefahren sind, sondern irgendwie zu helfen versuchen.

Um 04:25 Uhr geht Tahsin Oezen wieder unter Deck. Auf den Notruf des Katamarans hat niemand geantwortet. Warum hört sie denn niemand da draußen?

Er sucht die Nummer der türkischen Küstenwache heraus und notiert sie in das vor sich liegende aufgeschlagene Logbuch. Als er die 12 Ziffern ins Handy tippt, meldet sich kurze Zeit später die *Turkey Coast Guard* in Izmir. Eine Männerstimme. Tahsin Oezen schnappt sich den Folder mit den vorformulierten Notruftexten und beginnt, seine *Pan-Pan*-Meldung auf Türkisch ins Mikrofon durchzugeben.

Die Stimme am anderen Ende der Leitung weist ihn an, er möge Englisch sprechen, die Sprache, in der auf See kommuniziert wird. Der Skipper ist beruhigt. Er gibt seine aktuelle Position durch, die er sich wiederum im Logbuch notiert hat. Dann schildert er die Situation. Der Mann verspricht, sofort die nächstgelegene Küstenwache zu alarmieren und ein Schiff zu schicken.

Mittlerweile sind auf dem Katamaran auch die zwei Frauen und vier Kinder wach und kommen schlaftrunken an Deck. Sie sind verstört und wissen nicht, wer die Menschen da im Wasser sind. Die drei Segler haben Mühe, ihre Angehörigen zu beruhigen, während der Meltemi immer noch kraftvoll mit 6 Windstärken bläst.

In diesen Minuten wächst Tahsin Oezen über sich hinaus. Er wird nicht zum Helden, aber der Skipper wird zum Kapitän, der in einem Seenotfall nicht nur seine Verantwortung für das Leben Schiffbrüchiger vor Augen hat, sondern auch für sein Schiff und seine Besatzung. „Vielleicht war es nur Glück. In den Unterlagen unseres Vercharterers war dieser Folder von *Pro Asyl.* Darin stand, wie man sich als Skipper bei einer Begegnung mit Flüchtlingen in Seenot verhalten solle. Auf dem Hinflug war mir langweilig, also hatte ich ihn mir gründlich durchgelesen." Er weiß, wenn er die Menschen jetzt an Bord nimmt, könnte er im schlimmsten Fall wegen Schlepperei vor Gericht angeklagt werden. Er weiß auch, dass diese Menschen, sobald sie an Bord eines Schiffes unter türkischer Flagge sind, vor Verzweiflung versuchen könnten, das Schiff ins nahegelegene Kos zu steuern. Fünf verzweifelte Männer gegen drei Männer, zwei Frauen und vier Kinder.

In diesem Moment lässt sich ein Mann im Heck des Schlauchbootes vor Tahsins Augen in die Wellen fallen. Es ist klar zu erkennen, dass er nicht besinnungslos, sondern beabsichtigt ins Wasser gestürzt ist. Tahsin Oezen befürchtet, dass der Mann versuchen könnte, zum Katamaran herüberzuschwimmen. Und was dann? Eine Bergung eines Erschöpften bei dem Seegang? Doch der Mann hat vermutlich nie gelernt, zu schwimmen. Er hält sich am Schlauchboot fest, dann gibt er seinen Absicht auf und zieht sich über den Gummiwulst wieder hinauf ins Schlauchboot.

Tahsin Oezen ist klar, wie dünn die Linie ist, auf der er wandelt. Später wird er sagen, dass er in diesen Momenten nicht entschied, sondern irgendwie „geführt" wurde. Jedenfalls beginnen die Yachties durch den Wind mit den Menschen drüben auf dem Gefährt in den Wogen zu sprechen. Ein paar Brocken hier. Ein paar Brocken da. Wohin? Woher? Aus Bagdad. Aus dem Iran. Anfangs verstehen die Menschen im Schlauchboot nicht, warum das große Boot, das da in ihrer Nähe in den Wellen schaukelt, ihnen nicht zu Hilfe eilt und sie an Bord in Sicherheit holt. Die Wellen, der Wind, all das scheint ihnen so fremd, als seien sie zum ersten Mal auf dem

Wasser. Sie sind ganz offensichtlich durch und durch Landbewohner und mit dem Meer nicht im Geringsten vertraut. Ihr Respekt vor dem nassen Element hat sich in Panik und Todesangst verwandelt.

„Als ihnen klar ist, dass wir bei ihnen bleiben, sie nicht im Stich lassen werden, beruhigen sie sich etwas. Allein dass jemand in ihrer Lage bei ihnen bleibt, hat schon Bedeutung."

Tahsin Oezen hält weiter Abstand zum Schlauchboot, der Kat stampft unter Motor in den Wellen. Nicht auszudenken, wenn einer der Insassen des Schlauchboots unter einen der auf- und abgehenden Rümpfe geriete. Dann entdecken die Segler etwas entfernt ein weiteres Lichtsignal auf dem Wasser. Das kann nicht die Küstenwache sein. Nein, dort treibt ein zweites Schlauchboot auf den Katamaran zu. Als das Boot näherkommt, zählen sie neun Menschen an Bord: Männer, Frauen und Kinder, die um Hilfe schreien. An diesem Schlauchboot baumelt ein winziger Elektromotor, das billigste Modell, das man an der türkischen Küste bekommen kann. Sie rufen genauso verzweifelt um Hilfe. „Ich war plötzlich in der Bredouille: Um welches der beiden Boote soll ich mich zuerst kümmern? Das Kleinere? Weil dessen Motor gar nicht mehr geht? Oder das Große, weil mehr Menschen darauf sind? Es ist eine Zwickmühle. Ich entscheide mich fürs erste Schlauchboot. Die Menschen dort sind in der verzweifelteren Situation, nicht nur, weil sie manövrierunfähig sind. Ich entscheide mich, bei ihnen zu bleiben. Als die Insassen im größeren Schlauchboot sehen, dass die Yachties ihnen nicht zu Hilfe kommen und weiter auf das erste Boot blicken, geben sie die Hoffnung auf. „Die Wellen schütteln das Boot hin und her, es geht auf und ab. Sie beschließen, weiterzufahren. Kurshalten mit dem winzigen Motor ist in den Wellen unmöglich, trotzdem versuchen sie es weiter. Wenige Augenblicke später sind sie in der Nacht verschwunden.

Da ist endlich das Boot der Küstenwache. Tahsin Oezen erinnert sich, dass er von der Professionalität auf dem Wachboot beeindruckt ist, es dauert nur Minuten, dann stehen die Leute aus dem Schlauchboot gerettet auf dem Achterdeck des Wachbootes. Selbst deren kleines Gefährt hievt die Küstenwache nach oben. Doch da ist ja noch das zweite Schlauchboot. „Als ich sehe, wie schnell das Abbergen ging, wächst meine Hoffnung, dass sie sich gleich auch um das zweite Schlauchboot kümmern werden. Ich habe der Besatzung mitgeteilt, dass sie in der Nacht verschwunden sind. Auf Kurs 220 Grad. Der Kapitän steuert sofort hinterher. Danach war da ein großes Aufatmen bei uns an Bord."

Aber ihr Abenteuer in dieser Nacht ist noch nicht zu Ende. Als sie in der Dunkelheit weiter auf ihr Ziel zuhalten, die Insel Çatal Adasi vor Turgutreis, taucht vor ihnen ein weiteres Schlauchboot auf. Diesmal ist es ein wirklich großes, 12 Menschen zählen sie an Bord. Wieder sind viele Frauen an Bord. Wieder die Schreie. Wieder die Verzweiflung. Das Boot ist groß, es kann den Wellen besser trotzen als die beiden kleinen. Ein drittes Mal versucht Tahsin Oezen, das Boot der Küstenwache zu erreichen, doch auch dieses Mal bleibt sein *Pan-Pan*-Ruf ohne Antwort. Wieder stoppt er den Katamaran auf und bleibt bei den Leuten, um sie nicht allein zu lassen.

20 Minuten vergehen. Dann sieht er in der Nacht ein Boot vom Süden aus Richtung Kos heranrauschen. Es ist das Küstenwachboot. In Windeseile lässt Tahsin Oezen alle Lichter an Bord seines Katamarans anschalten, um auf die Notsituation aufmerksam zu machen. Festlich beleuchtet von oben bis unten wie ein Weihnachtsbaum treibt der Katamaran in den Wellen. Seine einzige Hoffnung ist, dass das Wachboot sie wahrnimmt. Behält es weiter Fahrt? Nein, es nimmt Kurs auf den Katamaran und das Schlauchboot mit den zwölf Menschen. Dann sind sie da.

„Was für eine Wahnsinnserleichterung. Als sie näherkommen, sehe ich, dass sie auch das zweite Schlauchboot abgeborgen haben. Ich freue mich wie ein kleines Kind. Hilfe naht! Ich rede weiter mit den Menschen auf dem großen Schlauchboot. Ich versuche, sie zu beruhigen, so gut ich kann. Dann sehe ich plötzlich abseits des Schlauchboots einen leblosen Gegenstand im Wasser treiben. In diesem Augenblick fürchte ich das Schlimmste, dass das vor uns ein Mensch im Wasser ist. Doch als ich mit meiner starken Stirnlampe hinleuchte, sehe ich, dass es ein Rucksack ist. Ein dunkler Erwachsenenrucksack, der mir wie ein lebloser Körper im Wasser vorgekommen war. Reflektierende Applikationen sind daran aufgenäht."

Die türkische Küstenwache ist da. Zugleich ist der Skipper glücklich, dass der Kapitän so nahe vor der griechischen Insel Kos vermutlich eine Grenzverletzung auf sich nimmt, um Menschenleben in griechischen Hoheitsgewässern zu retten. „In mir kämpften in diesen Minuten zwei Gefühle miteinander. Ich war zusammen mit den anderen so euphorisch, so unglaublich befreit von der Anspannung, die Verantwortung für all die Leben getragen zu haben. Für die auf dem Wasser. Und für die Crew bei uns an Bord. Doch andererseits quälten mich erhebliche Zweifel, ob ich die Menschen nicht doch hätte an Bord nehmen sollen. Hätte ich noch etwas anders, etwas richtiger machen können? Ich hatte ein schlechtes Gefühl, weil ich der Anlass war, der die Besatzung des Küstenwachbootes in dieser Meltemi-Nacht hinaus gescheucht hatte. Hatte ich wirklich richtig gehandelt?" Als wüsste der Kapitän, was in einem Skipper nach solchen Minuten vor sich geht, nimmt er auf der Brücke das Megaphon in die Hand, wünscht Tahsin Oezen namentlich übers Megaphon weiter gute Fahrt. Und einen schönen Ramazan Bayram. Erst da fällt Tahsin ein, dass an diesem Tag in der Türkei der erste Tag nach dem Fastenmonat ist, ein Feiertag wie hierzulande Weihnachten.

„Ich bitte ihn noch, doch auch den Rucksack aus der See zu bergen, was er sofort verspricht. Wir sind schon ein Stück weg, da sehe ich aus dem Augenwinkel, dass die Küstenwache erneut Kurs auf uns zu hält. Ob ich doch etwas falsch gemacht habe? Als die Küstenwache auf unserer Höhe ist, verlangsamt das Schiff seine Fahrt und läuft ganz nah parallel zu unserem Katamaran. Die Geretteten stehen in Decken gehüllt auf dem Achterdeck. Sie winken herüber, schwenken die Arme, um sich zu bedanken. Vermutlich läuft das Wachboot auf Wunsch der Leute neben uns her."

An dieser Stelle hat Tahsin Oezen plötzlich Tränen in den Augen. Der 47-jährige schweigt, schaut hinaus in die Bäume vor dem Fenster und ist wieder dort draußen, in jener Nacht in der Ostägäis. Langsam kehrt er wieder zurück, hierher nach Wien, in den 18. Bezirk, zu diesem Oktobertag.

„Das alles war eine irrsinnige Anspannung. Bei neun Leuten musst du zusehen, dass vor allem deine eigene Crew ruhig bleibt. In diesem Moment funktionierst du nur als Skipper und als oberste Instanz. Du denkst an alle. Nur an den einen denkst du in dieser Situation nicht. An dich."

Erst im Morgengrauen dämmert auch ihm, was er gerade erlebt hat. Als die Sonne über der Kimm aufgeht, überkommt ihn ein Moment der Ruhe, in dem ihm der Wert des Lebens in einem neuen Licht erscheint. Und was für ein Glück es ist, am Leben zu sein. Während seine Mannschaft unter Deck schläft, fällt er auf dem Vordeck, wo keiner ihn sieht, auf die Knie.

„Die See schärft die Sinne. Das ist bei jedem so, der lange draußen unterwegs ist. Da waren die Momente, die einen ungeheuer bewegen. Der Weg ist klar. Ich bin erstaunt, wie ich in solchen Situationen funktioniere. Ich kann nicht sagen, ob ich etwas richtig oder falsch gemacht habe. Ich würde sagen, ich hatte da ein inneres, mir bis dahin unbekanntes Notfallprogramm, das sich automatisch aktivierte. Das habe ich abgespult. Erst danach stellte ich mir die Frage, ob alles richtig war oder etwas hätte besser oder anders gemacht werden müssen.

Was ich aus dieser Situation auch mitnehme, war die Bedeutung der *Navtex*-Meldungen. Seit Beginn unseres Törns bekamen wir über *Navtex* einige Meldungen rein wie „Manövrierunfähige Boote vor Kos". Ich verstand diese Meldungen anfangs nicht. „Sind die hier nur mit Schrottbooten unterwegs?", fragte ich mich ahnungslos. Ich habe diese *Navtex*-Meldungen anfangs zu blauäugig betrachtet, denn erst danach wurde mir klar, dass das natürlich Flüchtlingsboote waren.

Am belastendsten ist die Entscheidung: Nehme ich jemanden an Bord oder nicht? Es war richtig, die Leute vom Schlauchboot nicht sofort abzubergen. Gerade in dieser Meltemi-Nacht nicht. Das ist Wahnsinn. Das Abbergen von Nichtschwimmern bei dieser Welle erschien mir zu gefährlich. Es hätte nur einer aus der einfachen Schwimmweste rutschen müssen – und ich hätte im schlimmsten Fall ein Menschenleben auf dem Gewissen gehabt.

Ich hatte auch Verantwortung zunächst für mein eigenes Schiff und meine eigene Crew. Solange keine unmittelbare Lebensgefahr besteht, würde ich daher keine Menschen abbergen. Meine größte Sorge in dieser Situation war, die Tragweite jeder einzelnen Entscheidung richtig einzuschätzen.

Die Leute wollten raus aus ihrer Lage. Ein Beispiel zu geben, durch das wir auf sie einwirken konnten, war wichtig: Da war ein anderes Boot. Das kam mit den Verhältnissen gut zurecht. Sie merkten anhand unseres Beispiels, dass das nicht alles gleich den Untergang bedeutet. Die psychologische Hilfeleistung ist wichtig. Was wäre passiert, wenn einer durchgedreht hätte und versucht hätte, selber an Land oder an Bord zu schwimmen?"

Im Gespräch mit Tahsin Oezen begreife ich, dass es zwar zum Leben gehört, Entscheidungen zu treffen. Doch wie fundiert und richtig diese Entscheidungen in einer solchen Situation auch immer sein mögen: Wir müssen weiter mit unseren Entscheidungen leben. Ihr Echo wird nie verstummen.

Ob ihn sein Erlebnis verändert hat? „Es nagt nicht an mir, ob ich in dieser Situation alles richtig gemacht habe. Was mich bis heute gelegentlich einholt, sind die Bilder von damals in meinem Kopf. Bis zu diesem Zeitpunkt war das Meer für mich ein Ort der Freiheit, auf dem ich mich bewegte. Als Segler hatten wir Spaß und Freude auf dem Wasser.

Die Menschen im Schlauchboot aber hatten Angst auf dem Wasser. Todesangst. Sie waren allesamt Flüchtlinge aus Krisengebieten, die ihre ganze Habe in einem Rucksack hatten. Ein Rucksack ist das Wertvollste, das Flüchtlinge besitzen, der Rest einer Existenz. Mehr als den Rucksack besitzen sie nicht."

Olaf Rebulla

Mittelmeer. Adria. Kroatische Küste.

Flammen in der Nacht.

Manche Triestiner sagen, die Piazza dell'Unità d'Italia im Zentrum ihrer Stadt sei der schönste Platz der Welt. Das mag nicht zuletzt am *Caffè degli Specchi* liegen, dem alten Kaffeehaus auf der Piazza. Oder an den herrschaftlichen Firmensitzen, die auf drei Seiten den Platz einrahmen und wie das legendäre Café aus der Zeit stammen, als die Stadt vor dem Ersten Weltkrieg noch österreichisch und Boomtown war.

Doch vermutlich liegt es daran, dass die Gebäude wie ein Amphitheater den Blick auf die vierte Seite freigeben: meilenweit hinaus aufs Meer, wo sich der Golf von Triest unmittelbar weitet und der Blick schweifen kann auf das, was sich vor der Hafenstadt auf dem Wasser tut.

Triest. Die Stadt der *Barcolana*, der Regatta, zu der sich an jedem zweiten Oktoberwochenende über 2000 Yachten versammeln. In diesem Triest ist Olaf Rebulla 1968 geboren und als Yachtgutachter tätig. Zu seinem Beruf kam er über die Firma, die sein Vater in Triest, einem der wichtigsten italienischen Häfen, zur Begutachtung von Transportschäden gegründet hat. Mit dem aufkommenden Yachtsport in den 1980ern stiegen auch die Schäden. Zum bestehenden Geschäft nahm die Firma im Auftrag von Versicherungen nun auch die Begutachtung havarierter Motor- und Segelyachten vor.

Olaf Rebulla segelt, seit er zehn ist. In Triest sei das so, sagt er, das Meer läge ja vor der Haustür. Als Kind lernt er auf *Optimist* und *Laser*, später steigt er auf *420er* und *470er* um, auf größere Jollen, die zu dieser Zeit den Regattasport dominieren. Er absolviert auch die nautische Schule in Triest und besteht die theoretische Ausbildung eines italienischen Kapitäns. Was Seenot ist, weiß er aus eigener Erfahrung.

„Ich war 15, als wir zu zweit im Hafen vor der Piazza dell'Unità auf einer Jolle übten. Es war Winter, die Bora, der für Triest so typische böige Nordost, fegte von den Hängen herunter über die Piazza aufs Meer. Unser Segellehrer rief: ‚Bleibt bloß hier vor der Piazza!' Aber weil die Boraböen von dort so schön aufs Wasser blasen, sind wir halt doch mit der Jolle raus. Was sind wir abgezischt, der Segellehrer kam im Schlauchboot nicht mehr hinterher. Wir sind einfach raus, bis die Wellen höher und höher wurden.

Als wir wenden wollen, haut uns eine Böe einfach um. Die Jolle kentert, wir landen im Wasser. Wir segeln ja nur in unseren gelben Regenmänteln. Das Wasser ist höllisch kalt, 8 Grad, wir treiben samt unserem Boot durch die Windsee sehr schnell ab. Wir reißen uns zusammen, richten die Jolle wieder auf. Das klappt trotz unserem Bibbern gut, weil wir als Team gut funktionieren. Es hätte im kalten Wasser auch schiefgehen können, aber trotz des guten Ausgangs schleichen wir kläglich und schlotternd in den Hafen vor der Piazza zurück."

Als ich Olaf Rebulla nach einem Unglück auf See frage, das die Besatzung nicht mehr aus eigener Kraft in den Griff bekam, erzählt er die folgende Geschichte. Er erzählt sie, weil sie nicht untypisch ist für das, was sich in den letzten Jahren auf dem Meer immer wieder ereignet.

Es sei noch nicht lange her, da wurde er nach Kroatien gerufen, erzählt er. Vor einer winzigen Insel vor der Küste ist eine Motoryacht gesunken. Es ist ein Sommerabend im Juli. Die weit über 20 Meter lange, mehrgeschossige italienische Motoryacht hat an diesem Julinachmittag am Ende des langen Schwimmstegs einer Konoba, eines typischen kroatischen Lokals, angelegt. Das Wetter ist gut. Gegen 20 Uhr verlässt die Besatzung die Yacht, um zum Abendessen ins Restaurant zu gehen. Weil ein Gewitter aufzieht, kehrt die Besatzung gegen 21:30 Uhr kurz zurück, um die Festmacher zu kontrollieren, stellt aber nichts Ungewöhnliches fest und begibt sich wieder ins 100 Meter entfernte Restaurant.

Keine halbe Stunde später beobachten Segler vom Cockpit einer Nachbaryacht, wie Rauch aus den Fenstern des Motorraums quillt. Sie informieren sofort den Eigner und die Besatzung in der Konoba. Während diese zur Motoryacht zurückeilt und am Brandherd unter Deck erste Löschversuche unternimmt, schaltet der Wirt der Konoba schnell: Er verständigt umgehend den Hafenkapitän der nahegelegenen Hafenstadt. Der weiß, was der Brand einer GFK-Yacht bedeutet und löst Großalarm bei sämtlichen Feuerwehren in den benachbarten 10 und 25 Kilometer entfernten Hafenstädten aus. Wegen der abgelegenen Lage des Unglücksorts vor der kleinen Insel dauert es fast eine Stunde, bis die ersten Feuerwehrleute vor Ort eintreffen. Zu diesem Zeitpunkt brennen die Aufbauten der mehrgeschossigen Motoryacht lichterloh, meterhohe Flammen schlagen aus dem Rumpf wie aus einem benzingefüllten Bottich.

Die Hitze am Steg ist unbeschreiblich, auch die Nachbarlieger auf der gegenüberliegenden Seite des Schwimmstegs drohen, beschädigt zu werden. Aufgrund der Hitze und des Rauchs werfen sie vom Steg die Leinen los und ziehen nach und nach hinaus in die durch die Flammen grell erleuchtete Bucht. Keine drei Stunden, nachdem der Brand entdeckt wurde, sinkt die Yacht noch an den Trossen samt den Resten des verglühten Schwimmstegs, an dem sie liegt.

Am nächsten Mittag ragt von der Yacht nur noch das Gestänge des Bugkorbs mit dem Flaggenmast aus dem 3 Meter tiefen Wasser. Ihr mehrgeschossiger Aufbau mit dem Steuerstand oben existiert nicht mehr und ist bis auf den Rumpf verschmort. Doch in den Tanks des Wracks befinden sich noch mehrere Tausend Liter Diesel. Eine Umweltverschmutzung unkalkulierbaren Ausmaßes droht den unberührten Inseln. Eile ist geboten, der Hafenkapitän setzt den verstörten Eignern eine denkbar knappe Frist zur Bergung des Wracks. Binnen drei Tagen soll die Yacht vom Grund gehoben werden, ohne zu zerbrechen oder die noch intakten Tanks in Mitleidenschaft zu ziehen. Drei Tage später ist das Wrack mithilfe von fünf Tauchern und eines Schwimmkrans geborgen, auf eine Fähre geladen und in die nahegelegene Kreisstadt gebracht, wo sich Brandexperten aus Kroatien und Italien an die Ermittlung der Unfallursache machen.

„GFK, der glasfaserverstärkte Kunststoff, ist das Material, aus dem heute die meisten Motor- und Segelyachten hergestellt werden“, erzählt Olaf Rebulla. „Wenn GFK einmal brennt, ist es kaum mehr zu löschen.“ Er berichtet von einem ungewöhnlichen Experiment: „Vor einigen Jahren wurde zu Testzwecken im Rahmen einer Sachverständigen-Organisation eine GFK-Yacht in Brand gesteckt. Das dafür ausgewählte Schiff war ideal: Neuwertig, doch ein Unfall auf dem Landtransport hatte sie in einen Totalschadens verwandelt.

„Um einen Brandausbruch zu simulieren, haben wir lediglich einen mit Benzin getränkten Stofffetzen in ein Schapp gesteckt", erzählt Olaf Rebulla.

„Kunststoff und GFK brannten schneller, als wir dachten – je frischer und neuer ein Boot ist, desto schneller gerät das GFK in Brand. Als wir zu löschen versuchten, zeigte sich, dass der Brand mit den üblichen Löschmitteln wie Wasser nicht mehr zu löschen war. Selbst ein herkömmlicher Feuerlöscher versagte. Es half nur, den Brand zu ersticken."

Was rät nun der Sachverständige, wie man einen Brand allein ohne externe Hilfe bekämpfen kann? „Ich würde umgehend alle Luken und Öffnungen verschließen. Selbst wenn ich den eigentlichen Brandherd wegen des Qualms nicht erkennen kann: Ich würde versuchen, den Brand an Sauerstoffmangel ersticken zu lassen. Das geht auf Segelyachten eigentlich leichter, weil sie nicht wie Motoryachten über großzügige Fenster- und Türöffnungen oder Motorraumlüftungen verfügen. Feuerlöschdecken, die man über den Brandherd wirft, sind gut. Selbst wenn das nicht reicht, einen Brand vollständig zu ersticken, gewinnt man Zeit – wertvolle Zeit, die man braucht, bis Retter und Löschkräfte vor Ort sind."

Doch was hat bei der gerade zehn Jahre alten Yacht eigentlich den Brand verursacht? Es wird vermutet, dass die Brandursache in einer Umrüstung der ursprünglich verbauten elektrischen Komponenten liegt. Olaf Rebulla sagt dazu: „Es geschieht häufig, dass wegen größerer Verbraucher die ursprünglich verwendeten Batterien, Batterieladegeräte, Inverter und ähnliches nicht nur ersetzt, sondern aufgerüstet werden. Im Fall der vorliegenden Yacht wurden die alten Komponenten ebenfalls durch leistungsstärkere ausgetauscht.

Auch auf kleineren Yachten werden bei einem solchen Austausch nur die betreffenden Komponenten ersetzt. Oder neue Geräte kommen hinzu. So gut wie nie wird die Peripherie der Anlage auf die neue Leistung angepasst. Im vorliegenden Unglücksfall herrschten hohe Außentemperaturen. Die Klimaanlage lief deshalb und verbrauchte Strom, der vom Dieselgenerator produziert wurde, ein Landanschluss war nicht vorhanden.

Aufgrund der größeren Leistung der neuen Komponenten waren die ursprünglich verbauten Kabelklemmen und Leitungen unterdimensioniert. Erst überhitzten die Kabelklemmen. Dann die angeschlossenen Kupferkabel, sodass ein Schmorbrand der schmelzenden Kunststoffummantelung der Kabel folgte, bis es zum Brand kam, der schließlich aufs GFK der Innenausbauten und des Rumpfes übersprang. Noch einmal: Kunststoff und GFK brennen unheimlich und schnell!“

Ob das eine typische Brandursache sei, frage ich. Dazu der Sachverständige: „Wenn ein Skipper an mögliche Brandursachen auf seinem Boot denkt, so fallen ihm zuerst der Gasherd und die Gasleitungen oder das Benzin ein. Tatsächlich entstehen Brände zum Großteil unter Beteiligung der Elektrik. Das Fatale daran ist oft das Ambiente. Die räumliche Enge, in der Kabel, Komponenten und Motor verbaut sind, ist anfällig für Überhitzung. Schlechte Durchlüftung tut ihr Übriges – und korrosionsfördernde Dauerfeuchtigkeit. Batterieladegeräte haben zudem kein Ablaufdatum. Immer mehr Geräte wie Heizlüfter und Akkulader, Generatoren und Inverter werden auf Sportbooten verbaut oder nachgerüstet. Sie erweisen sich häufig als Hauptverursacher für Brände. Auch überhitzende Bugstrahlruder können Brände auslösen, wenn sie im Bugschapp dicht umgeben von Rettungswesten, Decken und Kleidung sind.

Bei allen elektrischen Geräten, die Wärme entwickeln, sollte man rigoros darauf achten, dass die Lüftungsritzen dieser Geräte frei sind, denn diese Geräte brauchen Lüftungen.

Klimaanlagen produzieren Abwärme. Kühlschrankkompressoren werden heiß. In ihrer Nähe sollte keinesfalls Brennbares wie Geschirrtücher oder Jacken oder Pappe wie etwa von einer Spaghettiverpackung gelagert werden. Überall, wo Geräte arbeiten, die Lüftung benötigen, würde ich einen Atmungskäfig drumherum bauen, aber auch auf die entsprechende Lüftung vom Schapp oder Stauraum achten. Unbedingt Abstand halten! Vor allem Schwimmwesten sollte man keinesfalls vorne um die Bugstrahlruder lagern. Sie sind im Zweifelsfall fatal."

Als ich mich von Olaf Rebulla verabschiede, geht mir seine Geschichte im Kopf um. Während er noch erzählt, schreite ich im Geist mein Schiff ab. Der Kühlschrankkompressor? Da habe ich doch die Colaflaschen mit den Papieretiketten gestaut. Und die Dosen. Das Bugstrahlruder? Ja, da liegen meine Ersatz-Feststoffwesten dicht gepackt. Die Idee mit dem Atmungskäfig ist gut, denn spätestens im Seegang verrutschen lose Teile wieder.

Vor allem aber beschäftigt mich, dass wir uns als Segler und Motorbootfahrer immer nur dem einen Element nahe fühlen und es im Blick haben vor allen anderen: dem Wasser.

Als ich im Geiste die Geschichten dieses Buches bis hierher durchgehe, dämmert mir, dass es alle vier Elemente sind, die ein Schiff und seine Besatzung in Seenot bringen können: Feuer und Luft. Erde und Wasser.

Bernard Stamm
Nord-Atlantik. Vor Brest.

Rapport de Mer.

Bernard Stamm ist ein Schweizer Profiskipper, der auf verschiedenen Regatten mehrfach einhand die Welt umrundete. Auf dem Rückweg von der *Transat Jacques Vabre* von Brasilien nach Brest, gerät der Schweizer mit seinem Teamkollegen im Dezember 2013 in die Ausläufer eines Orkantiefs, inmitten dessen er sein Schiff aufgeben muss.

In seinem „Rapport de Mer", jenem Dokument, das jeder Kapitän eines französischen Schiffes innerhalb von 24 Stunden nach einem Seenotfall den Behörden vorlegen muss, beschreibt der französischsprachige Profisegler minutiös die Umstände der Havarie und seiner dramatischen Rettung. Es ist ein eindrucksvolles Dokument, das zeitnah nach dem Unglück verfasst vor allem die vielfältigen Schwierigkeiten, aber auch die Zweifel und Nöte eines Profiseglers bei einer Rettung aufzählt, selbst wenn diese Rettung mit allen zur Verfügung stehenden Mitteln und unter Einsatz von modernstem Rettungsgerät unternommen wird.

Das Dokument stellte uns Bernard Stamm für dieses Buch zur Verfügung, wir übersetzen es mit seiner freundlichen Genehmigung, ohne den Inhalt dieses offiziellen Dokuments zu kürzen oder dem etwas hinzuzufügen.

Ponta Delgada auf Saõ Miguel/Azoren am 20. Dezember, abends.

Damien Guillou und ich, Bernard Stamm, hatten den Crewwechsel bei einem kurzen Boxenstopp auf den Azoren vorgenommen und Ewen, Vivien und Ali abgelöst. Kurz danach legten wir ab, um die Überführung unseres Bootes vom brasilianischen Itajaí nach Brest fortzusetzen. Im Gegensatz zu allen anderen Regattateilnehmern hatte ich mich dafür entschieden, lieber auf eigenem Kiel statt auf einem Frachter zurückzukehren. Den Start der nächsten Regatta in New York am 1. Juni 2014 vor Augen, würden wir schneller auf eigenem Kiel zurückkehren, wenn wir uns Verzögerung bei einer Verladung aufs Schiff ersparten und sofort aus Brasilien absegelten. Darüber hinaus war die Überführung auch wichtig, um dabei die Zuverlässigkeit einiger Systeme wie des Stromgenerators zu erproben und erforderliche Änderungen an Ergonomie und Sicherheit zu erarbeiten.

Bereits beim Ablegen auf den Azoren kündigte der Wetterbericht ungemütliches Wetter an. Aber es gab ja die Möglichkeit, uns zunächst nördlicher zu halten, um nach und nach Entscheidungen zu treffen, wie man durch weitere Kursänderungen das schlechte Wetter umfahren könnte. Wir konnten uns solche Überlegungen leisten, schließlich waren wir nicht mehr auf einer Wettfahrt. Je weiter wir nordwärts kamen, desto deutlicher wurde, dass sich das Tiefdruckgebiet verstärken und uns ab dem Morgen des 22. Dezember Starkwind bescheren würde. Dieser würde zum Zeitpunkt unserer geplanten Ankunft in Brest maximale Windstärken erreichen, wenn wir das Boot mit 90 Prozent seiner möglichen Leistung segeln würden. Die Vorhersage kündigte 45 Knoten an, was für unseren Bootstyp durchaus beherrschbar ist, auch wenn wir vernünftigerweise für den Frontdurchgang noch einmal mit 10 Prozent mehr Wind kalkulierten. Wir gingen also von maximalen Windgeschwindigkeiten um 50 bis 55 Knoten aus, die offshore eigentlich gut zu meistern sind. Sorgen machten mir diese Windstärken, wenn ich an den Zustand des Meeres draußen vor der europäischen Küste und vor allem dem Plateau des Kontinentalschelfs dachte. Ich beschloss, ab 21. Dezember noch an der Vorderkante des Windes, der uns nach Norden führte, unsere Geschwindigkeit zu drosseln und das Boot nur noch mit 60 bis 70 Prozent seiner Leistung laufen zu lassen, damit wir die heftigsten Winde noch vor dem Kontinentalschelf und weit draußen vor der Küste der Bretagne abwettern könnten.

In der zweiten Hälfte der Nacht vom 22. auf den 23. Dezember ging wie prognostiziert die erste Kaltfront durch. Die Windstärken von 48 Knoten Mittelwind und in Böen bis 51 Knoten entsprachen unseren Prognosen. Wir liefen unter 3. Reff durch den Sturm. Aufgrund von Problemen mit dem Autopiloten wendete das Boot dreimal versehentlich, doch wir konnten jedes Mal wieder problemlos auf unseren Kurs zurückkehren. Abgesehen von einer gebrochenen Segellatte gab es keine Schäden. Bei Tagesanbruch sahen wir endlich den rauen Seegang in der Dämmerung, die Wellen brachen jedoch nur selten. Bis hierher war alles machbar und kein Problem für uns gewesen.

Im Verlauf des 23. Dezember schwächte sich der Wind auf etwa 30 bis 35 Knoten ab. Er ging später sogar auf 27 Knoten zurück, was deutlich unter den errechneten Vorhersagen lag, von denen wir ausgegangen waren. Ich nahm trotzdem an, dass der Wind wie angekündigt wieder zunehmen würde. Also bereiteten wir das Boot ein weiteres Mal auf den Sturm vor. Wir banden das 4. Reff ein und überprüften alles. Nichts sollte sich losreißen können. Unser Plan bestand darin, jederzeit die Geschwindigkeit unseres Bootes unter Kontrolle zu haben und sicherzustellen, dass es in den Wellen keinesfalls zu sehr beschleunigte. Mit dem stärksten Strom rechneten wir zwischen Kap Finisterre und der Spitze der Bretagne, von dort würde die Strömung weiter ostwärts setzen. Es kam also nicht in Frage, Kurs etwas südlicher auf die Biskaya zu halten. Die auf der Hand liegende Entscheidung war, weiter Kurs Nordnordost zu steuern. Wir hielten uns daher nördlich außerhalb der stärksten Strömung und der maximalen Windgeschwindigkeiten und weit außerhalb, bevor der Meeresboden zum Kontinentalschelf ansteigt. Am Abend des 23. Dezember lag der Wind bei 47 bis 48 Knoten, wobei wir Böen mit 55 Knoten registrierten. Auch dies entsprach immer noch der Prognose. Die See ging schwer, die Wellen begannen an einigen Stellen zu brechen.

Es war gegen 18:30 Uhr UTC. Ich diskutierte mit Damien vor dem Kartentisch gerade die Navigations- und Wetterdaten, als das Boot in einem Wellental plötzlich Fahrt verlor und von irgendeinem Wasserwiderstand gebremst zum Stehen kam. Im gleichen Moment hörten wir das Geräusch berstender Composite-Teile. Reflexartig rief Damien, der Mast wäre gebrochen, aber von dort, wo die Geräusche herkamen, konnte es nicht der Mast gewesen sein, das wusste ich instinktiv. Damien war dem Niedergang am nächsten. Er rannte raus, um nachzusehen. Er sah mit einem Blick, dass nicht der Mast, sondern der Rumpf unseres Bootes abgebrochen war. Ich habe sofort das wasserdichte Schott leewärts auf der Steuerbordseite zugeworfen. Und Damien das luvwärtige auf der Backbordseite. Es war bereits Seewasser eingedrungen, aber es war nicht viel und ließ uns genug Zeit, unser Überleben zu organisieren. Das Boot war in der Mitte und an der Bugsektion schwer beschädigt.

Vom Mastschott an bis nach vorne war nichts mehr da, bis auf die Fender in der Segellast. Als die Schotttüren geschlossen waren, schaute ich kurz nach draußen, um mich selbst zu überzeugen. Ich sah den Bug unseres Bootes, er war vor den Schwertern abgerissen und stand nun in einem Winkel von 45 Grad vom Rumpf ab. Unser Mast stand noch, doch die Takelage war ohne Spannung, Vorstag und Wanten baumelten leblos am abstehenden Rumpf unseres Bootes.

Ich rief Damien zu, er solle die Überlebensausrüstung zusammenpacken, währenddessen ich den ersten Notsender auslöste und ih, durch eine Leine fixiert im Cockpit in einen Behälter mit Tauwerk legte. Über das Flottentelefon erreichte ich Catherine Rouge, um ihr unsere Havarie mitzuteilen. Und danach Philippe Legros, der sich mit dem *CROSS* in Gris-Nez, der französischen Seerettung am Pas-de-Calais [Anmerkung des Übersetzers] in Verbindung setzte. Ich sagte Damien, dass wir uns vorbereiten und unsere Überlebenskleidung anziehen müssten.

Philippe rief zurück, um uns mitzuteilen, dass wir uns in britischen Hoheitsgewässern befänden und wir deswegen das *Maritime Rescue Coordination Centre*, die Leitstelle der Seenotrettung im englischen Falmouth [Anmerkung des Übersetzers] kontaktieren sollten. Wenige Minuten später erhielt ich einen Anruf von der Seenotrettung Falmouth. Sie sagten uns, dass sie unser Notsignal empfangen und eine Rettungsaktion gestartet hätten.

Sobald wir unsere Überlebensanzüge übergestreift hatten, holte ich die zweite Seenotboje vom Notausstieg unter dem

Cockpit. Ich aktivierte sie und verstaute sie sicher im Cockpit in einem Behälter am Schott der Travellerschiene. Wir packten unsere gesamte Überlebensausrüstung, Essen und einen Wasserkanister und lagerten sie am Niedergang oder draußen im Cockpit, jedenfalls so nah wie möglich am Niedergang.

Die Seenotrettung Falmouth rief zurück, um uns mitzuteilen, dass ein Flugzeug auf dem Weg sei, um uns zu lokalisieren. Sie fragten uns erneut nach unserer Position, dann nach unserer Situation auf dem Boot und unserem Gesundheitszustand.

Wir waren unverletzt und beide sehr ruhig und verabredeten, uns gegen 23:00 Uhr UTC erneut zu melden.

Ich bin raus und startete einen *SART*-Transponder, um dem Flugzeug das Auffinden zu erleichtern. Plötzlich und blitzschnell überflog uns die Maschine, gleichzeitig kontaktierte uns die Besatzung per UKW. Das Flugzeug war in Frankreich gestartet und wir sprachen Französisch. Die Besatzung sagte uns, dass ein Frachtschiff Kurs auf unsere Position genommen hätte und es eine halbe Stunde nach Mitternacht bei uns sein würde und dass ein Hubschrauber aus England gestartet sei und uns ebenfalls um Mitternacht erreichen würde. Das alles muss gegen 20:30 Uhr gewesen sein.

Ich rief Falmouth zurück, um mich zu vergewissern, dass sie auch wirklich das Signal von unseren beiden Notsendern empfingen und um mitzuteilen, dass unser Flottentelefon wegen leerer Akkus möglicherweise nicht mehr funktionieren würde. Falmouth bestätigte, dass sie das Signal beider Baken empfingen. Die Flugzeugbesatzung gab derweil durch, dass sie wegen Treibstoffmangel nun zurückkehren müssten, dass aber ein weiteres Flugzeug gleichzeitig mit den anderen Rettern bei uns eintreffen würde.

Damian und ich versuchten dann, die Trümmer der Takelage loszuwerden, aber wir gaben diese Absicht schnell wieder auf. Nachdem wir ein Want durchtrennt hatten, schlug das Rigg nicht mehr auf den Rumpf ein. Der Baum ragte auf der Backbordseite über das Deck, während der Mast auf der Steuerbordseite im Wasser hing, wobei das gereffte Segel das Dach des Deckshauses bedeckte. Es schien uns weit gefährlicher, an Deck zu arbeiten, um die Takelage zu lösen, als alles so zu belassen, wie es war. Es war sinnlos.

Wir begannen, die Warterei zu verkürzen, indem wir etwas zu uns nahmen, tranken, aßen, uns ein wenig ausruhten. Der Wind schien nachzulassen. Der abgerissene Bug trieb nun vor dem Boot und wurde nur noch von den Stagen gehalten. Der Teil des Rumpfes, in dem wir uns befanden, lief langsam voll Wasser, es drang durch eine undichte Kabelverschraubung, durch die Schotten, die unter dem Druck durchlässig wurden, und sicher über die Kielbilge, die sich mittlerweile unter der Wasseroberfläche befand.

Gegen 23:00 Uhr kontaktierte ich *MRCC* Falmouth, um sie über die Situation zu informieren. Das Boot machte Wasser, schwamm aber noch aufrecht. Der Strom an Bord war ausgefallen. Das tragbare Iridium aus einem der Überlebenscontainer funktionierte noch. Kurz vor Mitternacht hatten wir per UKW wieder Kontakt mit dem Flugzeug. Es teilte uns mit, dass ein Hubschrauber in unserer Nähe wäre. Auch der Frachter würde uns kurze Zeit später erreichen. Sie berichteten auch von zwei Trawlern in der Nähe, aber wir wussten nicht genau, ob die beiden Trawler zu uns unterwegs wären.

Gegen Mitternacht sahen wir den Hubschrauber und nahmen Kontakt zur Besatzung auf. Nachdem sie einige Augenblicke über uns gekreist waren, teilten sie uns mit, wir sollten unsere Rettungsinsel zu Wasser lassen und versuchen, hineinzukommen. Wir müssten es dann irgendwie schaffen, von den Trümmern unseres havarierten Bootes wegzukommen. Sie würden einen Taucher absetzen, der versuchen würde, zu uns und der Rettungsinsel zu gelangen. Die Rettungsinsel lag im Cockpit bereit. Alles, was wir tun mussten, war, sie über Bord zu werfen zwischen all dem Gewirr von Drähten, Fallen und Aluprofilen. Als die Box mit der Rettungsinsel im Wasser schwamm, zog ich ungefähr 10 Meter an der Leine, bis ich am anderen Ende einen Widerstand spürte. Dann riss ich energisch daran. Die Rettungsinsel blies sich sofort auf. Sie entfaltete sich brav in der richtigen Richtung und trieb aufrecht auf dem Wasser. Ich hielt die Leine ganz kurz, um die Rettungsinsel in die Nähe unseres Rumpfes zu bringen. Ich sagte Damien, dass er den Wasserkanister samt dem Überlebensbehälter in die Rettungsinsel schaffen müsste, falls wir gezwungen wären, tatsächlich unser Boot definitiv zu verlassen. Damien kletterte auf das Floß und ich folgte ihm. Es war schwierig, die Rettungsinsel neben dem Boot zu halten und gleichzeitig sicherzustellen, dass es nicht unter unsere 60-Fuß-Yacht gedrückt wurde, wenn die Wellen sie in die Höhe hoben und senkten. Dann versuchten wir, vom Boot wegzukommen – doch es gelang uns einfach nicht. Schlimmer noch, die Rettungsinsel bewegte sich langsam auf die abgerissene Bugsektion des Bootes zu. Die Verbindungsleine begann, sich unter unserem Boot zu vertörnen.

Irgendwann begriffen wir, dass wir es nicht schaffen würden, vom Boot wegzukommen. Es wurde immer gefährlicher, in der Rettungsinsel zu bleiben. Deshalb kletterten wir wieder zurück an Bord des treibenden Rumpfes unseres 60-Fuß-Bootes. Über UKW teilten wir der Hubschrauberbesatzung die Lage mit. In der Eile, aus der Rettungsinsel wieder zurück an Bord zu gelangen, ließen wir jedoch unseren Überlebenscontainer und den Süßwasserkanister im Floß zurück! Im Überlebenscontainer befanden sich unter anderem das Iridiumtelefon und das tragbare GPS. Ich habe mich noch nie von meinem *Leatherman*-Messer getrennt, das ich nur schwer bei mir behalten konnte – *TPS*-Überlebensanzüge besitzen nicht eine einzige Tasche. Also steckte ich es in meinen Stiefel und es war nicht leicht, danach irgendwie wieder dranzukommen. Jeder von uns trug einen AIS-Sender sowie ein *KANNAD*-Ortungsgerät, ein tragbares UKW und eine Gürteltasche, in der sich Leuchtmittel, Mini-Raketen, eine Taschenlampe sowie einige persönliche Gegenstände befanden. Ich selbst hatte Brieftasche und Brille bei mir, letztere für den Fall, dass ich irgendeine Anleitung der Überlebensausrüstung nicht lesen könnte. Damien trug unsere Pässe, Telefone und die SD-Karte der Kamera in einem ZIP-Lock-Beutel. Ich schlug mich derweil mit den Schwierigkeiten herum, mich im Lärm über UKW zu verständigen.

Die Hubschrauberbesatzung bot an, zu versuchen, einen Taucher auf dem Heck des Bootes abzusetzen. Er näherte sich, ließ eine Leine mit einer schweren Tasche am Ende herunter. Ich schnappte mir die Leine und fing an, sie in meiner Richtung zu straffen. Die Besatzung ließ ziemlich viel Leine herab. Der Taucher begann, sich an der Leine abzuseilen. Ich straffte die Leine zwischen dem Taucher und mir so eng, wie es nur ging. Er schaffte es tatsächlich, ganz nah zu uns runter. Im nächsten Moment gelang es ihm, seinen Fuß auf die Iridiumantenne zu setzen, aber dann schwebte er urplötzlich wieder 5 oder 6 Meter in der Höhe. Es war wie ein Jo-Jo und viel zu gefährlich. Außerdem entwand sich die Leine, die ich in meinen Händen hielt, jedes Mal, wenn der Taucher sich entfernte. Wenn diese Leine sich unglücklicherweise an unserem Boot verheddern würde, hätten wir im Nu eine Situation, die den Taucher schwer verletzen oder gar den Hubschrauber ins Wasser ziehen könnte. Also durchtrennten sie die Leine. Der Hubschrauber löste sich dann wieder von uns.

Über Funk schlug die Besatzung nun vor, dass wir vom Boot wegschwimmen und sie den Taucher im Wasser absetzen würden, damit er uns anseilen würde und wir hochgewinscht werden könnten. Damien fand das keine gute Idee. Ich beruhigte ihn jedoch, dass das machbar wäre. Ich wollte ihm das auch gleich beweisen, indem ich ein Stück weit schwimmen würde. Also kletterte ich ins Wasser und fing an, auf dem Rücken zu schwimmen, nur über ein Seilende mit dem Boot verbunden. Ich hatte mich ungefähr 30 bis 40 Meter entfernt, als der Taucher 5 oder 6 Meter von mir entfernt ins Wasser platschte. Wir schwammen aufeinander zu, wir konnten uns fast schon berühren, als er plötzlich wieder aus dem Wasser gerissen wurde und in der Luft verschwand. Mit Entsetzen begriff ich, dass er zusammen mit dem Seilende, das ich in der Hand hielt, verschwunden war. Ich fand mich schwimmend und ohne Verbindung zum Boot wieder. Zuerst schrie ich, wahrscheinlich, um ihm klarzumachen, dass er mit dem einzigen, was mich am Boot hielt, verschwunden war, aber ich begriff schnell, wie nutzlos das war. Ich begann hektisch zu schwimmen, um zurück zum Boot zu gelangen, als sich plötzlich die Weste, die ich trug, automatisch aufblies und meinen Hals einschnürte. Ich fühlte mich, als würde mir die Schwimmweste die Atmung abschnüren.

Ich versuchte, ruhigere Schwimmzüge zu machen, um mich zu retten, und sah, dass ich mich der Takelage und der Spitze des Segels näherte, die im Wasser trieben. Schließlich schaffte ich es, mich an das Segel heranzuziehen, das ich ergriffen hatte. Ich zog mich darauf, um mich näher an unseren Rumpf heranzuarbeiten. Als ich ihn fast erreicht hatte, erschien Damien über mir und half mir, wieder an Bord zu kommen. Ich blieb eine Weile liegen, um Luft zu holen. Dann kehrten wir schnell zum Heck des Bootes zurück, wo wir den Wellen nicht ganz so schlimm ausgesetzt waren. Im ersten Schreck hatte ich in den Minuten meines Überlebenskampfes den Seenotsender verloren, den ich an meinen Anzug befestigt hatte. Ich zog meine Schwimmweste aus, die meinen Hals eingeschnürt hatte. Als ich wieder zu Atem gekommen war, kümmerte ich mich darum, sie zu entleeren, neu zu falten, zu schließen und wieder anzuziehen. Sie würde sich nun zwar nicht mehr automatisch aufblasen. Aber falls nötig, könnte ich sie einfach über das Mundstück aufpumpen. Wenigstens würde sie sich jetzt nicht mehr unbeabsichtigt öffnen.

In der Zwischenzeit sprach Damien über UKW mit dem Helikopter. Die Besatzung informierte ihn, dass sie nicht länger bleiben könne, weil ihr Treibstoff aufgebraucht wäre, und dass sie uns deshalb allein lassen müssten. Während dieser Zeit umkreiste das französische Flugzeug das Gebiet und stand in Kontakt mit dem Hubschrauber und dem Frachtschiff. Die Flugzeugbesatzung konnte unsere Gespräche mithören. Es war vor allem Damien, der mit dem Flugzeug sprach, sein Funkgerät funktionierte viel besser als meines. Die Verbindung war gut und Damien gab die Informationen an mich weiter. Ich habe nur selten eingegriffen in den Dialog zwischen dem Flugzeug und uns. Damien übermittelte ihnen die Schwierigkeiten, die uns unsere Rettungsinsel bereitete. Deren Leine hatte sich unter dem Rumpf unseres Bootes verfangen und drückte die Rettungsinsel so unglücklich an den zersplitterten Bug, dass dieser drohte, unsere Rettungsinsel zu zersägen.

Der Versuch, die Rettungsinsel aus ihrer Lage zu befreien und zurückzuholen, schien uns zu gefährlich. Um das zu erreichen, wäre es notwendig gewesen, die verwickelte Leine zu durchtrennen, die unter dem Floß an mindestens zwei Anschlagpunkten gesichert war. Daraufhin informierte die Flugzeugbesatzung Damien, dass sie eine weitere Rettungsinsel abwerfen würden.

Es sind besondere Rettungsinseln. Soweit ich es verstand, befindet sich eine 150 Meter lange Leine auf jeder Seite. Das

Flugzeug machte einen ersten Anlauf und dann einen zweiten, bei dem es leuchtende Schwimmer mit Rauchsignalen abwarf, die es der Besatzung ermöglichten, eine Achse für ihren Anflug zu markieren, um den besten Abwurfpunkt für das Rettungsfloß zu definieren. Dann warfen sie eine erste Rettungsinsel ab, die etwa 50 Meter hinter dem Heck unseres Bootes ins Wasser fiel. Wir hatten Schwierigkeiten, das Floß zu erkennen und erst recht, irgendwelche Leinen zu sehen. Die zweite Rettungsinsel fiel etwas näher, aber immer noch vor dem Heck unseres Bootes, ohne dass wir die Leinen sehen konnten. Die dritte fiel dann noch ein wenig näher. Damien beschloß, den Versuch zu wagen und hinzuschwimmen, gesichert von einer Leine zum havarierten Boot. Er schaffte etwa 15 Meter, als er begriff, dass er die Rettungsinsel nicht erreichen würde. Ich holte die Leine ein, an der er hing, um ihm den Weg zurück zu erleichtern, und half ihm, am Heck wieder an Bord zu kommen. Die vierte Rettungsinsel fiel noch näher, landete aber immer noch zu weit weg. Damien war in stetem UKW-Kontakt mit dem Flugzeug und informierte die Besatzung, dass der Anflug zwar perfekt sei, dass die Rafts aber zu früh abgeworfen würden.

Er bot an, ihnen selbst per UKW den idealen Abwurfpunkt durchzugeben, was aber offensichtlich nicht möglich war. Es hätte zu lange gedauert, um erst die Informationen per Funk zu erhalten, und sie dann an denjenigen an Bord weiterzugeben, der für den Abwurf zuständig war. Es wäre schwierig gewesen, die Synchronisation durchzuführen. Sie sagten uns, dass sie nun die letzte Rettungsinsel fallen lassen würden. Sie landete etwa 20 oder 30 Meter vor dem Heck unseres Schiffes im Wasser. Die Entfernung war schwer zu schätzen, aber diese letzte Rettungsinsel schien für uns erreichbar. Ich sagte Damien, diesmal würde ich versuchen, die Rettungsinsel zu erreichen. Ich kletterte ins Wasser und begann zu schwimmen.

Das Floß schien zwar in Reichweite zu sein, doch wenn ich es nicht schaffen würde, würde mich die Strömung gefährlich nahe zur abgerissenen Bugsektion des Bootes treiben. Das Risiko schien mir zu groß, um meinen Versuch fortzusetzen und ich kam wieder an Bord zurück.

Das Flugzeug kündigte an, dass das Frachtschiff nicht mehr weit von uns entfernt sei, dass ihr Treibstoff zur Neige ging und sie nicht mehr lange bleiben könnten.

Als wir hinten im Boot waren, fiel Damiens Gürteltasche ins Wasser. Man konnte sehen, wie sie auf Höhe des Cockpits auf dem Wasser trieb. Ich rief ihm zu, wie wichtig es sei, sie wiederzubekommen. Damien ging auf die Knie, konnte die Gürteltasche aber nicht erreichen, deshalb sprang er ins Wasser. Er schwamm unmittelbar neben dem Ruderblatt, das Boot ging in diesem Moment mit jeder Welle heftig auf und ab. Damien geriet in Gefahr, das Ruderblatt auf den Kopf zu bekommen. Er gab sein Vorhaben auf und ich half ihm, zurück an Bord zu kommen. Es war erneut zu gefährlich.

Als das Flugzeug alle seine Retttungsinseln abgeworfen hatte, beschlossen wir, zu versuchen, unser eigene zu bergen, die an der abgerissenen Bugsektion trieb. Das Großsegel auf dem Dach hatte uns schon eine Weile behindert. Wir hatten es an der Winsch festgelascht, damit es nicht im Wind schlagen konnte, aber es hinderte uns trotzdem, schnell irgendwie zur Vorderseite des Bootes zu gelangen. Mit meinem Messer schnitt ich das Segel entlang einer Leiste in zwei Hälften. Sein Schlagen im Wind endete aprupt, plötzlich hatten wir Platz über dem Dach. Ich ging voran bis auf Höhe der Püttings, gefolgt von Damien, der etwas zurückblieb, um mir zu helfen. Die Verbindungsleine war schlecht zu erreichen, der vordere Teil des Bootes schwebte in den Wellen hoch oben und schlug riskant um sich. Er vollführte seine Bewegung gefährlich nah an der Stelle, die ich hätte erreichen müssen, um an die Rettungsinsel und deren Verbindungsleine heranzukommen. Plötzlich nahm ich wahr, wie unser Gewicht das Boot sinken ließ. Es begann, in eine vertikalere Position abzusacken. Schnell rannten wir zurück zum Heck. Im selben Moment nahmen wir die Lichter des Frachters wahr, also konzentrierten wir uns auf diesen Hoffnungsschimmer und gaben die Idee, unser Floß zu bergen, zunächst auf.

Die Flugzeugbesatzung gab durch, dass das Frachtschiff dabei war, sich in unsere Nähe zu bugsieren. Sie sagten uns auch, dass sie schnell zurückkehren müssten und dass wir ab jetzt direkt mit der Besatzung des Frachters kommunizieren sollten. Ich kontaktierte den Frachter, der uns mitteilte, dass er manövrieren würde, um unmittelbar neben uns zu gelangen, und dass sie ein Netz an der Bordwand ihres Frachters aufgehängt hätten.

Das Flugzeug signalisierte nun definitiv, dass es nicht länger bleiben könne. Als es verschwand, wünschten sie uns noch viel Glück. Sie schienen aufrichtig besorgt, dass sie uns nicht hatten helfen können und wir empfanden nach diesem letzten Kontakt unsere Besorgnis umso deutlicher. Der Frachter hielt inzwischen weiter auf uns zu. Er kam näher und näher. Er manövrierte gegen den Wind, versuchte, neben uns im Wind aufzustoppen.

Wir lagen nun fast neben dem Frachter, etwa auf halber Länge, ein wenig näher am Bug und in seiner vorderen Hälfte. Ein Crewmitglied feuerte mit einem Leinenschießapparat einen Festmacher direkt über uns ab. Wir standen im Heck, klebten an den Relingsdrähten im hinteren Teil unseres Bootes. Wir sahen nicht, wie die Leine mit der Waffe abgefeuert wurde. Unser Boot berührte die stählerne Bordwand des Frachters. Dort konnten wir die Leine samt der Affenfaust, dem runden Wurfleinenknoten am Ende [Anmerkung des Übersetzers], packen. Doch als wir daran zogen, war deren anderes Ende nicht befestigt. Wir begriffen, dass es an Bord des Frachters ein Missverständnis gegeben hatte und das andere Ende der Leine lose gekommen war.

Noch immer hilflos treibend, begann unser Rumpf langsam zum Bug des Frachters zu wandern. Bevor wir die Lage begriffen hatten, lagen wir schon neben der massigen Bugbirne des Frachters. Spätestens zu diesem Zeitpunkt war klar, dass die Leute auf der Brücke uns nicht mehr sehen konnten. Ich begann, sie über UKW anzubrüllen, augenblicklich Fahrt rückwärts zu machen. Wir hatten große Angst, in den Wellen unter der Bugnase des Frachters zerquetscht zu werden. Glücklicherweise kam die Nase nie aus dem Wasser, während wir vor dem Bug lagen. Schließlich löste sich unser 60-Fuß-Boot. Der Frachter schien rückwärts zu laufen oder es war unsere Abdrift, die uns von ihm weg bewegte.

Es dauerte etwa eine halbe Stunde, bis sich der Frachter erneut an uns heranmanövrieren konnte. Er wollte denselben Rettungsversuch ein weiteres Mal unternehmen. In der Zwischenzeit suchten Damien und ich nach Alternativen, aber keine schien besser zu sein als der Rettungsversuch des Frachters. Im einen Augenblick schien es uns, als ob wir ein Rettungsboot auf der Leeseite entdeckt hatten, etwa 40 oder 50 Meter entfernt. Im nächsten Augenblick glaubten wir, dass die Leine einer der vom Flugzeug abgeworfenen Rettungsinseln sich an unserem Boot verfangen hätte und die Rettungsinsel festhielt. Am Ende war nichts davon der Fall. Gut möglich, dass das Licht, das wir gesehen hatten, das Notsignal war, das ich verloren hatte. Unser Schiff, daran bestand jedenfalls kein Zweifel, sank schneller und schneller. Alles, was uns übrig geblieben war, war der hintere Teil des Bootes und die Spitze des Daches, die nun aus dem Wasser ragten.

Ich sprach viel mit einem Mann an Bord des Frachters. Ich schlug ihm vor, uns weniger nah zu kommen als beim ersten Mal. Zu versuchen, uns dann ein Leinenende zuzuwerfen, an dessen anderem Ende eine Rettungsinsel hängt. Auf diese Weise könnten wir zumindest an etwas rankommen, das zuverlässig schwimmt. Mein Gegenüber machte den Eindruck, mit meinem Vorschlag einverstanden zu sein, aber dann begriffen wir schnell, dass der Mann unsere Idee überhaupt nicht verstanden hatte.

Der abgerissene Bugteil unseres Bootes trieb oben auf den Wellen. Wir dachten darüber nach, uns auf diesen Teil unseres Schiffes hinüberzuretten, falls unser Rumpfteil sinken würde. Aber wir hätten die drei Stagen durchtrennen müssen und noch manches andere, was die abgerissene Bugsektion am Rumpf festhielt. Heute denke ich, dass der Aufenthalt auf diesem Teil unseres Schiffes, wenn er einmal freigekommen wäre, für uns zu einem richtigen Schleudergang wie in einer Waschmaschine geworden wäre.

Während das Frachtschiff sich erneut an uns heranmanövrierte, nahmen wir plötzlich die Lichter eines Fischerbootes wahr. Damien meinte, dass es seiner Meinung nach besser wäre, dem Frachtschiff zu sagen, es solle sein Manöver abbrechen, wir würden es lieber mit dem Trawler versuchen. Im Fall des Frachters hatten wir eine sehr klare Vorstellung von den Problemen, mit denen jeder Rettungsversuch verbunden war, und welche Gefahren von dem Frachter ausgingen. Außerdem war seine Besatzung nun in der Lage, die Situation einzuschätzen. Wir konnten sehen, dass sie alles in ihrer Macht Stehende unternehmen würden, um uns da rauszuholen. All das würde mit dem Fischerboot wieder bei Null beginnen. Angesichts des unausweichlichen Untergangs unseres Bootes schien nicht mehr viel Zeit zu bleiben, bis es wirklich sank. Also habe ich dem Frachter nichts weiter mitgeteilt und ihn sein Manöver fortsetzen lassen.

Schlagartig wurde uns nun eiskalt. Wir begaben uns ganz nach achtern, außerhalb des Travellerschotts, in Richtung des

Steuers des Bootes. Wir versuchten, uns ein wenig vor dem Wind zu schützen, der uns auskühlte. Eine Welle fegte über den hinteren Teil des Bootes und riss mich ins Wasser. Mit Damiens Hilfe konnte ich wieder auf das Boot steigen.

Wahrscheinlich waren wir traumatisiert vom Bug des Frachtschiffs während des ersten Rettungsversuchs. Uns schien es jetzt, als würde der mächtige Bug direkt auf uns zuhalten. Ich war so mitgenommen, dass ich in diesem Moment anfragte, ob er nicht doch lieber mit seiner Backbordseite bei uns anlegen wolle. Nach endlos langen Minuten, in denen der Frachter manövrierte, gelang es ihm, sich wie beim ersten Mal neben uns in Position zu bringen. Er lag gestoppt. Wir waren überrascht, wie er bei diesem Wind überhaupt so ruhig daliegen konnte. Wir lagen wenige Meter neben dem Frachtschiff in der achteren Hälfte seines Rumpfes, hinter dessen Mitte. Eines der Besatzungsmitglieder schoss erneut vom Deck des Frachters eine Pilotleine mit Festmacher über uns. Ich konnte die Leine erkennen, aber ich war zu weit weg, um sie zu erreichen oder mich darauf zuzubewegen. Ich schrie Damien an, dass dort eine Leine wäre. Er sah sie ebenfalls und schaffte es, sie zu fassen zu bekommen.

Damien begann, an der Leine zu ziehen und zu zerren, aber er holte nur die Lose. Einen Moment lang dachten wir, sie würden uns an der Leine eine Rettungsinsel schicken, aber das war nicht der Fall. Als der Rumpf unseres Bootes zurückrollte und sich dem Heck des Frachters näherte, befestigte Damien die Leine an unserem Rumpf und die Crew des Frachters hielt unser Boot auf dieser Höhe.

Unser Rumpf donnerte hart gegen die Bordwand des Frachters. Offensichtlich hatte die Crew an Deck nur darauf gewartet, bis wir die Leine endlich fest hatten, um sie danach auf ihrer Seite zu fixieren. Endlich hingen wir am Frachter fest und ich rief hinauf, uns ein Tauende runterzulassen, als sie auch schon dabei waren, genau das zu tun. Es gelang mir, das dicke Seilende zu fassen, es endete mit einer Schlinge zum Sitzen. Ich sagte Damien, dass wir beide in diese Bucht steigen und versuchen müssten, darin vom Boot runterzukommen. Kaum waren wir beide in die Schlinge gestiegen, bewegte sich das Boot unter uns heftig in einer Welle zurück. Ich hatte in diesem Moment damit gerechnet, dass die Crew uns sofort hinaufwinschen würde, als das UKW tönte, dass das doch nicht ginge. Dann ging alles sehr schnell. Als unser Boot mit der Welle wieder hochkam, knallte ich mit dem Brustkorb mit voller Wucht auf das Dach unseres Bootes. Es tat höllisch weh, weil ich ja auch Damians 90 Kilo huckepack hinter mir hatte. Vor mir lag das zerborstene Teil des Bootes. Durch die Heftigkeit des Aufpralls und den Schmerz wusste ich nicht mehr, wie ich aus den Trümmern wegkommen sollte. Ich hatte einen Blackout.

Ich bekam nicht mehr mit, dass ich auf der anderen Seite landete, genau vor dem abgerissenen Bugteil. Aber ich realisierte auch, dass Damien nicht mehr hinter mir hing. Ich schrie und drehte mich um, um zu sehen, wo er war, aber die Crew zerrte mich am Seil zur Vorderseite des Frachters, wo das Netz hing. Ich schleifte die meiste Zeit unter Wasser, überwältigt von den Wellen. Plötzlich kam mein Kopf aus dem Wasser heraus, ich entdeckte Damiens Scheinwerfer nahe am Bug unseres Bootes, während die Retter mich weiter vorwärts zerrten. Unser Boot muss nun etwa 60 oder 70 Meter vom Netz an der Bordwand entfernt gewesen sein. Ich näherte mich dem Netz, packte es mit aller Kraft und kletterte im Netz die 10 Meter an der Bordwand des Frachtschiffs nach oben. An der Reling angekommen, zogen mich mehrere Besatzungsmitglieder über das Geländer. Dort stemmte ich mich dagegen und schrie die Crew an, sie müssten sich um Damien kümmern, aber sie brachten mich mit Gewalt und Autorität zum Heck des Frachtschiffs. Ich hatte nun keine Kraft mehr, mich zu widersetzen. Doch noch bevor ich ins Innere des Frachters erreichte, sagten sie mir, dass Damien ebenfalls gerettet sei. Von da ab habe ich alles willenlos über mich ergehen lassen.

Im Inneren des Frachters kam ich nicht gleich mit Damien zusammen. Sie zogen uns die Überlebensanzüge aus und unsere Stiefel, bis wir nichts mehr anhatten, und steckten uns danach in trockene Kleidung. Sie gaben uns zu trinken und servierten uns heiße chinesische Nudeln. Ich hatte eine kleine Wunde an meiner linken Hand, die sie desinfizierten und bandagierten, dann gingen wir auf die Brücke, um mit dem Kommandanten zu reden. Wir stiegen die sechs Stockwerke zur Brücke hinauf wie in Zeitlupe, dann sprachen wir mit dem Kommandanten. Ich konnte Catherine an Land anrufen, um sie zu beruhigen und dann alle anderen verständigen. Damien konnte ebenfalls telefonieren. Wir waren gerettet und sicher. Ich war einerseits niedergeschlagen über den Verlust meines Bootes und andererseits so glücklich, mit Damien gemeinsam nach Hause zurückkehren zu können. Ohne ihn heimzukommen, wäre schwer zu ertragen gewesen.

Der Frachter fuhr nach Rotterdam, wo er uns absetzte. Die Tage nach meiner Ankunft in der Bretagne machte man Röntgenaufnahmen von meiner Hand, dann von meiner Brust. Sie zeigten eine gebrochene Rippe und mehrere lädierte Knorpel. An meiner Hand wies die Röntgenaufnahme keine weitere Verletzung auf, erst im Ultraschall fanden sich einige zentimeterlange Kohlenstoffsplitter. Also operierte man meine Hand, um die Fremdkörper zu entfernen. Die Wunde verheilt gut, sie müssen es tatsächlich geschafft haben, alles zu entfernen, aber der Arzt will, dass ich einen Brustscan mache, um sicherzustellen, dass auch wirklich nichts verletzt ist. Damien blieb unverletzt.

Boris Herrmann
Fachinterview.

Die Ängste des Profiseglers auf dem Meer.

Zum Termin in einem Hamburger Café in der Speicherstadt kommt Boris Herrmann leicht erkältet und mit einem dicken Schal um den Hals.

„Draußen auf dem Meer", sagt er, „ist das ja fast ein keimfreier Raum, was Erkältungen angeht. Das macht's nicht leicht, sobald man in einen Zug oder ein Flugzeug steigt." Um dann gleich zum Kern zu kommen: „Wenn es um ein Buch über Seenot geht, weiß ich nicht, ob ich der Richtige bin. Ich hab eigentlich keine Geschichte zu erzählen. Wir haben ja heute so gute Wettervorhersagen. Wir haben so gute Schiffe. Wir haben so strenge Regattavorschriften.

Wenn etwas passiert, dann ist irgend etwas richtig schief gegangen. Dann haben wir etwas falsch gemacht."

Thomas Käsbohrer: Aber was ist mit dem Thema „Kollision auf See“? Da treibt so viel an lebendem oder anorganischem Material herum...

Boris Herrmann: Ich habe so etwas einfach noch nicht erlebt. Klar hatte ich mal schlechtes Wetter. Wir weichen ja den Stürmen aus und vermeiden, in eine Situation zu kommen, in der wir nicht mehr Regattasegeln können. Da geht's nur noch darum, das Schiff zu sichern. Solche Segelkriterien müssen wir dann großräumig umfahren. Wir sehen das ja 10 Tage im Voraus, wo es eng werden könnte. Wir setzen den Kurs selbst im Südmeer so, dass wir nie mehr als 2 Meter Welle haben. Das ist idealerweise das Ziel: Nicht mehr als 25 Knoten Wind. Nicht mehr als 2 Meter Welle ...

... das ist schon mal ein erstes Learning, das ich mit nach Hause nehme. Das so präzise zu fassen und zu versuchen, durch bessere Wetterberichte umzusetzen. Kann man das?

Boris Herrmann: Es geht zwar nicht immer. Und manchmal hast du eine hohe Dünung. Klar. Dann erzählen die Leute: „Das war eine Hochhaus-Dünung.“ Das macht aber nichts aus. Wenn die Dünung 300 Meter lang ist, merkt man auch solche Höhen kaum.“

War es Glück, dass Sie nie Seenot erlebten?

Boris Herrmann: Ich bin mit dem Segeln aufgewachsen. Ich bin ja von Haus aus jedes Wochenende, jede freie Stunde zu zweit mit meinem Vater auf dessen Boot an der Nordseeküste gesegelt. Er kannte die Küste gut. Ich hatte das Glück, mit dieser Küste aufzuwachsen. Das ist eine besondere Küste. Normale Yachten können da nicht in die Häfen mit ihrem Kiel. Wenn man aus der Elbe rausfährt, kann man nach Helgoland oder Emden. Und selbst nach Norderney kann man nicht immer. Wenn sich bei Nordwind mit 5 Windstärken Seegang aufbaut, würde ich da nicht rein in die Inseln, nicht mit einem normalen Schiff. Das ist schon ein interessantes Revier, spannend mit Tide, mit Trockenfallen, mit den Seegatten.

Später, mit 18, habe ich das professionalisiert. Mein Vater geriet öfter in Seenot. Das hatte viel mit seinem Schiff zu tun, ihm ist öfter das Ruder abgebrochen. Ich habe versucht, möglichst viel über Seenot zu lesen, möglichst zu verstehen, was andere falsch gemacht haben, um den Fehler selber nicht zu machen.

Das ist die Absicht, die hinter unserem Buch steckt. Was fürchten Sie persönlich auf See? Jeder hat ja seinen Yeti, den „großen weißen Gorilla", von dem er fürchtet, dass er hinter der nächsten Ecke lauert.

Boris Herrmann: Das ist relativ abstrakt. Bei den meisten von uns, auch bei den Kollegen, geht es vor allem darum, das Schiff nicht zu beschädigen. Keinen Fehler zu machen, so dass das Schiff nicht kaputtgeht. Zu vermeiden, dass wir nicht mit voller Leistungsfähigkeit weitersegeln können. Da habe ich keine Angst um mich. Eher darum, dass ich mein Leben, seit ich 16 bin, in das Projekt *Vendée Globe* gesteckt habe. Ich möchte 2020 das Boot erfolgreich ins Ziel segeln, ohne dass etwas kaputtgeht. Angst, die Persönliches betrifft, ist da nicht so präsent. Ich will aber dieses Rennen segeln. Die Entbehrung, die einfließt in zehn Jahre Vorbereitung, die macht mir mehr aus als die Tatsache, dass ich da ein paar Monate auf See bin.

Das große Abenteuer des Um-die-Welt-Segelns, die Verhältnismäßigkeit des Abenteuers: Das ist dann nur noch das i-Tüpfelchen am Ende einer ganz ganz langen Geschichte. Der Stress für uns ist das Jetzt. Jetzt ist der Moment, in dem alles kumuliert. Jetzt darf man keinen Fehler machen. Jetzt will man nicht, dass irgendetwas kaputtgeht. Der eigentliche Stress bei so einem Rennen: Das ist dieser Traum von vielen Leuten, dieses Engagement im Team, von den Hunderten Menschen, die einen unterstützen auf dem Weg zur Startlinie.

Trotzdem noch einmal die Frage: Was ist Angst für Boris Herrmann?

Boris Herrmann: Dass etwas kaputtgeht.

Keine Angst um sich selber? Blitze auf See? Wellen?

Boris Herrmann: Blitz hieße, meine Elektronik ist beschädigt.

Sind Sie ein Tekkie? Ein Homo Faber, dessen Fähigkeiten und Fertigkeiten alle Irrationalität der Welt zu bändigen weiß?

Boris Herrmann: … ich mache alles, was ich brauche, um an mein Ziel zu kommen. Das bestimmt alles.

Kommt das aus Ihrem beruflichen Werdegang?

Boris Herrmann: Ich habe Wirtschaftswissenschaften studiert.

Was Angst angeht, gibt es verschiedene Typen: Es gibt Ängstliche. Es gibt Menschen mit Nerven aus Stahl. Und es gibt Menschen, die zu dumm sind für Angst. Wo würden Sie sich einordnen?

Boris Herrmann (denkt nach): Ich bin auch Seemann. Und mit der See aufgewachsen und natürlich als Säugling schon mitgesegelt. Ich bin vier Mal um die Welt gesegelt, war vier Mal im Southern Ocean, bin vier Mal gegen den Wind um Kap Hoorn. Ich kenne das Meer. Ich weiß, ich habe Respekt vor der See. Aber ich habe keine Angst vor Wellen, irgendwelchen Winden, sondern habe eine Einschätzung: Wo ist es gefährlich für mein Schiff? Wo könnte ich verlangsamt werden durch Seeschlag? Und das ist alles, was mein Denken bestimmt. Ich habe eine große Vorfreude, im Southern Ocean zu segeln. Dort besteht weniger Risiko, gegen ein Fischerboot zu fahren. Ich habe mehr Angst davor, wenn ich vor Nordspanien rund Kap Finisterre segle, dass ein Fischer sein AIS ausgeschaltet hat, als im Southern Ocean von der großen Welle erwischt zu werden.

Das ist jetzt auch schlecht, weil das ja alles für das Thema nicht relevant ist und vollkommen unromantisch. Die Leute sagen mir immer: Halt doch mal 'nen Vortrag. Dann erzählst du von großen Wellen und Stürmen und wie hart das alles ist. Das habe ich alles nicht erlebt. Es ist auch nicht hart. Diesem ganzen Kram weichen wir aus. Es geht einfach nur um diesen Wettbewerb. Das ist wie bei der *Formel Eins*. Du fährst auf Position eins. Wenn's regnet, wirst du an die Box gerufen. Wir halten uns da raus. Wenn ich in mehr als 30 Knoten Wind gerate, habe ich einen Fehler gemacht.

Kann man das denn immer auf See?

Boris Herrmann: Das Abenteuer, das ich suche, ist das Abenteuer der Technik, in dieser Weite des Meeres es zu schaffen, ohne Fehler durchzukommen und ins Ziel zu kommen. Das ist schon Herausforderung genug. Ich bin schlecht darin, Geschichten über Stürme und wilde See zu erzählen.

Was war die übelste Nacht beim letzten Rennen?

Boris Herrmann: Es gab keine üble Nacht vor einigen Wochen beim *Transat Jacques Vabre*. Das Abenteuerlichste passierte mit dem *Class 40* vor zehn Jahren. Im Southern Ocean sind wir auf die Seite gelegt worden. Wir hatten die Sturmfock oben, vielleicht 45 Knoten Wind. Bisschen raue See. Das ist alles kein Drama. Ok, wir bleiben jetzt mal drin im Schiff und gehen nicht raus. Und zwei, drei Mal hat sich das Boot auf die Seite gelegt. Dann fliegen eben ein paar Sachen, die man nicht so gut verstaut hat, durch die Gegend. Wenn das das erste Mal ist, dann kuckt mal halt ein bisschen aus der Wäsche.

Ich frage mal anders. Jeder liegt morgens mal wach und denkt an Situationen zurück, wo er sich denkt: ‚Oh je. Diese oder jene Situation in meinem Leben hätte aber gewaltig schiefgehen können.“ Hast du auch so einen Morgenmoment?

Boris Herrmann: Zugegeben. Da gab's Passagen mit Frachtschiffen, die ich nicht gesehen habe.

Ist das nicht eine Folge, wenn man mit 25 Knoten übers Meer rauscht?

Boris Herrmann: Im einen Fall hatte ich den AIS-Alarm ausgestellt. Im anderen Fall war es ein kleiner Fischer, der überhaupt kein AIS hatte. Ich hatte auch das Radar nicht an. Da lernt man dann draus.

Das AIS hatte ich aus, weil am zweiten Tag des Rennens alles voller Schiffe war und das AIS immer gleich losging. Hunderte Schiffe der Teilnehmer, da hat das AIS ständig gepiept. Dann habe ich das ausgeschaltet und mein Tauwerk unten im Cockpit aufgeschossen. Da haben wenige Augenblicke gereicht. Klack – kuck ich hoch. Ist das Frachtschiff genau vor mir.

Woran denken Sie beim Aufwachen?

Boris Herrmann: Das Thema ist relativ komplex. Es sind viele Faktoren, die bei so einem Rennen zu einem Erfolg führen. Dieser Erfolg ist eigentlich vorbestimmt, er entsteht weit vor dem Start der *Vendée Globe*. Wie ich jetzt hier sitze und wie ich heute meinen Tag plane, das trägt ebenso zum Erfolg bei, wie nachher zu segeln. DAS können wir alle. Aber: Wieviel Geld haben wir? Was können wir in das Projekt stecken? Wie bereiten wir das vor? Wie vermarkten wir das? Das ist ein so krass technischer Sport und deshalb drehen sich da auch so viele Dinge um das Projektmanagement, um technische Fragen. Weil diese ganzen Themen dazu beitragen, ob man am Starttag mit einem gut vorbereiteten Boot und einem optimal eingestellten Team losfährt. 90 Prozent des Erfolgs sind schon vorbestimmt, da ist dann noch ein bisschen Glück und ein bisschen das handwerkliche Umsetzen der Segelroute. Aber das können wir. Das klingt auch unromantisch …

Was empfinden Sie als Quälerei beim Segeln?

Boris Herrmann: Seekrankheit habe ich manchmal ein bisschen. Gerade bei Testfahrten, bei denen man an Land auf irgendwas konzentriert ist und für einen Tag rausfährt. Sobald ich ein großes Rennen habe, bereite ich mich darauf mental vor. Dann ist mir ein paar Stunden schlecht. Eigentlich kann ich das vorher mit Medikamenten gut ausschließen.

Welche Extremtour eines Kollegen hat Ihnen am meisten imponiert in den letzten Jahren?

Boris Herrmann: Das war François Gabarts Rekord. Seit vorletztem Winter hält er den Rekord für die schnellste Einhandfahrt um die Welt. In 42 Tagen und 16 Stunden. Es sind zwei Dinge, die mir daran imponieren: Die ganze Komplexität dieser Vorbereitung, die dann kumuliert in so einem Erfolg. Die dann ganz stark an seiner Person hängt. Er ist Ingenieur. Er hat das ganze Schiff erfunden, er ist ein wenig wie Éric Tabarly. Er hat es geschafft, das *Vendée Globe* zu gewinnen, dadurch die Sponsoren zu gewinnen. Dieses ganze Aufeinander-Aufbauen. Das alles kumuliert dann in so einem Rekord.

Die Rekordfahrt selber ist aber physisch auf einem so großen Schiff eine ganz andere. Sie frisst die Ressourcen deines Körpers am Ende auch auf. Wenn man nach so einer Rekordfahrt zurückkommt, ist man praktisch krank. Bei Ellen MacArthur haben sie darauf geachtet, dass durch das Aufbrauchen aller Fettreserven nicht der Herzmuskel angegriffen wird. Deshalb hat mir Gabarts Reise so imponiert. Wie er dieses komplexe Gesamtkunstwerk geschafft hat. Er hat ein Stück über diese Strapazen geschrieben, in dem er seine Erschöpfung beschreibt. Er hat das sehr poetisch beschrieben.

Das Boot heißt MASSIF TRIMARAN, er hat auch ein Tagebuch um die Welt geführt. Er beschreibt darin diese Erschöpfung bei der Überquerung des Äquators, eine Erschöpfung, die dann auch durch Schlaf nicht mehr wegzukriegen ist.

Waren Sie selber schon mal in so einem Zustand der Erschöpfung?

Boris Herrmann: Ein bisschen geht's mir so nach jedem Rennen.

Ist das auf die Kombination aus Schlafmangel, körperlicher Anstrengung, schlechter Ernährung zurückzuführen?

Boris Herrmann: Es ist auch die Intensität des Wettbewerbs. Wegen des Schlafmangels ist man permanent im Schlaf oder im Halbschlaf. Als Einhandsegler bist du die ganze Zeit in Hab-Acht-Stellung. Es ist diese große mentale Intensität. Körperlich bin ich von manchen Rennen aber auch fit wiedergekommen. Das hängt davon ab, in welcher körperlichen Verfassung ich losgesegelt bin. Ernährung versuche ich so hinzukriegen, dass es keine Mängel gibt.

Was kann ich als Einhandsegler von Ihnen lernen?

Boris Herrmann (denkt nach): Die Planung. Die Vorbereitung. Sich zunächst mal vor dem Törn zu überlegen: Was könnte es für Stress- oder Krisensituationen geben? Wie gehe ich damit um? Eine Systematik zu entwickeln. Die Situationen bewusst vorwegnehmen. Und dann, wenn man auf dem Boot ist: Was passiert in den nächsten zwei Stunden? So segelt man besser einhand, wenn man die Dinge vorausdenkt. Was ich bereits früh als sehr hilfreich erfahren habe, ist: Versuchen, einen Plan B zu haben. Nicht nur eine Stromversorgung. Nicht nur einen Autopiloten. Nicht nur eine Notrufressource. Bei allem immer ein Backup zu haben, selbst beim Segel ein Back-Up-Segel zu haben.

Gehen Sie nur angeleint nach vorne aufs Vordeck zum Segelwechsel?

Boris Herrmann (lacht): Ich gehe gar nicht nach vorne, wenn es geht. Wir gehen vielleicht alle zwei Tage mal nach vorne. Nach vorne gehen heißt: Wir müssen Speed rausnehmen. Wenn wir 20 Knoten Speed fahren und ein Segelwechsel kostet uns 20 Minuten, dann verlieren wir in dieser Zeit 6 Seemeilen. Um das wieder aufzuholen, müssten wir innerhalb 24 Stunden viel schneller fahren. Da kannst du auf deinem Schiff weiter eingerollt fahren. Auch bei uns geht der Trend dazu, lieber im Schiff zu bleiben, statt durch aufwendige Segelwechsel Fahrt zu verlieren.

Was wären Sie heute ohne das Meer? Hat das Meer Sie verändert?

Boris Herrmann: Segeln ist der Umgang mit dem Wetter. Man kann die Winde nicht kontrollieren. Man kann sich nur positionieren zu den Winden, lernen, mit diesen Naturgewalten umzugehen und versuchen, diese gut zu nutzen.

Ich kann die Bedingungen nicht bestimmen. Das macht mich ein bisschen stoisch und auch ein bisschen relaxed. Wenn etwas nicht so läuft: So what? Damit muss ich jetzt umgehen. Darauf muss ich mich jetzt einstellen. Man bekommt so diese innere Ruhe, die ganz viele Segler ausstrahlen.

Ok, jetzt ist der Wind nicht so, wie er sein soll. Es gibt aber auch Segler, die dann mit der Faust aufs Deck schlagen. Mit solchen Leuten kann ich nicht segeln. Man muss damit glücklich sein, auf See zu sein, wie es jetzt gerade ist. Und so bin ich auch im Landleben …

Können Sie sich noch an Ihren ersten Einhand-Segeltörn erinnern?

Boris Herrmann: Da war ich 17 oder 18. Und bin allein von Helgoland nach Wilhelmshaven gesegelt.

Warum haben Sie das gemacht?

Boris Herrmann: Ich hatte damals schon diesen Traum von der *Vendée Globe*. Seit ich 16 war. Das war ausgelöst durch ein Buch von Derek Lundy „The Godforsaken Sea" („Gnadenlose See"). Er war kein Regattasegler, er hat das eher aus der äußeren Perspektive erzählt. Er hat das wunderbar hingekriegt, das herauszuarbeiten, dass Segeln das Eine ist. Aber vor allem, was die Leute alles leisten. Das ist ein enormes Spannungsverhältnis, da sind die da draußen im Sturm, aber was hat es sie alles gekostet, überhaupt bis dorthin zu kommen. Am meisten hat mich fasziniert, dass das alles einfache Leute waren. Die hatten überhaupt keinen Background, hatten sich aber völlig vernarrt in diese Idee. Diese Verkörperung des „American Dream". Wenn du irgendetwas willst, dann schaffst du es auch. Du kannst alles erreichen.

Wie hatten Sie sich darauf vorbereitet?

Boris Herrmann: Ich hatte damals noch kein Internet und habe mir an der Uni immer die Wetterkarten ausgedruckt, um das Wetter zu verstehen.

Jeder Bergsteiger kann den Klimawandel ja anhand der schmelzender Gletscher und auftauender Parmafrostböden wahrnehmen. Woran kann ein Segler den Klimawandel auf dem Meer mit eigenen Augen erkennen?

Boris Herrmann: Es gibt auf dem Atlantik viel mehr tropische Depressionen außerhalb der Hurrican Season. In den tropischen Gewässern sieht man große Ansammlungen von Sargasso-Seegras. Man muss manchmal schon das Ruder hochstellen, um sich davon wieder zu befreien. Im Südmeer wird die *Vendée Globe* länger, weil das Eis weiter nach Norden treibt und wir die Routen nach Norden verlegen müssen.

Thomas Käsbohrer: Vielen Dank für das Gespräch! Und viel Glück für die Vorbereitungen zur Vendée Globe.

Seenot heißt große, dringende Seegefahr. Sie ist die Voraussetzung dafür, dass eine Bergung oder eine Hilfeleistung im Sinne des Seewesens vorliege; fehlt sie, so ist die gewährte Rettung oder Hilfe lediglich als Bugsierung u. dgl. zu behandeln.

aus: Brockhaus Conversations-Lexikon, Leipzig 1886

Vormann Karl-Heinz Priebe
Ostsee. Halbinsel Fischland.

Ein Mann im Meer.

„Wir treffen uns gleich an der Strandstraße", sagt die gleichmütige Stimme des Seenotretters am anderen Ende der Leitung. „Parken Sie den Wagen am alten Rettungsschuppen neben dem Hotel."

Ich bin auf dem Weg zur Seenotretterstation auf der Halbinsel Fischland, die in die Ostsee westlich vor Rügen ragt. Eine Halbinsel, außen umschlossen von der Ostsee und innen von der Kette der Bodden, dieser flachen, lagunenartigen Wasserlandschaften. Die schmale Landzunge von Fischland: links das Meer und rechts der Bodden, die Straße führt zwischendurch. Wir gleiten entlang an undurchdringlichen Schilfgürteln bis nach Wustrow, dem Hauptort Fischlands, dieser schmalen, 8 Kilometer langen, sandigen Landbrücke hinüber zum Darß und nach Zingst. Weil ich noch ein bisschen Zeit habe, parke ich meinen Leihwagen am alten Rettungsschuppen, in dem ich mich gleich mit Vormann Priebe unterhalten werde, und wandere erst die Strandstraße zum Meer hinunter. Ein guter Südwest bläst, die Wellen jagen entlang der Küste nach Norden. Ein Kitesurfer tobt in den Wellen herum, während Strandspaziergänger vor den Buden überlegen, welche Art von Räucherfisch im Brötchen es wohl sein darf an diesem Vormittag.

Der alte Rettungsschuppen, ein Klinkerbau aus der Gründerzeit vor 150 Jahren, wirkt mit den beiden breiten eisenbeschlagenen Toren zur Strandstraße hin fast wie ein modernes Feuerwehrhaus. Was der alte Rettungsschuppen mit dem Emblem der Seenotretter im First wohl schon alles gesehen hat? Keine fünf Minuten später wird mir Vormann Karl-Heinz Priebe im Inneren des Schuppens die Fotos zeigen, die neben dem Anhänger mit dem Seenotrettungsboot und dem daneben geparkten Unimog an den Wänden hängen.

Auf einer vergilbten Schwarzweißfotografie ist unverkennbar der neuerrichtete Schuppen zu sehen, einsam steht er im unbebauten Feld unter einer langen Baumreihe. Die stolze Kaiserzeit. Ein verwegen grinsender Corpsstudent steht vor dem Klinkerbau. Ein gestrenger Herr im Gehrock mit Familie, alle blicken feierlich drein, es müssen ernste Zeiten gewesen sein.

Ein Foto weiter: Sechs Pferde zerren das schwere Rettungsboot auf einem massiven Fuhrwerk durch den Sand. Acht Männer sitzen darauf, keck grinsen sie unter ihren schräg sitzenden Schiffermützen in die Kamera. In der Brandung, in die das Fuhrwerk das Rettungsboot gleich absetzen wird, wirken ihre Schiffermützen so nützlich wie Papiertaschentücher.

Ein Foto weiter: Das Boot mit den acht Männern bäumt sich steil in den brechenden Seen auf. Gischt weht über die Männer, Ruder schlagen aneinander. Wie kann man so ein schweres Holzboot gegen die Brandung nach draußen bringen? Wie oft ist so ein Boot allein schon beim Versuch umgeschlagen, hat Glieder zerquetscht und Menschen unter sich begraben?

Ein paar Schritte weiter hält Karl-Heinz Priebe ein Blechschild mit dürren Buchstaben in der Hand. „Seenotrettung der DDR" steht darauf.

Ein Foto später. Die verschwimmende Schwarzweiß-Fotografie eines draußen am Strand aufgelaufenen Zweimasters. Jagende Wolken. Zerfetzte Vorsegel. Ein winziges Motorboot mit einem Mann an Deck und dem rot-weißen Kreuz der Seenotretter im Heck, das Menschen abzubergen versucht vom Deck des Frachters hoch über ihm.

„Fischland und Darß", erzählt Karl-Heinz Priebe über das Foto, „das war schon immer eine Küste, an der Schiffe strandeten. Das ist bis heute so geblieben. Vor der Küste ist zwar Tiefwasser. Aber die Schifffahrt, die aus dem Belt in die Ostsee hinein will, muss hier einen U-Turn nach Nordosten fahren. Hier ereigneten sich immer wieder Strandungen, wenn die Leute nicht aufpassten. Auf all die Strandungen vor der Haustür geht der frühe Bau des Rettungsschuppens vor eineinhalb Jahrhunderten zurück.

Heute arbeiten wir wie damals ‚drinnen und draußen'. Draußen vor dem langen Sandstrand von Fischland und Darß auf der Ostsee. Und drinnen auf dem Bodden", sagt Karl-Heinz Priebe und deutet im Schuppen auf das Seenotrettungsboot auf dem Stahltrailer. BARSCH steht auf der Seite des modernen Bootes. „Nur dass wir heute ein schnelles Boot mit Jetantrieb statt wuchtigem Ruderboot und einen Unimog statt sechsspännigem Pferdefuhrwerk einsetzen, um unser Rettungsboot schnell entweder zum Strand an der Ostsee oder quer durch Wustrow hinüber zum Bodden zu ziehen.

Eigentlich kam ich nur deswegen zur Seenotrettung. Ich arbeitete als Kraftfahrer und wurde auch im Fuhrpark der Feuerwehr beschäftigt. Aber da war ich mit der Zeit unglücklich. Es wurde immer politischer zu DDR-Zeiten, wir sollten möglichst mit Marx und Engels unterm Arm Feuer löschen. Eines Tages sprach mich der Vormann der Seenotretterstation an.

Er war ja auch mein Chef an der Seefahrtschule gewesen, ob ich nicht bei den Seenotrettern als Kraftfahrer mitmachen wolle. Das Boot musste ja bei jedem Einsatz hier vom Bootsschuppen bewegt werden. Meine Frau sagte ‚Mach!' Gleich mein erster Einsatz war die Strandung einer größeren Segelyacht hier vor Fischland, die bei Westwind auf Grund gelaufen war. Und weil das eine nette Truppe war, bin ich dabei geblieben.

Aber Seenot gibt's nicht nur auf hoher See. Es braucht nicht mal hohe Wellen dafür. Seenot kann sich auch im flachen Wasser ereignen, wo einer stehen kann. Und 10 Meter vom Ufer entfernt, wo einer hinüberwaten könnte und es trotzdem nicht schaffen würde, sich aus eigener Kraft zu retten. Anglern passiert das auf dem Bodden immer wieder und auch Seglern. So wie in dem Fall, der sich letzten Sommer hier bei bestem Wetter ereignet hat.

Eigentlich war es nur ein kleines Malheur, etwas, das jedem Jollensegler im Leben häufig passiert. Aber die Umstände waren so bemerkenswert, dass das kleine Malheur in diesem Fall ins Auge hätte gehen können.

Ein älterer Mann segelt auf seinem kleinen Holzboot raus aus dem Hafen Fischland und südwärts hinaus auf den Bodden. Es ist Sommer, es ist ein böiger Tag, an dem der Ostwind mit 3 bis 4 Windstärken daherkommt. Das Boot ist ein offenes Holzboot, ein typisch gaffelgetakeltes Boot dieser Küste. Der Mann kennt sein Boot, im Ostwind steuert er es südwärts, auf das dem Hafen gegenüberliegende Schilfufer zu. Beim Versuch einer Wende erwischt eine Böe das Boot. Es bekommt Schräglage, erst schwappt Wasser ins Boot, dann kentert es.

Noch im Kentern springt der Mann über Bord ins Wasser, das an dieser Stelle flach ist, gerade mal 1,30 Meter tief. Der Segler steht nun im Wasser neben seinem Boot und vielleicht 10, 20 Meter vom Ufer entfernt.

Der scheinbar harmlose Zwischenfall, der sich in Landnähe abspielt, ist in Wahrheit nicht harmlos. So ungefährdet der Mann anscheinend im 20 Grad warmen Wasser des Boddens steht, so nah er dem rettenden Ufer ist, ist er doch nicht der erste, der an dieser Stelle in Seenot geraten ist. Dort haben wir schon mehr Menschen rausgeholt, gerade in diesem Abschnitt des Boddens. Der Untergrund hier ist eher schlammig. Die 10 Meter hinüber zum Ufer zu waten, wäre zwar durchaus machbar. Aber von dort aus an Land zu kommen, ist kaum möglich. Sich über 50 Meter barfuß durch den schlammigen, mit scharfkantigen Halmresten bewehrten dichten Schilfgürtel durchzuarbeiten, ist unmöglich. So nah du auch immer denkst, dem Ufer zu sein: An Land kommst du von dieser Stelle aus nicht zurück.

20 Grad warmes Wasser scheint ebenso harmlos. Doch so warm 20 Grad Wassertemperatur auch sein mögen: Ein Körper kann in weniger als einer Stunde im Wasser stehend selbst im Juli auskühlen.

Der Mann kommt nicht mehr an sein Handy. Er kann niemanden alarmieren. Und auch den einen Kilometer in den Hafen nach Fischland einfach zu schwimmen, hieße, gegen Nordost und Windsee anzugehen, das Boot aufzugeben und den momentan ungefährdeten Standplatz zu verlassen. Also harrt der Mann im Wasser aus. Es ist ja ein Tag im Juli, ein Freitag um die Mittagszeit. Irgendwann wird schon eines der Ausflugsboote oder ein Segler auf dem Bodden auf ihn und sein treibendes Holzboot aufmerksam werden.

Der Mann hat Glück. Der Vorfall wird vom Ufer aus beobachtet und wir bekommen einen Anruf. Wir sind sofort los.

Ein Fahrer und drei Leute Besatzung treffen sich wenige Minuten später am Rettungsschuppen. Wir tun, was wir immer tun: Den Schlepper ankoppeln, der dann das Rettungsboot die Strandstraße am Hotel vorbei hinauf schleppt. An der Ampel rechts weg mit Blaulicht die Hauptstraße bis zur Kirche. Dann vor der Kirche links die Hafenstraße runter.

In Richtung Barnstorf gibt es einen Badestrand. Er ist gut besucht an diesem Freitag im Juli. Badende haben ihre Handtücher ausgerollt, vor allem Surfer sind wegen des schönen Ostwinds da. Die meisten Gäste verstehen erst gar nicht, was wir da mit Blaulicht und dem Rettungsboot auf dem Hänger wollen. Wir müssen uns Platz schaffen, um zwischen den Leuten hindurch unser Rettungsboot rückwärts am Strand ins Wasser zu setzen. Ich stehe am Steuer, als das Rettungsboot Bug voraus ins Wasser gleitet und ich den Motor starte. Schon beim Einsetzen sehen wir, dass da jemand ein Stück weiter südlich vor dem Schilfgürtel neben seinem Boot im Wasser steht. Das Segel steht noch und flappt im Wind, der Rumpf des Bootes ist vollgelaufen und liegt tief im Wasser. Der Mann hält sein Boot fest.

Als wir den Mann im Bodden erreichen, steht er seit etwa 40 Minuten im Wasser. Ein älterer Herr, der offenbar unter Schock steht. Bereits ein leichter Schock kann einen Menschen verändern und dafür sorgen, dass er ganz anders reagiert, als man es von ihm gewohnt ist. Wir bergen den Mann sofort aus dem Wasser und holen ihn an Bord, was ihm mit allem Aufwand, den das verursacht, gar nicht recht ist. Wir haben ihn dann ans Ufer gebracht und von der Landrettung versorgen lassen. Er hat sich schnell erholt. Doch wer weiß, wie das ausgegangen wäre, wenn der Mann in dieser Situation im Wasser stehend und ohne Rettung weiter hätte ausharren müssen."

Wieviele Menschen Vormann Priebe in seinen 35 Jahren aus Gefahren befreit hat, weiß er nicht. Auf diese Frage habe ich noch von keinem Retter, egal ob Seenotretter oder Bergwachtler, eine Antwort erhalten. Retter haben für derartige Statistiken nichts übrig, selbst wenn sie etwas über ihr eigenes Leben aussagen.

Auch Dankbarkeit erwarten sie nicht. „Man freut sich, wenn die Leute hinterher kommen und sich bedanken“, sagt Vormann Priebe. „Manchmal ist es aber auch genau anders herum. Manche Gerettete fragen: ‚Was sollte das? Da wär’ ich doch locker rausgekommen.’ Letztes Jahr bekamen wir das von einem jungen Vater zu hören. Er war in seinem Schlauchboot, das ohne Motor und nur mit kleinen Rudern ausgestattet war, abgetrieben von der Küste, mit Frau und Kleinkind an Bord. Die drei waren schon 2 Seemeilen vom Ufer entfernt, er hätte es bei dem Wind niemals mehr geschafft, zurück an die Küste zu kommen. Wir haben nichts erwidert. Seine Frau hat ihm die richtige Antwort gegeben.“

Auf dem Rückweg vom Darß, als ich hinter Wustrow wieder entlang der breiten Schilfgürtel der Straße folge, denke ich an die letzte Frage, die ich Vormann Priebe stellte. Auf meine Frage, ob er je bei einer Rettung Angst gehabt hätte, hatte er eine gute Antwort.

„Man muss nur auf die See achten. Und vor allem auf die Wellen, woher die kommen. Das bringe ich meinen Jüngeren, die jetzt nach mir kommen, auch so bei. Man muss immer die See im Blick haben. Das ist das Wichtigste. Man kann schon kurz auf die Instrumente achten. Aber niemals sollte man die See aus den Augen lassen.“

Allein schon diese Antwort von Vormann Priebe war meine Reise nach Wustrow wert.

Seenot, in der Seeschiffahrt jede das Schiff und dessen Ladung bedrohende Gefahr, die durch eigene Kräfte der Besatzung nicht abgewendet werden kann.

aus: Der große Brockhaus, Stuttgart 1934

Ulrike Ufer
Osnabrück. Stichkanal.

Kollision mit einem Frachter.

Manchmal erzählen Menschen etwas über ihre Boote. Aber meistens erzählen Boote etwas über die Menschen, die auf ihnen unterwegs sind.

„Ich bin Ulrike," stellt sich die blonde Frau vor, mit der ich mich in einem Hamburger Café im Gründerzeitviertel Hoheluft-Ost verabredet habe. „Ich lebe in einer kleinen Wohnung. Ich fahre ein kleines Auto. Ich reite ein kleines Pony. Ich segle ein kleines Boot." Es passiert mir selten, dass ein Mensch so schnell das Heft in die Hand nimmt und das Patchwork seines Lebens in seiner Buntheit vor mir ausbreitet. Als ich mich wundere, sagt Ulrike nur: „Vielleicht liegt es auch daran, dass ich Nachrichten liebe. Ich komme nicht aus, ohne stündlich Nachrichten zu hören. Schon mein Großvater war so."

Und dann erzählt Ulrike Ufer erst von sich und dann von ihrem Boot. Sie sei 1969 geboren, und im selben Jahr wurde auch ihr Boot gebaut, in einer Werft im englischen Dörfchen Stansted Mountfitchet, das dem heutigen Großflughafen zu seinem Namen verhalf.

FRYA hat sie ihr Boot getauft , „die Freie“, als wäre dies Programm. Eine *Leisure 17*, ein knapp über 5 Meter langer Kimmkieler, dessen zwei Kielflossen es erlauben, im Watt bei ablaufendem Wasser auf einer Sandbank einfach stehenzubleiben, wo und wie lange es einem gerade gefällt. Der kleine Bootstyp war für die junge Werft im englischen Stansted ein durchschlagender Erfolg, er passte in die Zeit, in der Familien ohne viel Geld und mit zwei Kindern ihre Sommerferien darauf verbrachten.

In dreieinhalb Jahrzehnten baute die Werft über 4500 Schiffe. Das Boot war mit seinen 670 Kilo ein Fliegengewicht, doch für seine Größe enorm seefest. So seefest, dass der Möllner John Adam 1967 auf diesem Boot ohne allen Schnickschnack in 32 Tagen über den Atlantik segelte und nach seiner Reise die Idee zu einer Windfahnensteuerung namens *Windpilot* mitbrachte und eine Firma gleichen Namens gründete.

„Ich wollte genau so ein Boot“, erzählt Ulrike. „Eines, das extrem wetterfest ist. Mich reizt die Idee, künftig im Sturm zu segeln. Ich wollte ein Boot, bei dem ich ganz nah am Wasser bin. Dabei bin ich nicht mal am Meer aufgewachsen, sondern in Osnabrück“, erzählt Ulrike Ufer. „Ich hatte, was man eine glückliche Kindheit nennt. Eines der wenigen Male, bei denen ich mit richtig traurigen Augen kuckte, drehte sich um ein Boot. Unsere Nachbarn hatten einen *Optimist*, ein 2,30 Meter langes und etwas über 1 Meter breites kleines Segelboot. Ich hätte gerne so eines gehabt, aber meine Eltern fanden das keine gute Idee. Meine traurigen Augen halfen nichts. Weil ich nah am Wasser sein wollte, ging ich eben rudern, im Osnabrücker Ruderclub.

An einem Tag im Osnabrücker Grau im Spätsommer Anfang der 1980er-Jahre war ich nach der Schule mit Freundinnen in unserem Revier auf dem Stichkanal zum Rudern unterwegs. Wir mochten das Boot, ein schweres, altes klarlackiertes Holzklinkerboot, stolze 12 Meter lang, das trotz seines schmalen Rumpfes wegen der Aufhängung für die Ruder auch mehrere Meter breit war. Mit Steuerfrau im Heck pullten wir den schmalen Stichkanal von Norden entlang in Richtung Osnabrücker Stadthafen durch eine richtig einsame Industriebrache mit vielen Spundwänden und Kies an steilen Uferhängen.

Plötzlich wird unsere Steuerfrau unruhig und gibt ein hektisches Kommando. Nervös blickt sie voraus Richtung Stadthafen, sie sieht etwas, was wir nicht sehen, weil wir mit dem Rücken zur Fahrtrichtung sitzen und den Kopf nicht wenden können. Dann ein noch schärferes Kommando. „Skulls lang" ruft sie fahrig. Kaum haben wir das Kommando befolgt und die Ruder eng seitwärts entlang am Boot liegen, sehen wir den Frachter, der da in unserem Rücken mitten im Kanal auf uns zukommt. Er ist nicht schnell, vielleicht 3 bis 4 Knoten, aber er füllt mit seinem massig aufragenden Rumpf die Breite des Kanals fast völlig aus, der nun eine steile wabernde Wanne ist, eingefasst von der steinernen Uferbefestigung.

Für uns, die wir auf dem Wasser sitzen, ist es, als käme eine schwarze Stahlwand auf uns zu. Ich habe eine klare Vorstellung davon, was es bedeutet, in den laufenden Propeller eines Frachters zu geraten, seit ein Junge aus dem Ruderverein versucht hat, unter einem fahrenden Frachter durchzutauchen. Und seit ich später auf der Messe *boot* das Foto eines Mannes sah, den die Blätter eines drehenden Propellers verletzt hatten.

Wir sind wie gelähmt. ‚Ich springe jetzt aus dem Boot', geht es mir durch den Kopf. ‚Das verstößt zwar gegen jede

Regel und gegen alles, was sie uns beigebracht haben. Aber ich springe jetzt einfach, um mein Leben zu retten.‘ Es ist die naheliegende Lösung, während wir alle erstarrt sind.

Ich war 14 oder 15. Heute denke ich daran und weiß: Dies war eine der ersten autonomen Entscheidungen in meinem Leben.

Ich gehe kopfüber ins Wasser. Es ist nicht mutig gehechtet in das dunkle Kanalwasser, sondern fast eher geplumpst, unelegant, holprig, an den Ruderauslegern vorbei ins rettende Nass geklatscht. Wenige Schwimmzüge, und ich bin sicher an der Böschung auf den Steinen, wo ich heulend und schlotternd sitzen bleibe. Die anderen Mädchen kommen mir nach, sie springen fast im gleichen Augenblick, als hätten sie nur darauf gewartet, dass eine von uns oder irgendjemand eine Entscheidung trifft, und sie allein dadurch mitreißt.

Im selben Moment erfasst der schwarze Bug des Frachters unser 12 Meter langes Holzboot. Der schwarze Stahlkiel kracht in das Holz, schiebt mit einem Knirschen über das Boot und seine Ruder und drückt es unter Wasser. Dann ist es weg, während die schwarze Stahlwand vorbei gleitet, zum Greifen nah und obszön unbeeindruckt.

Als der Frachter vorbei ist und auch dessen Heckwelle an den Kanalwänden entlang durchgegangen ist, klettern wir über die Steinbefestigung nach oben und an Land. Fünf Mädchen, die heulend am Ufer sitzen, bis ein Spaziergänger, der alles beobachtet hat, sich der Schiffbrüchigen annimmt und die Polizei verständigt. An der Hollager Schleuse stoppen sie den Frachter. Der Kapitän ist sturzbetrunken, er hat über 2 Promille intus.

Vor dieser Havarie auf dem eigentlich banalen Mittellandkanal war mir nicht klar, wie schnell aus lustigem Rumgeschaukel auf dem Wasser ein Kampf ums Überleben wird. Und wie sehr ich davon abhängig bin, mich auf meine Reflexe verlassen zu können. Aus Intuition und nichts anderem habe ich das Richtige getan und andere durch meinen Sprung überzeugt, es mir nachzumachen.

Das Wasser war für mich immer etwas, das Rettung verhieß, vielleicht sogar Geborgenheit und Aufgehoben-Sein. Gefahr, das war und ist für mich bis heute das große anonyme Stahlschiff, das wie auf Schienen alles ummäht, was ihm vor den Bug gerät. Der Propeller, der gnadenlos mahlt, selbst wenn sich ein Mensch darin befindet.

In der Saison 2020 werde ich hauptsächlich mit meinem Freund segeln. FRYA geht zwischenzeitlich als Leihgabe nach Berlin zu meiner Schwester. Ich hoffe, dass sie sich auf FRYA wieder für das Segeln begeistert, nachdem uns beide vor Jahren zusammen mit unserer Jolle in der Kieler Förde fast ein U-Boot huckepack genommen hätte."

Aber diese Geschichte behält Ulrike Ufer an diesem Tag für sich. – Vorerst.

Manfred Schöchl
Kroatien. Nördliche Adria. Kvarner.

Durch die Windhose.

„Ein Boot ist die beste Rettungsinsel, die du haben kannst." Manfred Schöchl muss es wissen. Er baut Yachten. Als ich ihn frage, wieviele es in seinem Leben waren, muss er erst nachfragen in seiner Firma. 8000 Boote sind es ungefähr gewesen. Manfred Schöchl ist mit seinem Cousin Gerhard Inhaber und technischer Chef bei *Sunbeam Yachts* – derjenige, bei dem bei der Entwicklung und beim Bau einer Yacht alle Drähte zusammenlaufen. Von der allerersten Idee zu einer Yacht über das Briefing für den Designer bis hin ins kleinste Detail der technischen Ausstattung liegt alles in seiner Hand.

Wir sitzen in Manfred Schöchls Büro im Firmengebäude oberhalb des kleinen Ortes Mattsee mit dem gleichnamigen See. Der Blick geht an diesem sonnigen Novembertag hinaus auf die Hügelketten nördlich Salzburgs, die wie Wellen daherkommen. Eine Landschaft so österreichisch, wie Österreich nur sein kann, in der man eher alpenländische Möbel tischlert oder Trachtenmode vermarktet. Nur eine Werft, die jährlich über 100 Schiffe im höheren Qualitätssegment ausliefert, vom kleinen 7-Meter-Daysailer bis zur 53-Fuß-Yacht, die vermutet man in diesen Hügeln eher nicht.

„Wasser hat mich immer magisch angezogen. Ich bin im Pinzgau aufgewachsen bei meiner Großmutter, im Süden des Bundeslandes Salzburg, wo das Land gebirgig ist. Ich bin in jede Pfütze gesprungen, habe Stauseen gebaut und kleine Schiffe gezeichnet. Im Alter von fünf bis sechs Jahren wurde mir bewusst, dass Wasser mein Element ist und mich anzieht. Neben unserem Haus floss die Saalach vorbei, meine Großmutter hatte Angst vor dem Fluss und dem Wasser, aber ich bin dort einfach geschwommen, habe es irgendwie gelernt, auch wenn meine Großmutter mich oft ängstlich fortriss vom Wasser.

Ich war zehn Jahre alt, als ich mir bei einem Besuch unten auf dem Mattsee einfach ein Boot schnappte. Ich hatte keine Ahnung vom Segeln. Es war ein schweres Holzboot mit Lateinersegel. Wir haben hier am Mattsee bis heute die eigenartige Tradition, Holzboote zu segeln, die sogenannte Lateinersegel haben, wie es sie eigentlich nur im Mittelmeer gibt. Die BILLY war so ein Boot mit dreieckigem Lateinersegel.

Es herrschte scharfer Ostwind, ich warf die Leinen der BILLY einfach los und segelte allein hinaus auf den See. Ich hatte nicht bedacht, dass die BILLY ein offenes Holzboot ohne Deck ist und dabei schwer. Bei leichter Schräglage droht sie schnell vollzulaufen. Ich hatte keine Ahnung von Wenden oder Halsen, ich wusste auf dem engen See nur, dass ich jetzt eine Kurve fahren musste und zwar so, dass das Boot nicht voll Wasser lief. Als ich im starken Wind versuchte, zu wenden, ging das nicht, weil BILLY dabei so schräg kam, dass Wasser ins Boot schwappte. Also habe ich das gemacht, was man bei dem Wind eigentlich nicht machen soll. Ich habe versucht zu halsen. Meine Mutter stand am Ufer, entsetzt vor Sorge um ihr Kind, aber ich habe es irgendwie hinbekommen, das Boot mit dem Dreieckssegel nicht zu versenken, sondern heil zum Steg zurückzubringen.

Erst eineinhalb Jahrzehnte später sollte ich auf meinem ersten Segeltörn als Skipper begreifen, was alle Fälle von Seenot gemeinsam haben: Es braucht genauso wie damals auf dem Mattsee immer ein Quentchen Selbstüberschätzung.

Mein erster Segeltörn auf dem Meer verlief eigentlich katastrophal. Ich war Mitte 20 und sollte eine der von meinem Vater hier in der Werft gebauten Segelyachten vom italienischen San Giorgio di Nogaro die 150 Seemeilen, fast 300 Kilometer, hinunter zur Insel Murter überstellen. Ich hatte keinen Schein, um auf dem Meer zu segeln, besaß nur einen Binnenschein und war vollkommen unerfahren, aber dafür strotzend vor Selbstüberschätzung. Ich bin einfach losgesegelt mit drei Freunden. Entlang der Küste Istriens ging alles gut, bis wir beschlossen, nachts über den Kvarner zu segeln. Kaum hatten wir die Südspitze Istriens erreicht und steuerten das Boot in der anbrechenden Nacht hinaus auf den 20 Seemeilen breiten Meeresarm, der die kroatischen Inseln von Istrien trennt, zog eine Bora auf mit 30 bis 35 Knoten Wind. Der Kvarner ist berüchtigt für die Wellen, die er aufwirft, wenn die Bora auf dem langen Trichter dieses Meeresarms zwischen den Inseln beschleunigt. Die GITANA war für heutige Verhältnisse ein kleines Boot, 8 Meter lang mit einem winzigen 8-PS-Motor, der dem Kvarner bei derartigen Verhältnissen überhaupt nicht gewachsen war. Und wir erst recht nicht. Vielleicht habe ich damals gelernt: Ein Schiff hält auch den schlechtesten Skipper lange aus.

Als wir im Wind versuchen, die Segel zu wechseln, hat es uns die Segel zerrissen. Also müssen wir irgendwie zusehen, unter Motor da rauszukommen. Am Morgen nach einer schlimmen Nacht entdecken wir irgendwo an der Küste Lichter. Da sind Häuser, ich halte darauf zu, wir sind ja fix und fertig nach dieser Nacht und wollen einfach nur noch in die Sicherheit eines Hafens, das alles hinter uns bringen. Du schaust nicht mehr auf den Kompass nach so einer Nacht. Du siehst nur noch das Licht, willst einfach in den Hafen und beachtest die einfachsten Dinge nicht mehr.

Ich steuere weiter auf das Licht zu. Aber plötzlich werden die Wellen zu einem wirren Durcheinander. Wellen, die über Kreuz laufen und brechen und das Boot wie wild hin und her werfen. Plötzlich bemerke ich, dass die Kreuzseen kein Zufall sind, dass wir uns im flachen Wasser befinden und gleich auf Grund laufen werden. Mein Herz schlägt bis zum Hals. So schwer es mir fällt, steuere ich das Boot wieder hinaus. Erst draußen auf See, als ich wieder in die Seekarte schaue, wird mir klar, dass ich auf meinem ersten Törn fast das Schiff verloren hätte. Da war kein Hafen. Da waren nur Klippen und Kreuzseen.

Mit meiner Unkenntnis hatte ich nachts nichts auf dem Kvarner verloren. Ich habe begriffen: Wenn ich auf dem Meer unterwegs sein will, dann muss ich das konsequent lernen. Wenn du was kannst, passiert dir sowas vielleicht nicht mehr. Das war nicht verkehrt. Aber davor bewahrt, noch häufiger in Seenot zu geraten, hat es mich nicht.“

Ich frage Manfred Schöchl, ob nicht genau jener leichte Sinn, der kein Leichtsinn ist, jene Überschätzung uns bei aller Erfahrung niemals verlässt. Dass wir vielleicht genau jenes Quentchen Selbstüberschätzung auch brauchen, um zu Segeln, das uns dann gelegentlich Dinge auf dem Meer tun lässt, bei denen wir uns hinterher fragen: Wie konntest du nur? Du weißt es doch eigentlich besser!

Manfred Schöchl lacht. Und erzählt, dass er sich vor gerade einem Monat den Baum absegelte und mit geknicktem und durchs Wasser schleifendem Baum den Hafen von Poreč anlaufen musste, weil er vor einer aufziehenden Gewitterwalze nicht schnell genug das Großsegel geborgen hatte.

„Ich war einfach zu langsam. Aber das ist nicht die Geschichte, die ich erzählen will“, fährt er grinsend fort. „Das Grundübel ist, dass man sich überschätzt – und das trotz aller Erfahrung. Es passiert mir und wird mir immer wieder passieren. So wie damals, als ich Anfang 40 war.

Ich bin wieder einmal nachts auf dem Kvarner unterwegs. Wir haben auf der Insel Cres auf die Bora gewartet, um mit halbem Wind eine schnelle Überfahrt zur Südspitze Istriens zu haben. Das Schiff ist eine unserer ersten 44-Fuß-Yachten, ein solider Langkieler, stur und behäbig wie ein Wasserbüffel. Im Kanal und in der Bucht von Cres ist alles noch gut, aber draußen auf dem Kvarner weht es heftig. Böen dreschen mit 7 bis 8 Windstärken aus Nordost, es ist stockdunkel, als wir plötzlich feststellen, dass Wasser über die Bodenplatten des Salons läuft und langsam steigt. Seewasser!

Kurz zuvor sind wir mit etwas kollidiert. In der Dunkelheit und bei dem Seegang können wir trotz intensiver Suche kein Leck entdecken. Ein Leck im Schiff unter Wasser zu finden, das sagt sich sehr leicht. Erst als die Bilgenpumpen anspringen und wir mit Eimern das Wasser aus dem Schiff schaffen, entdecken wir seitlich vor dem Kiel im Rumpf einen etwa 50 Zentimeter langen Riss. Diese Stelle im Rumpf ist die dickste Stelle eines Schiffes, mehr als 2 Zentimeter starkes Volllaminat, glashartes Verbundmaterial. Wir sind in dieser stürmischen Nacht auf dem Kvarner irgendwo gegen ein treibendes Hindernis gefahren, das den Rumpf beschädigte. Schlimmer noch: Mit jeder Welle, die das Boot trifft und seinen Kiel zur Seite drückt, öffnet sich der Riss wie die Kieme eines Fisches, aus der ein Schwall Wasser quillt.

Als die erste der beiden Lenzpumpen kaputtgeht, lasse ich die Crew klarmachen zum Aussteigen. Es ist eine grausliche

Nacht auf dem Kvarner, nie zuvor empfand ich die Wellen so schrecklich, die in der Nacht in den Böen rings um das Schiff brechen. Während weiter Wasser ins Schiff dringt, suchen wir unter Deck das Nötigste zusammen, um es ins Cockpit zu schaffen und uns darauf vorzubereiten, das Schiff zu verlassen. Danach versuchen wir, die Rettungsinsel klar zu machen. Wir sind zu sechst auf dem Schiff. Doch in dieser Nacht lerne ich, dass es selbst für fünf Männer schier unmöglich ist, mit nassen Händen eine normale Sechs-Personen-Rettungsinsel auf einem schwankenden Schiff ans Heck zu schleppen und ins Wasser zu werfen. Als wir endlich soweit sind und die Rettungsinsel klar zum Fallen haben, stellt sich die nächste Frage: Wenn wir die Rettungsinsel jetzt ins Wasser fallen lassen und sie sich ordnungsgemäß entfaltet – wie schaffen es fünf Männer bei diesem Seegang sicher in die Rettungsinsel? Wir haben zu diesem Zeitpunkt keine andere Antwort darauf als die, auf unsere Kraft zu vertrauen und darauf, dass die Natur dir in einer solchen Situation übermenschliche Kräfte verleiht.

Vor allem habe ich Angst ums Boot. Angst, dass sich der Riss weiter vergrößert, weil der Kiel beweglich ist und weiter arbeitet. Um das zu verfolgen, um gewarnt zu sein, zeichne ich den Riss in der Länge mit einem Faserstift an. Als zweites setzen wir Segel, um die Kielbewegung zu reduzieren, weil die Wellen nicht mehr seitlich, sondern entlang der Längsachse kommen.

Als es gegen Morgen geht, wird der Wind schwächer und schläft schließlich ganz ein. Wir sind unter Segeln weiter, mit den Wellen sind auch die Kielbewegungen verschwunden. Als wir den Leuchtturm von Porer erreichen, der die Südspitze Istriens markiert, biete ich meiner Crew an, dass im Hafen von Pula jeder aussteigen kann, der möchte. Doch so schrecklich die Erlebnisse der Nacht sind, jetzt will keiner mehr das Boot verlassen.

Das beschädigte Boot hält tatsächlich weiter durch – ganze 60 Seemeilen, über 100 Kilometer, bis Portorož in den Hafen, wo ich den Hafenmeister kenne. Es ist Abend, als wir ankommen. Der Hafenmeister hat keine Leute und will das havarierte Schiff nicht mehr in den Kran hängen und an Land setzen. Erst als ich ihm sage: ‚Wenn du das Schiff nicht jetzt aus dem Wasser hebst, kannst du zuschauen, wie es in deinem Hafen sinkt', kommt er richtig in die Gänge.

Ich habe bei diesem Erlebnis gelernt, dass ein Boot die sicherste Rettungsinsel ist, die du haben kannst. Sein Boot sollte man grundsätzlich nicht verlassen. Selbst nicht bei einem Wassereinbruch, wie wir ihn hatten. Es war richtig, die Rettungsinsel klarzumachen. Und es war richtig, zunächst an Bord zu bleiben, um die Ursache für den Wassereinbruch zu suchen und das Boot zu halten. Und erst dann – und nur dann – in die Rettungsinsel zu steigen, wenn das Boot vollgelaufen und nicht mehr zu halten gewesen wäre.

Was ein Boot aushält, habe ich wieder und wieder erfahren. Im August 2015 befinde ich mich mit meiner Frau auf der Rückreise von Kroatien nach Norden. Wir sind im Urlaub auf einem damals neuen Bootstyp, einer 42-Fuß-Yacht, unterwegs und haben die Nacht vor Anker in einer der tief eingeschnittenen, engen Buchten im Südosten der kroatischen Insel Unije verbracht. Unije kennt jeder, der auf einem Boot die kroatische Küste bereist, die Insel ist der ideale Absprungpunkt für den, der nach Norden über den Kvarner zum kroatischen Festland will.

Bis auf einen kleinen Ort an der Westseite ist Unije unbewohnt. Am Morgen ist es ruhig in der Bucht, kein Haus weit und breit am felsigen Ufer der Insel, als ich aufstehe, höre ich nur den Lärm der Zikaden. Der Wetterbericht am Morgen ist gut, keine Warnhinweise, weder vor Gewittern noch vor Böen. Alle Vorhersagen sind gut, doch Anzeichen, dass etwas anders ist als sonst, gibt es genug. Die Luft liegt reglos und bleiern über dem Wasser, das ist häufig so im August im Mittelmeer und vor allem in der Adria. Sie ist ein flaches Meer, dessen Wassertemperatur sich im Hochsommer auf karibische 27 Grad steigt, die Temperatur, bei der im Atlantik vor der Karibik Hurrikane entstehen. Hatte ich an diesem Morgen nach dem Aufstehen nicht in der Ferne Windhosen gesehen?

Wir gehen früh raus an diesem Morgen, es herrscht absolute Windstille, als wir unter Maschine aus dem Osten Unijes in den Kvarner einbiegen, um zum Festland nach Nordwesten hinüberzulaufen. Gegen 10 Uhr morgens setzt Wind ein, ein leichter West, nur 2 bis 3 Windstärken, gerade soviel, dass auf dem Wasser kleine Wellen sichtbar sind und am stillstehenden Schiff die Wimpel in Bewegung geraten. ‚Endlich Wind', denke ich und setze alles, was die 42-Fuß-Yacht hergibt, alle 110 Quadratmeter Segel. Das große Vorsegel zieht bei dem halben Wind wunderbar, nur bedeckt es den Horizont schräg vor mir. Ich stehe allein am Ruder, meine Frau hat sich unter Deck auf dem Doppelbett in der Achterkoje, die die ganze Breite des Hecks einnimmt, zur Ruhe begeben. Um mich herum sehe ich andere Yachten auf Nordkurs auf dem Kvarner, die wie ich am Ende ihres Törns hinüber wollen zum Festland und den leichten Windhauch ausnutzen. Aber plötzlich fällt mir auf, dass die Yachten um mich herum die Segel bergen. Dass sie unter blankem Mast einfach stehenbleiben. ‚Sind wir die einzigen, die an diesem Morgen Wind haben?', denke ich, während ich weitersegle.

Augenblicke später entdecke ich vor mir auf der Wasseroberfläche wirbelnde Gischt. Ich nehme es im Bruchteil einer Sekunde wahr, durch den schmalen Spalt, zwischen dem großen Vorsegel und dem Deck! Unmittelbar vor dem Bug, zehn Meter vor mir, wird Gischt vom Wasser in die Höhe gerissen. Eine Windhose, ich weiß es im selben Moment. Und wir laufen genau darauf zu!

Ich begreife es in einem Sekundenbruchteil, selbst wenn ich den wirbelnden Schlauch nicht sehen kann, denn er ist vom Vorsegel verborgen. Es ist dieser eine Sekundenbruchteil, in dem in uns Tausend Rechenvorgänge gleichzeitig ablaufen, die alle in demselben Gedanken münden: ‚Du kannst dem wirbelnden, kreiselnden Schlauch nicht entgehen'. Tausend Dinge, die gleichzeitig durch Kopf und Körper ziehen: Dir stellen sich die Nackenhaare auf, dein Magen krampft und die Kehle wird staubtrocken. Dein Gehirn, das dir in Sekundenbruchteilen mindestens 25 verschiedene Optionen vorgibt, was du jetzt sofort tun solltest, um dem, was da auf dich zukommt, zu entgehen, oder wenn es denn sein muss, irgendwie heil da durchzukommen. Es ist alles, was du dem rotierenden Schlauch aus Wasser entgegensetzen kannst. Alles kommt dir in den Sinn: Hart Ruder legen. Nur weg hier! Die Schoten der Segel loswerfen, damit sie lose kommen und die ungeheuren Windkräfte es nicht packen können. Mich mit einem Lifebelt am Deck angurten. Die Schwimmweste anziehen. Das Deck aufräumen. Meine Frau unter Deck warnen. Maschine starten. Unter die Sprayhood springen ... Kaskaden von Dingen, die du jetzt tun solltest und allesamt nicht mehr tun kannst, während der Großrechner in deinem Kopf mit Hochleistung arbeitet.

Jede der Optionen ist richtig. Aber das alles würde dich zehn Minuten kosten. Doch dir bleibt nicht so viel. Du hast vielleicht drei Sekunden, in denen du mit Glück, mit affenartiger Geschwindigkeit gerade mal eine der Optionen erledigen kannst, die dein Gehirn dir offeriert an Möglichkeiten, während du nur zwei Dinge zu 100 Prozent sicher weißt: Das Ding wird uns treffen. Es wird Zerstörung geben.

Vielleicht ist es Erfahrung. Vielleicht ist es auch die Furcht vor dem, was mir in diesem Moment als größte Gefahr erscheint: Das schnellste, was ich wegbekomme, ist die Schot des großen Vorsegels, das der graue Schlauch als erstes packen und zerfetzen und zusammen mit dem oberen Drittel des Mastes mit sich wegreißen wird. Ich schaffe es gerade noch, die Schot loszuwerfen. Dann erreicht der fegende Schlauch aus Salzwasser den Bug und zieht auf der Steuerbordseite am Schiff entlang nach achtern – auf das Cockpit zu.

Von der Windhose erfasst, neigt sich das schwere Boot in Sekundenbruchteilen hart auf die Steuerbordseite. Keine fünf Sekunden dauert es, um das 12 Tonnen schwere Boot einfach auf die Seite zu legen. Ich kralle mich am Steuerrad fest, während ich noch versuche, den Zündschlüssel in der Steuerkonsole neben mir zu erreichen, um den Motor zu starten. Aber der Zündschlüssel befindet sich samt Panel jetzt nicht mehr waagrecht neben mir. Ich sehe, wie erst die Stangen des Relingdrahts durchs Wasser schneiden, wir machen ja immer noch Fahrt voraus durchs Wasser. Ich beobachte, wie sie ins Wasser eintauchen, eine Schaumspur nach sich ziehen. Wie der Seezaun im Wasser verschwindet und die rechte Hälfte der Glasscheibe des Cockpits ins Wasser taucht. Ich sehe noch vor mir, wie plötzlich durch den schmalen Spalt des Reißverschlusses oberhalb der Scheibe zur Sprayhood, dem Stoffdach, kleine Wasserfontänen spritzen, die der Druck unter Wasser durch die Scheibe presst.

Während ich nach dem Zündschlüssel unter mir taste, sehe ich aus dem Augenwinkel den Außenborder, der am stählernen Heckkorb stabil auf seinem Holzbrett verschraubt ist und jetzt hinter mir durchs Wasser geschleift wird, während die Gischtwolke auf mich zukommt und ich höre, wie der Motor ganz ungewohnt aufheult. Mein Verstand analysiert völlig klar, dass der Motor aufheult, weil der Propeller des Schiffes wegen der Schräglage längst aus dem Wasser ragt und nicht mehr unter mir, sondern irgendwo links neben mir sinnlos durch die Luft quirlt, weil wir ja seitlich flach auf dem Wasser liegen.

Dann erreicht mich der graue Rüssel. Ich sehe nichts mehr. Ich stehe einfach in der Gischt einer reißenden Böe. Ich weiß noch, wie meine Gedanken mir in tausend Fetzen durch den Kopf jagen, was ich jemals über Windhosen gelesen habe: dass man in einer Windhose in einem schwarzen Loch stecken würde. Dass die Windhose einen mit sich fortrisse. Das man darin ersticken würde.

Mein Verstand arbeitet in diesem Moment nüchtern und registriert, dass nichts davon wahr ist. Dass die Windhose aber eine brutale Böe in Orkanstärke ist, die über dich hinwegprasselt. Eine Riesenböe, die das killende Vorsegel erfasst und den stabilen Alumast schüttelt, als sei er nur das dürre Stämmchen eines Zwetschgenbaums.

Während die Gischtwolke nach achtern durchgeht, dreht die Yacht plötzlich nach Backbord und richtet sich blitzschnell auf. Ich habe ja immer noch die Großschot fest, das Großsegel gesetzt und nicht eingeholt. Die Yacht tut, was jede Yacht tut, wenn der Winddruck im Segel zu groß wird und sie sich zur Seite neigt. Sie dreht aus dem Wind heraus und richtet sich auf. Langsam gleiten wir noch ein Stück weiter, dann kommt das Schiff zum Stehen, während ich der Trombe zusehe, wie sie vom Heck übers Meer weiterzieht, als wäre nichts gewesen.

Plötzlich ein Geräusch von der Treppe im Niedergang. Das Gesicht meiner Frau taucht auf, kreidebleich sieht sie mich an und sagt voller Sorge: ‚Bist no do?‘, was man als liebevolles ‚Ich fürchtete, du wärst über Bord gegangen‘ ins Hochdeutsche übersetzen könnte. ‚Ich habe nur noch Wasser durch die Seitenfenster und Decksluken gesehen‘, sagt sie. ‚Einfach nur Wasser.’

Erst jetzt, wo er langsam vom Heck fortzieht, haben wir einen vollen Blick auf den sich drehenden grauen Rüssel, der sich langsam von unserem Boot entfernt. Ich habe Zeit, ihn zu fotografieren, eine schlanke Schönheit fast, die wie ein gleichförmiges „S“ aus den Wolken zu uns herunterragt, während meine Frau erzählt, was unter Deck passiert ist.

‚Ich lag auf dem Doppelbett‘, berichtet sie, ‚dann wurde ich zur Seite geschleudert, dahin, wo nur noch Wasser vor unserem Fenster war. Danach stürzten erst Kissen und Bettdecken, gleich darauf die Lattenroste auf mich und begruben mich unter sich. Ich lag unter dem Durcheinander und brauchte Zeit, um mich daraus hervorzuwühlen.’

Als wir gemeinsam das Boot oben und unten auf Schäden untersuchen, sehen wir, dass nicht viel passiert ist. Nur der Außenborder ist weg, das Wasser hat ihn mit sich fortgerissen. Unter Deck im Salon sind in den Schapps ein paar Gläser zu Bruch gegangen. Und in der Achterkoje sieht es aus, als hätte eine Bombe eingeschlagen.“

Manfred Schöchl denkt einen Moment nach. „Ich bin sicher kein ängstlicher Mensch. Aber die Angst war in dieser Situation da. Nachdem wir das Boot gründlich inspiziert hatten, habe ich mir zwei Dosen Bier geöffnet: Die erste gegen den trockenen Hals. Und die zweite, um darüber nachzudenken, was wir da eigentlich gerade erlebt hatten. Und was die Ursache war, dass wir die Windhose so glimpflich überstanden haben.

Der wichtigste Faktor für die geringen Schäden an Bord war meine Frau. Sie ist äußerst penibel, was das Verschließen des Bootes beim Auslaufen angeht. Es war zuallererst ihr Sicherheitsbedürfnis, das das Boot und uns vor größeren Schäden bewahrt hat.

Noch am Morgen vor dem Auslaufen standen Fenster und Luken weit offen wegen der Hitze. Vor allem das Fenster über dem Elektropanel war weit geöffnet. Wer weiß, wie viel Wasser ins Boot geströmt wäre, als wir auf der Seite lagen und sich das Fenster unter Wasser befand. Der Ausfall der gesamten Elektrik von Navigation bis Motor wäre das Harmloseste gewesen, was hätte passieren können.

Der zweite Grund, warum wir glimpflich davonkamen: Unsere Segel waren *DCX*-Segel, mit *Spectra*-Fäden verstärkte Segel. Sie sind unverwüstlich, und vielleicht hat uns das vor zerrissenen Segeln bewahrt. Irgendwo muss die Kraft der Böe ja hin. Mein erster Gedanke in dieser Situation war: ‚Gleich ist der Mast weg. Die Segel werden nicht reißen, aber oberhalb der Saling wird das große Vorsegel den Mast einfach wegreißen.'

Vielleicht habe ich deshalb unter den Hunderten Möglichkeiten, die mir in den drei Sekunden zu tun übrig blieben, dies eine getan und die Genua instinktiv losgeworfen, damit sie im Wind killen kann.

Eine weitere Erkenntnis: Mit Professionalität kann man eine derartige Situation nicht meistern. Nur intuitiv. Kommt man in schlimme Situationen, handelt man intuitiv und tut das Richtige. Wenn dir nur noch Sekundenbruchteile bleiben, ist es die Summe all deiner Erfahrung, die zum Tragen kommt.

Glück im Unglück war auch, dass auf diesem Schiff das Cockpit in der Mitte und nicht im Heck angeordnet ist. Das Mittelcockpit war in dieser Situation ideal, es bietet einfach mehr Sicherheit. Ein breites Heckcockpit mit einem doppelten Steuerstand, also zwei Steuerrädern, hätte mir weniger Halt geboten und mich in Lee einfach in den Seezaun geworfen, wenn nicht noch schlimmer."

Manfred Schöchl schaut einen Moment aus dem Fenster in die leuchtende Herbstlandschaft dieses Novembertages. Er segelt immer noch leidenschaftlich und ist fast jeden Monat einmal auf der Adria. Seine Leidenschaft hat ihn über den Atlantik und um Kap Hoorn geführt.

„Ich bin heute vorsichtiger. In meinen Jugendjahren war ich nie über einen Lifebelt angeleint. Heute schon. Ich bin viel allein unterwegs und fahre ja auch bei schlechtem Wetter. Aber mit meinen 67 Jahren denke ich heute anders darüber. Auch nach dem Erlebnis auf dem Kvarner."

Auf die Frage, ob man sich auf ein derartiges Erlebnis vorbereiten kann, hat der nüchterne Ingenieur und Yachtkonstrukteur eine verblüffende Antwort: „Das Meer hat mir zwei Dinge vermittelt. Du lernst Durchzuhalten. Egal ob als Regattasegler, um bis zum Schluss das Beste rauszuholen, weil ein Rennen erst entschieden ist, wenn man über die Ziellinie ist. Oder ob als Fahrtensegler, weil es oft keinen Sinn macht, umzukehren. Oder der gerade wegen auflandigen Windes nicht in den Hafen kann.

Das Zweite: Du brauchst eine gewisse Phantasie. Nicht nur beim Segeln, sondern auch, wenn man in ein Auto steigt. Im Leben generell. Ich muss mir vorstellen können, was passieren *könnte*. Es ist keine Angst. Sondern Respekt. Man nennt es Vor-Sicht. Vielen Menschen fehlt heute genau diese Vorstellungskraft.

Die wichtigste Erkenntnis: Bleib am Schiff, solange es geht. Das schwächste Glied? Ist immer der Mensch. Das Schiff hält auch den schlechtesten Skipper lang aus. Auch einen wie mich, der an einem schönen Tag im August eine Windhose nicht auf sich zukommen sieht."

Auf dem Weg zurück nach Salzburg habe ich wenig Augen für die Schönheit der hügeligen Landschaft und denke über Manfred Schöchl und sein Stichworte „Selbstüberschätzung" und „Phantasie" nach. Selbstüberschätzung macht uns Mut. Sie lässt uns hinauswachsen über uns selbst – auch wenn wir manchmal nicht die Phantasie besitzen, uns vorzustellen, dass ein Albtraum wahr werden kann. Wie in der folgenden Geschichte von Christian Kargl.

Christian Kargl
Südatlantik. Vor der brasilianischen Küste.

Über Bord.

Profisegler sehen Seenot anders. Ihre Erfahrung, das Leben im Extremen hat sie über die Grenzen hinausgehen lassen, die einem normalen Skipper gesetzt sind. Das ist eine der Erkenntnisse aus diesem Buch. Dass auch Profisegler an ihre Grenzen kommen, zeigt die Geschichte von Christian Kargl, dessen Leben sich ums Segeln dreht.

Wir haben uns in Wien verabredet, wo er heute zu tun hat, und treffen uns in einem Café im neuen Wiener Hauptbahnhof. Fragt man ihn, wie er zum Segelsport kam, denkt er zuerst an seinen Großvater, der ein Boot hatte. An gemeinsames Segeln Mitte der 1980er-Jahre auf dem Attersee im Salzburgischen, da war er gerade mal sieben Jahre alt. Eineinhalb Jahrzehnte später fällt ihm der Bericht einer deutschen Segelzeitschrift in die Hände über ein geplantes Rennen, bei dem Skipper in irrwitzig kleinen Booten von La Rochelle nach Brasilien segeln sollten. Einmal über den offenen Atlantik. 4400 Seemeilen. Und nur ein Mann an Bord. 6,50 Meter sollten die Dinger lang sein, nicht länger als ein typischer „Kartoffelsuppenkreuzer“ fürs Wochenende auf dem Attersee. Aber dafür sollen die federleichten Nussschalen auf raumen Kursen über 120 Quadratmeter Tuch tragen, soviel wie manches schwere Fahrtenschiff im Atlantik nicht hat. *Mini-Transat* nennt sich das Rennen.

„Es hat mich fasziniert“, sagt Christian Kargl heute, „vor allem das Alleinverantwortlich-Sein. Mit nichts anderem als einem großen *Laser*, dieser winzigen Nussschale auf Hochsee. Allein auf dem Meer da draußen für vier Wochen.“ Als er den Bericht liest, ist Christian Kargl 26. Zu diesem Zeitpunkt hat er ein Studium der Meteorologie und Geophysik aufgenommen, hat in Australien Jetstreams am oberen Ende der Atmosphäre für die *U.S. Air Force* ausgewertet. Aber Geld verdienen war spannender als Fachbücher wälzen, das neue Medium Internet lockte und er programmierte. Erst Webseiten, dann Netzwerke. „Das war 2003“, erzählt er. „Da gab es noch nicht mal YouTube. Ein paar Videos geisterten durchs Netz, und zum *Mini-Transat* existierte gerade mal eine inoffizielle Website. Ich habe Bernhard Thusbaß, einen deutschen *Mini*-Segler angerufen, der mich zu einem Testsegeln einlud. November 2003, vor Grado in der Nordadria. Eisige Kälte, Nebel, kaum Wind. Und trotzdem waren wir schneller als der Wind. Da war’s dann passiert. Das war das Ding, das wollte ich machen!“

Noch im Winter 2004 beginnt er mit der Suche nach einem Boot. Dann kommen die ersten Qualifikationsregatten. 2000 Seemeilen muss er nachweisen, um teilnehmen zu können. Aber nicht bloß 2000 Seemeilen irgendwo und irgendwie, sondern 1000 Seemeilen in Regatten und 1000 Seemeilen solo. 1000 Seemeilen in einem winzigen Boot und ohne einmal anzuhalten. Also startet er von Port Camargue aus seine

Runde im Mittelmeer. Über Barcelona gehts zum berühmten Cap Corse und weiter zur Insel Giannutri, der südlichsten der Toskana-Inseln fast vor Rom, als Wendemarke. Dann wieder zurück in den Norden nach Port Camargue. „Das war Segeln, bis du umfällst. Zehn Tage war ich nonstop unterwegs. Nachts 20 Minuten schlafen, dann Wache gehen. Ich weiß von mir, dass ich in 24 Stunden vier bis fünf Stunden Schlaf brauche. Wenn du mal 24 Stunden Scheißwetter im Löwengolf hast, schläfst du halt nicht. Du döst bestenfalls. Ich wollte wissen, ob ich das schaffe. Bin ich der, der das schafft?"

Er schaffte es. Und steht ein Jahr später in La Rochelle im Race Village am Hafenbecken östlich der mittelalterlichen Türme des Vieux Port. Sein Boot ist die GUIZMO, ein 6,50 Meter langes, leuchtend grün und weiß lackiertes Etwas aus dünnwandiger Glasfaser, Carbon und Balsaholz. Die GUIZMO nimmt sich winzig aus im Hafen neben den Fahrtenyachten. „Die GUIZMO war phantastisch. Ein Prototyp, das heißt ein Schiff, das am Limit gebaut ist, um jedes Gramm Gewicht einzusparen. 6,50 Meter lang. Satte 3,00 Meter breit. Ein technisches Wunder mit einem 2 Meter tiefen Kiel, den ich 40 Grad nach links oder rechts zur Seite schwenken konnte. Die Segelfläche am Wind betrug 50 Quadratmeter, vor dem Wind 120 Quadratmeter – soviel wie eine Vierzimmerwohnung." Und mit Verpflegung an Bord, um die erste zehntägige Nonstopetappe von La Rochelle über die Biskaya bis Lanzarote durchzustehen.

„Ich war einfach sehr jung und unerfahren, auch was das Thema Ernährung angeht. Ich überlegte hin und her, bis ich einen Tipp von einem erfahrenen Trimaran-Segler bekam: ‚Christian, geh in einen Supermarkt und kauf dir möglichst viele unterschiedliche Dinge. Auf so einer langen Reise hast du jeden Tag Appetit auf etwas Neues.' Also schleppte ich Mengen verschiedenster Lebensmittel auf die GUIZMO."

Vor dem Start ist Christian Kargl hochnervös, vor lauter Aufregung ist es schwer, die Startlinie zu finden. 30.000 Menschen stehen entlang des schmalen Kanals, der vom alten Hafen in La Rochelle hinaus aufs Meer führt, und applaudieren, als jedes der 74 winzigen Boote an ihnen vorbei hinaus aufs Meer zieht. Aus Lautsprechern am Ufer schallt der Lieblingssong jedes Skippers. Doch kaum ist er draußen und auf Höhe der Île d'Oléron, fällt die monatelange Anspannung von Kargl ab. „Du bist dann einfach nur froh, dass der Start erfolgt ist und du endlich segeln kannst. Wenn der ganze Trubel vorbei ist."

Mit Kurs 245 Grad hält Christian Kargl raus auf die Biskaya, Richtung Cabo Ortegal entlang der galizischen Küste. Er hat nach drei Tagen die Biskaya gerade glücklich hinter sich, als kurz vor Kap Finisterre, Spaniens nordwestlichstem Punkt, sein Vorstag bricht – das Drahtseil, das den Mast nach vorne fixiert. Er hat Glück: Der Mast der GUIZMO fällt nicht, weil er durchs Deck gesteckt ist. Der Skipper sichert ihn ersatzhalber mit dem Spifall, an dem er sonst das Spinnakersegel hochzieht. Den nächsten Hafen anzulaufen, um das gebrochene Vorstag zu reparieren, kommt für ihn nicht in Frage. Er segelt weiter, aber jetzt geht es ihm nur noch ums Ankommen und nicht mehr um eine gute Platzierung. Lieber nach Lanzarote humpeln als jetzt ausscheiden.

„Ich bin einfach weitergefahren, zumal ich entlang der portugiesischen Küste sowieso nur Rückenwind hatte." Er macht weiter, wo andere aufgegeben hätten, und segelt die fast 1000 Seemeilen bis Lanzarote entlang der portugiesischen und marokkanischen Küste mit gebrochenem Vorstag.

Als die GUIZMO am 10. Tag Lanzarote erreicht, sind dort im Regattaplan ein paar Tage Pause vorgesehen. Der Skipper zieht los und besorgt sich, was er für die Reparatur seines Vorstags benötigt und ersetzt den defekten Walzterminal. Doch die Reparatur ist nicht erfolgreich. Auf der Weiterfahrt südwärts bricht kurz vor den Kapverden die neue Schraubverbindung des Vorstags, doch er kann die defekte Verbindung auf See erneut flicken, bevor er endgültig Kurs Südwest in Richtung des Zielhafens Salvador de Bahia in Brasilien hält. Noch 2000 Seemeilen.

„Nie hatte ich das Gefühl, ich wäre alleine. Da waren die Tiere. Die Vögel, die eine kurze Rast an Bord der GUIZMO einlegten, bevor sie weiterflogen. Die vielen Schildkröten vor der afrikanischen Küste. Das Treibholz aus den großen Flüssen Afrikas auf dem Meer. Du hast ständig zu tun, damit das Boot gut segelt." Aber damit ist bald Schluss, als er die windlose Zone erreicht, die Doldrums. Der Wind ist tagelang wie abgestellt.

Nichts geht mehr. Die GUIZMO liegt ohne Fahrt in der Welle, die von Südost und Nordost gleichzeitig heranzieht, weil beide Passatwinde ihre Vorboten senden. „Am schlimmsten war das Schlagen des Segels. Das hältst du nicht aus mit dem endlosen Geigen des Bootes in der Windstille." Kargl hat kein Satellitentelefon. Nur einen batteriebetriebenen Weltempfänger.

Die Musik aus seinem Kopfhörer lenkt ihn ab. Er hört die melancholischen Songs Hubert von Goiserns. Hört Coldplay und vor allem Grunge. Bei *Alice in Chains* kommen ihm die Tränen. Die Regenschauer der Doldrums bringen etwas Wind. Und Ablenkung. Er hat weder Toilette noch Dusche an Bord und kann im Regen endlich einmal ausgiebig duschen. Ob er Angst hat, allein da draußen, in der windlosen Weite auf seiner Nussschale? „Es gab relativ viele Gewitter. Das hätte ich nicht gedacht. Davor habe ich am meisten Respekt, vor einem Blitzeinschlag im Mast."

Etwa sechs Tage vor dem Ziel hat er in der vermeintlichen Einsamkeit plötzlich beim routinemäßigen abendlichen Herumspielen am Funkgerät Kontakt zu einem anderen Regattateilnehmer. Hugo Ramon heißt der damals mit 18 Jahren jüngste *Mini-Transat*-Segler. Christian Kargl kennt ihn vom Start, und Ramon antwortet auf seinen Funkruf.

Er muss irgendwo in einem Umkreis von 15 Seemeilen sein, ungefähr so weit trägt die Funkanlage. Hugo Ramon berichtet von einem Wassereinbruch an Bord, der so heftig war, dass ein Teil seiner Nahrung verdarb und er sie über Bord werfen musste. Er hat nur noch für zwei Tage Essen, bevor seine Vorräte aufgebraucht sind. Christian Kargl hat reichlich zu essen. Er packt eine Box mit Lebensmitteln für Hugo Ramon, sie verabreden ein Treffen, doch weil keines der Boote einen Kartenplotter besitzt, der ihre Position anzeigt, verfehlen sie sich. „Sich zufällig im Atlantik zu begegnen oder auf 3 Seemeilen Sichtweite nahezukommen, ist ohne Plotter extrem schwierig." Wenig später reißt der Funkkontakt zu Hugo Ramon wieder ab.

Seine Fahrt schenkt Christian Kargl seltene Glücksmomente und tiefe Depression. „Jeden Tag hast du eine Phase, wo du himmelhoch jauchzt. Und mindestens eine, wo du am Boden zerstört bist und dich fragst: ‚Warum machst du das überhaupt?'"

Noch vier Tage bis zum Ziel. Die GUIZMO segelt in etwa 50 Seemeilen Abstand parallel zur brasilianischen Küste. In der Nacht spürt Christian Kargl plötzlich ein Kribbeln in seinem Körper, als wühlten Ameisen in ihm. Panik überfällt ihn, was passiert da mit ihm? Er schafft es noch, seinen Spinnaker zu bergen, um die Fahrt der GUIZMO zu verlangsamen. Dann kriecht er auf allen vieren zurück in die fensterlose, halb offene Höhle seines Minis. Seine Hand wird gefühllos und gehorcht ihm nicht mehr. Er ist nicht mehr in der Lage, sich festzuhalten oder etwas zu greifen. Er trinkt viel Wasser, nimmt Aspirin und Paspertin-Tropfen zur Beruhigung ein. Als das Kribbeln nicht nachlässt, öffnet er seine Medizinbox, studiert jeden Beipackzettel. Sein Zustand bessert sich nicht, er gerät in Panik, weil er fürchtet, das Bewusstsein zu verlieren.

Für einen solchen Fall besitzt die GUIZMO wie jedes andere teilnehmende Boot an der Regatta einen GPS-Tracker mit Nottasten, um eine Verbindung zur Rennleitung herzustellen. Christian Kargl drückt den roten Knopf, der für medizinische Notfälle vorgesehen ist. Dann wartet er. Er trinkt viel, döst. Nach 30 Minuten drückt er den Knopf ein zweites Mal. Dann geht das Warten weiter. Mit der Rennleitung oder sonst jemandem telefonieren kann er nicht. Er muss warten. Und hoffen, dass eines der zahlreichen Begleitschiffe der Regatta irgendwo in seiner Nähe ist und ihn erreicht.

Es dauert fast bis zum Mittag des nächsten Tages, als ihn ein schwacher Funkspruch erreicht. Tatsächlich hat es ein Begleitschiff geschafft, auf Funknähe an ihn heranzukommen. Dann steht die Verbindung. Kargl beantwortet viele Fragen, das Begleitschiff sendet den Bericht an einen Rennarzt weiter, der in Brasilien sitzt. Der tippt zuerst auf einen Sonnenstich. Doch Christian Kargl trägt stets eine Kopfbedeckung, um sich vor der Sonne zu schützen. Fehldiagnose also. Die zweite Diagnose lautet: Lebensmittelvergiftung. Vielleicht war es tatsächlich die Thunfischdose, die er am Nachmittag öffnete. Das Begleitboot kommt näher, sie schaffen es, ihm ein Stoffsäckchen mit Breitbandantibiotikum und Paracetamol gegen Fieber und Schmerzen herüberzureichen. Kaum eingenommen, bessert sich Kargls Zustand schnell. „Vielleicht war das auch nur, weil das Begleitschiff da war. Ich hatte mir in der Nacht selbst Infusionen gesetzt, mir die Venen dabei fürchterlich zerstochen, aber dein Überlebenswille sorgt dafür, dass du das tust. Heute weiß ich: Am Ende eines solchen Rennens bist du ziemlich fertig. Dein Vitaminhaushalt und Immunsystem sind am Boden. Wenn ich heute an diesem Tisch dieselbe Dose Thunfisch äße, würde sie mir nichts anhaben“, sagt er.

Am Nachmittag bessert sich sein Zustand. Das Begleitschiff ist weg, dafür entdeckt Kargl später ein Segel am Horizont. Es ist Hugo Ramon.

Am Abend erreicht er ihn über Funk. Ramon ist richtig schlecht drauf. Er hat seit Tagen kaum gegessen und für die letzten vier Tage noch zwei Blättchen Schinken. Das Päckchen mit Lebensmitteln für Hugo Ramon liegt immer noch in der Kajüte der GUIZMO. In der Dämmerung befindet dieser sich 1 Meile voraus an Steuerbord. Er hat seine Segel geborgen, Christian Kargl steuert die GUIZMO auf ihn zu, um ihm das Päckchen zu übergeben.

Doch so leicht geht das nicht. „Bei 12 Knoten Wind und ein wenig Welle kannst du mit den *Minis* nicht einfach längsseits gehen, weil unsere hohen Masten sofort aneinander schlagen und sich ineinander verhaken würden", erzählt er. Also segelt er an Hugo Ramon vorbei und wirft das Päckchen vor ihm ins Wasser. Hugo Ramon gelingt es, das Päckchen aufzufischen, doch im nächsten Moment entgleitet es seinen Händen und fällt zurück ins Wasser. Er ist verzweifelt über den Verlust und weint am Funk. Er treibt ohne Segel im Atlantik und kann nicht umkehren.

Christian Kargl lässt sein Päckchen voller Lebensmittel an diesem Oktoberabend keine Ruhe. Er vereinbart mit Ramon, umkehren zu wollen, um die wasserdichte Box zu suchen. Er findet die auf dem Meer treibende Box tatsächlich wieder, allein das ist schon eine Leistung. Doch erst nach dem dritten Versuch kommt er nahe genug an das Päckchen heran, um es zu bergen.

Er legt sich, mit einem Lifebelt gesichert, in Lee an Deck seines Schiffes auf den Bauch und streckt den Arm weit aus, um das Päckchen zu greifen. Es ist schwer, Christian Kargl hat für den hungernden Segler Milchtüten, Konserven und Kekse eingepackt. Er muss sich recken, um das Paket mit den

Fingern zu erreichen. Als er es zu fassen bekommt und anhebt und dabei alle Kraft einsetzt, bekommt Christian Kargl plötzlich Übergewicht. Er versucht, sich am Relinggeländer zu halten, doch es ist zu spät. Sein Körper rutscht mit dem Brustkorb voraus in der anbrechenden Dunkelheit ins Wasser.

Zum Glück ist er eingehängt, schießt es ihm durch den Kopf. Er fasst nach dem Gurt. Ein Zerren. Ein kurzer Ruck. Dann liegt Kargl still im Wasser. Er spürt die Nässe. Er sieht die Dunkelheit. Als er zum Brustgurt greift, ist die Leine, die ihn mit dem Boot verbindet, weg. Geistesgegenwärtig kann Christian Kargl noch das Ruderblatt seines vorbeigleitenden Bootes greifen. Doch die GUIZMO lässt sich nicht aufhalten. Und segelt mit killendem Großsegel davon.

Panikartig versucht Christian Kargl, hinter seinem Boot herzuschwimmen. Blitzschnell entledigt er sich seiner Stiefel, des Gurtzeugs, seiner Kleidung, um schneller schwimmen zu können. Dann krault er der GUIZMO hinterher. „Nach zwei, drei Minuten gibst du auf. Du bist völlig erschöpft und weißt: Das Boot erwischst du nicht mehr. Dein Boot ist weg."

Sein nächster Gedanke: Er ist parallel der brasilianischen Küste gesegelt. Es sind nur mehr 35 Seemeilen bis dorthin, so lautete jedenfalls der letzte Logbucheintrag. Kann man das: 60 Kilometer schwimmen? Nach der ersten Euphorie, das schaffen zu können, überfällt ihn Verzweiflung. Sein Boot ist in der Dunkelheit verschwunden, er sieht nur noch das weiße Topplicht an der Spitze des Mastes über den Wellen. Brav behält das Licht seinen Kurs Richtung Horizont bei, hinter Hugo Ramon her.

„Als das Boot weg ist, habe ich einige Augenblicke überlegt: Wie könnte ich mich am schnellsten um die Ecke bringen? Da ist das Päckchen mit Lebensmitteln. Kann ich mir mit einer Konservendose die Pulsadern aufschneiden? Ich begreife in diesem Moment: Das war es jetzt. Ohne Schwimmweste in der Nacht im Atlantik zu schwimmen ist vermutlich das Ende. Dies war mein Leben. Jetzt ist es vorbei. Mein Leben, dessen schöne Momente wie in einem Film an mir vorüberziehen. Du weißt, das ist es jetzt gewesen. Und selbst der Gedanke, dass ich jemanden unbedingt wiedersehen, dass ich irgendetwas noch einmal haben will, der ist weg."

Am Horizont sieht Christian Kargl als kleinen Punkt noch das Topplicht seiner GUIZMO, das hinter Ramons Boot entschwindet – einem noch winzigeren Lichtpunkt in der Nacht. Das letzte, das Kargl von seinem Boot wahrnimmt, ist, dass es halst. Dann lässt er sich treiben, neben dem Paket mit Lebensmitteln. Neben Milch und Konserven.

Was er nicht sehen kann: Hugo Ramon beobachtet die GUIZMO, die ihm folgt. So erschöpft und fertig er vor Hunger und Anstrengung sein mag – als die GUIZMO halst, kommt das dem Skipper buchstäblich spanisch vor. Er denkt einen Moment nach. Dann legt er Ruder, wendet, hält Kurs auf die GUIZMO. Als er entdeckt, dass dort niemand mehr an Bord ist, löst er sofort *Mayday* aus, setzt alle Segel und segelt zurück auf dem Kurs, auf dem er gekommen ist.

Er braucht eine Zeit zurück zum Unglücksort. Er brüllt in die Nacht und hört zunächst nichts. Dann nimmt er Rufe wahr, irgendwo da draußen. Doch er kann sie in der Nacht und in den Wellen zunächst nicht orten.

Christian Kargl sieht, wie Hugo Ramons Schiff nicht wie erwartet am Horizont verschwindet. Er sieht die Dreifarbenlaterne im Masttopp, die nun nicht mehr weiß, sondern abwechselnd mal rot, mal grün leuchtet. Er begreift: Der Spanier hält auf ihn zu. „Ich schreie im Wasser wie am Spieß. Ich versuche, mit der Futterbox Krach zu machen." Beim ersten Mal segelt Hugo Ramon an ihm vorbei, rauscht 200 Meter an dem in der Dunkelheit brüllenden Christian Kargl vorbei. Dann dreht er wieder um.

Irgendwo hört Hugo Ramon den Skipper, kann ihn aber nicht lokalisieren. Auf Verdacht schleudert er einen Rettungsring mit Lampe in die Dunkelheit. Er platscht 20 bis 30 Meter neben Christian Kargl ins Wasser. „Ich schnappe mir den Rettungsring und will die Notleuchte anknipsen. Aber da ist keine Batterie in der Lampe. Hugo Ramon ändert wieder den Kurs und kommt diesmal genau auf mich zu. Im Vorbeifahren kann ich eine Relingstütze greifen. Urplötzlich habe ich ungeheuer viel Energie. Ich ziehe mich hoch.

Dann liegen wir beide erschöpft auf dem Vordeck. Wir heulen wie Schlosshunde. Vor Erleichterung. Vor Glück."

Dann besinnt sich der Skipper. Er denkt nicht an zuhause. Er denkt nur an sein Schiff, die GUIZMO. Und dass er weitersegeln muss. Da ist die GUIZMO. Da sind die 12 Knoten Wind, das Topplicht ist an. Erst als er wieder auf seinem Boot angelangt ist, wird Kargl bewusst, was hätte passieren können. „Sobald du wieder alleine bist, kehrt der Schrecken zurück. Dann hat Hugo Ramon mich angefunkt. Ich zitterte nur noch. Ich sollte schlafen gehen, doch das war unmöglich. Ich zitterte vor Adrenalin und beschloss, einfach weiterzufahren."

„Lass uns weitersegeln", gibt er Hugo Ramon durch. Der setzt die Segel und fährt voraus. Christian Kargl sieht Hugo Ramons Topplicht, es leuchtet vor ihm wie ein Stern. Gegen 5 Uhr morgens bricht er vor Erschöpfung zusammen und schläft fünf Stunden am Stück durch. Für Solo-Segler sind derart lange Schlafphasen extrem gefährlich. Kleine Boote wie die nur 6,50 Meter langen *Minis* können leicht von Frachtschiffen übersehen werden. Doch Kargl schläft.

Als er wieder wach wird, versucht er Hugo Ramon zu erreichen. Er würde ihm alles geben, was er an Lebensmitteln entbehren kann. Leider kommt kein Funkkontakt mehr zustande. Drei Tage später erreicht Hugo Ramon das Ziel und die Bucht von Salvador de Bahia. Er kommt zwei Stunden vor Christian Kargl an. Nur der Renndirektor weiß von dem Vorfall, doch er bewahrt wegen des glücklichen Ausgangs zunächst Stillschweigen.

Die meisten Segler, wie auch Christian Kargl, fürchten das, was auf dem Wasser größer ist als sie und unbeherrschbar. Den Blitz, der aus gewittrigem Himmel im Mast einschlägt. Doch es war nur ein auf dem Wasser treibendes Paket voller Lebensmittel, es brauchte nur einen Sekundenbruchteil der Unachtsamkeit, der dem Skipper fast zum Verhängnis wurde. Gefragt nach dem, was er heute über seine Erlebnisse denkt, gesteht Christian Kargl freimütig: „Richtig in unserer Situation war, dass wir gleich weitergesegelt sind, nachdem Hugo mich aufgefischt hatte. Gut war, sofort wieder in den Rennrhythmus zurückzukehren.

Später hat mir geholfen, möglichst vielen Leuten von meinem Erlebnis zu erzählen. Wenn du darüber reden kannst, hast du es eingeordnet in dein Leben." Aber auch eine Selbstkritik äußert Christian Kargl, die nicht nur jeden Profisegler, sondern jeden auf dem Wasser angeht. „Dass mein Lifebelt mich nicht hielt, dafür war im Grunde genommen ich verantwortlich. Ich hatte zwar viele Sponsoren, musste damals aber sehr auf die Kosten schauen. Ich hatte mir eine günstige Schwimmweste besorgt. Und eine günstige Lifeline. Das war ein Fehler.

Ich kaufe heute strikt nur noch Dinge, bei denen ich sicher sein kann, dass sie qualitativ das Beste sind, das ich kriegen kann. Ich berate mittlerweile auch andere Profiskipper bei ihrer Ausrüstung. Beim Thema Sicherheit auf See bin ich heute kompromisslos. Und übersetze auch gerade das weltweit führende Fachbuch zum Thema. Ich will alles Wissen sammeln und an Segler weitergeben, was es in puncto Sicherheit zu wissen gibt."

Für die Zukunft hat Kargl klare Pläne. Sein Erlebnis 2005 hält ihn nicht davon ab, noch einmal am *Mini-Transat* teilzunehmen. Zu fasziniert ist er von dem, was er in den vier Wochen seiner Reise sah und auf dem Meer erlebte. „*Mini-Transat* ist, als würdest du einen Formel-1-Motor in einen Fiat Panda einbauen und damit auf den Hockenheimring gehen. Das hat schon was."

Zwei Jahre bereitet er sich jetzt vor. Dann will er wieder los und mitmachen beim *Mini-Transat 2021*. Ein Schiff hat er schon. ALL HANDS ON DECK heißt es, und Christian Kargl stellt es am Stand seiner Firma auf den goßen Messen aus.

Auf seiner Reise 2005 hat Christian Kargl jeden Tag Tonaufnahmen gemacht, eine Art elektronisches Logbuch seiner Erinnerung. Jede der Tonspuren hat er in den Jahren seit dem Rennen immer wieder mal angehört. Nur diese eine hat er nie wieder geöffnet: die Tonspur, die er am Tag seines Unglücks aufgezeichnet hat.

Auf die Frage, warum er es nie tat, antwortet Christian Kargl nur: „Im Leben kann man alles schaffen … aber man muss nicht unbedingt auf die schlimmsten Stunden im Leben zurückblicken, sondern eher auf das, was da draußen noch auf dich wartet."

Thomas Käsbohrer

Am Schluss.

Ich sitze am Schreibtisch. Aus den Begegnungen mit Seglern sind 23 Geschichten geworden, und dies ist das letzte Kapitel, über dem ich gerade brüte. Wie bei jedem Buchprojekt, an dem ich Monate lang angestrengt arbeitete, habe ich auch jetzt das Gefühl, dass dieses Buch nicht fertig ist. Es stehen noch so viele Menschen auf meiner Liste, mit denen ich gerne über das Thema „Seenot" gesprochen hätte. So vieles, was noch nicht tief genug ausgelotet ist. Aber wann die Arbeit an einem Manuskript abgeschlossen ist, das bestimmt der Drucktermin. Und nicht der Autor.

Es geht auf Weihnachten zu. Ich denke oft an meine Begegnung mit Loïck Peyron, der nicht nur mit seinem „Optimist-Fatalist" in mir tiefe Spuren hinterlassen hat. Und all seine errungenen Trophäen in eine Schrottpresse zu geben, nehme ich als schönes Beispiel, es mit der eigenen Wichtigkeit in der Welt nicht allzu ernst zu nehmen. Meine Verehrung für die menschliche Größe französischer Segler wie Bernard Moitessier und Eric Tabarly hat durch die Begegnung mit Loïck Peyron eher noch zugenommen. Ein bisschen Loïck ist immer um mich, wenn ich in seinem Kinderbuch über Piraten blättere.

Ich denke gerne an Vormann Henry Schönrock, der mich auf der Rückfahrt von der Greifswalder Oie auf dem Seenotrettungsboot vor dem nebligen Hafen von Freest in schallendes Gelächter versetzte, als er brummte: „Hier riecht's nach Fisch. Das muss Freest sein!"

Michael Ziese schreibt, er sei nach unserem Gespräch noch länger im Norden geblieben, als er es ursprünglich vorhatte. Ich erreiche ihn und seine Lebensgefährtin Antje telefonisch immer noch auf den Färöer, diesmal in der Hauptstadt Thorshavn – als könnte er sich noch immer nicht losreißen von den Schafsinseln. Er will erst in den nächsten Tagen nach Rostock zurückkehren. Mal sehen, ob er es tut. Auf seinem Blog mit Namen X-TRIP werde ich sehen, was er treibt.

Tahsin Oezen, der Chefredakteur der Zeitschrift *Ocean 7*, jubelt in seiner Mail an mich, heute sei der erste Tag nach der Schlussproduktion des nächsten Heftes. Er würde sich ganz sicher diese Woche melden mit Feedback auf meine Geschichte über seine Erlebnisse in der Ostägäis. Vielleicht kann nur einer, der selber schreibt, die Mühen, die Zweifel und die Fragen nachempfinden, die jemand hat, der gerade an einem Buch arbeitet.

Vormann Karl-Heinz Priebe, der Seenotretter von der Halbinsel Fischland, ist nach unserem Gespräch nach 35 Jahren Dienst wie angekündigt in den Ruhestand gegangen. Es sei noch eine Menge Papierkram zu erledigen, aber dann wäre wirklich Schluss. Ob ihm das nicht schwerfiele, frage ich ihn im Telefonat. „Och ne", meint er gleichmütig und es klingt glaubhaft. „Da sollen jetzt mal die Jungen ran." Wie schon bei der persönlichen Begegnung empfinde ich Respekt vor diesem Seenotretter. Die Tugend, zu erkennen, wann es Zeit ist, aufzuhören und den Stuhl freizumachen, ist nicht weit verbreitet und kann nicht genug gepriesen werden.

Christian Kargl berichtet, dass er gerade alle Hände voll zu tun hat mit den letzten Seiten der Übersetzung des Buches „Sicherheit auf See", das zur Messe *boot* erscheinen soll. Wenn einer etwas von diesem Thema versteht, dann ist er es. Vielleicht musste alles so kommen, dass er im Atlantik über Bord ging, um genau deshalb als Profisegler zum Experten für dieses Thema zu werden?

Saskia Kaden schreibt mir, sie habe sich ein kleines Schiff zugelegt, eine *Contest 34* im Ijsselmeer. Mit Ihrer ROBULLA, benannt nach ihren Eltern Robert und Ulla, bleibt sie noch ein Jahr in Holland. 2021 soll es ins Mittelmeer gehen, um dann Ende 2022 die große Runde zu starten. Einmal einhand um die Welt. Ich bewundere ihre Entschlossenheit.

Jetzt, am Ende meiner Arbeit, bin ich berührt von all den Menschen, die sich bereit erklärten, an diesem Buch mitzuarbeiten. Mir einfach Rede und Antwort auf jede meiner Fragen zu stehen, selbst Monate nach einem Treffen. Vielleicht hat Saskia ja recht, wenn sie feststellt, „dass Segler doch ziemlich coole Leute sind".

Auch meine anfänglichen Bedenken waren unbegründet. Sich mit dem Thema „Seenot" zu beschäftigen, hat mich weitergebracht. Konkrete Vorsätze habe ich auch gefasst.

Ich werde mich gleich im Januar nach einer Rettungsweste mit Sender umsehen. Selbst wenn ich meine Rettungswesten immer ordentlich gewartet habe, werde ich mir eine neue kaufen und dabei nicht aufs Geld achten. Und vor allem werde ich recherchieren, ob und wie man darin schwimmen kann.

Ich werde mir Christian Kargls Buch gründlich ansehen, sobald es erschienen ist, und werde Manfred Schöchls Worte in unserem letzten Telefonat beherzigen, dass ein Mast nie umfällt, weil ein Drahtstag bricht, sondern weil ein Bolzen sich löst, den man vielleicht entdeckt hätte, wenn man einmal im Jahr in den Mast gestiegen wäre.

Ich werde mir, wie Olaf Rebulla geraten hat, noch drei, vier weitere Löschdecken auf LEVJE legen, bevor es wieder losgeht. Ein kleines Invest. Ich werde Lüftungskäfige um Kühlschrankkompressor und Bugstrahlruder bauen und mir einen Treibanker als Notruder zulegen, wie es in einer der Geschichten steht.

Vor allem werde ich mich hinsetzen und in Gedanken wirklich durchspielen, was ich auf meiner LEVJE mache im Notfall. Da hallen Boris Herrmanns Antworten nach auf meine Frage, was ich von ihm als Segler lernen könne.

Und wenn ich einen Wunsch in diesem Jahr frei hätte: Dann würde ich mir zusammen mit den Seglern aus diesem Buch wünschen, dass unsere Geschichten ihren Zweck erfüllen. Wenn die hier gesammelten Geschichten auch nur einen Menschen irgendwo auf dem Meer davor bewahren, in Seenot zu geraten, hätte sich unsere Mühe mehr als gelohnt.

Pollença, 20. Dezember 2019
Thomas Käsbohrer

Nautisches Lexikon.

Abdrift: durch den Wind verursachtes seitliches Abtreiben eines Bootes.
abfallen: Kursänderung eines Schiffes nach Lee (weg vom Wind).
achtern: hinten.
achteraus: vom Schiff aus nach hinten oder hinter dem Schiff.
AIS (Automatic Identification System): ein funkgestütztes System auf See, das Fahrtdaten automatisiert von Schiff zu Schiff überträgt.
anluven: Kursänderung eines Segelboots nach → luv (in Richtung zum Wind hin).
auflandig: Wind, der von See kommt und auf das Land gerichtet ist.
Autopilot: automatische Steuerungsanlage → Navigation.

Backbord: die linke Seite eines Schiffs vom → Heck zum Bug gesehen.
Bake: an Land als unbefeuertes Seezeichen aufgestelltes Gerüst von auffälliger Form.
Baum: eine → Spiere, die beweglich am Mast befestigt ist und ein Segel hält, z. B. das → Groß am Großbaum.
beidrehen: Manöver, um das Boot so zu legen, dass es möglichst wenig Fahrt voraus macht. Man dreht bei, um stürmisches Wetter oder hohen Wellengang abzuwettern. Durch das Beidrehen wird eine möglichst ruhige Lage des Schiffes erreicht. Das Boot driftet dabei nach → Lee.
belegen: ein Ende (Tau), auf welchem Zug steht, an einem Teil des Fahrzeugs oder an Land festmachen.
Bilge: Raum unter den Bodenbrettern, in dem sich alles Was-

ser sammelt, das von außen ins Schiff eingedrungen ist oder unter Deck verschüttet wird.
Bodden: flache, eingeschlossene Gewässerform an den deutschen Ostseeküsten, meist mit schmalem Zugang zur See.
Bora: Kalter und häufig extrem böiger Fallwind an der nördlichen Adria. Spitzenwerte bis zu 250 km/h wurden gemessen.
Bug: vorderes Ende eines Schiffes.
Bugkorb: Reling aus Stahl am → Bug zur Sicherung beim Segelsetzen.

C*ockpit*: der im hinteren Teil des Bootes liegende offene Sitzraum.
COSPAS-SARSAT: Such- und Rettungssystem via Satellit, das Signale kleiner Notrufbaken (→ EPIRB) erfasst.
CROSS (Centre Regional Opérationnel de Surveillance et de Sauvetage): Seenotrettungskoordinationszentren entlang der französischen Küsten.

D*aysailer:* kleines Segelboot modernerer Bauart
Deckshaus: bei größeren Yachten ein auf Deck stehender Aufbau.
dichtholen: Durchsetzen, Anziehen einer Schot, mit der das Segel bedient wird.
Dingi (auch: Dinghi): kleines Beiboot, häufig aufblasbar.
Dirk: Leine von der Mastspitze entlang des Großsegels zum Ende des Baumes, um diesen zu sichern oder den Segeltrimm zu verbessern.
driften: treiben, abtreiben.
dümpeln: unregelmäßiges Geschaukel bei Windstille oder am Ankerplatz.
Dünung: Wellenbewegung des Wassers, die von einem nachlassenden oder nicht mehr vorhandenen Wind hervorgerufen wurde.

E*PIRB (Emergency Position Indicating Radio Beacon)*: kleine Boje, die auf See Notrufsignale via Satellit sendet.

F*all*: (Kunststoff-)Tauwerk oder Stahlseil zum Setzen eines Segels.
Fender: aus Kunststoff, Gummi oder Faser hergestellter, mit (Press-)Luft aufgepumpter weicher Ball, der die Außenhaut eines Schiffes vor Beschädigung durch andere Schiffe, die Hafenmauer oder → die Pier schützt.
Festmacher: Leine zum Festmachen des Bootes.
Fetch: Windwirkdauer und Windwirklänge über eine Fläche offenen Wassers. Je größer der Fetch, desto höher der zu erwartende Wellengang.
fieren: ein Ende (Leine, Tau) nachgeben, nachlassen.
Fock: bei kleinen Segelbooten, die nur einen Mast besitzen, gewöhnlich dreieckiges Vorsegel, das vor dem Mast steht.
Funkfeuer: Funksender in Küstennähe.

G*egenan*: hart ankämpfen gegen See und Wind.
Genua: großes und leichtes Vorsegel, das bei schwachem Wind gesetzt wird.
Groß: → Großsegel.
Großfall: Fall zum Setzen des Großsegels.
Großmast: der Hauptmast eines Bootes.
Großschot: Ende (Leine) zum Halten (Einstellen) des → Baums und damit des Segels.
Großsegel: auf einer Yacht das am → Großmast gesetzte Segel.

H*afenmeister:* Technischer und organisatorischer Leiter jeder Hafenanlage.
Halse: Segelmanöver, bei dem man vor dem Wind wendet (auf den anderen Bug geht).
Heck: der hintere Teil eines Bootes.

hoch am Wind segeln: ein Boot im spitzen Winkel gegen die Windrichtung segeln lassen, in der Regel 40 bis 50 Grad.

Jolle: kleines, offenes Segelboot.

Kai: befestigte Anlegestelle für Schiffe.
Kajüte: der geschlossene Wohn- und Schlafraum unter Deck.
Kajütschott: Kajüttür, die das Eindringen von Wasser verhindert und abschließbar ist. Verriegelt den Eingang zur Kajüte.
killen: Flattern des Segels.
Kiel: unterer Bereich eines Schiffes, fest mittschiffs längsseitig im Boden befestigt. Verhindert mit seinem beträchtlichen Eigengewicht das Kentern (Umkippen) eines Schiffs.
Kimmkiele: Sonderform des Kiels: kurze Kielflossen, die beidseits der Mittelschiffslinie angebracht sind, erlauben dem Schiff auf den beiden Kielflossen einen stabilen Stand im Wattenmeer.
Klampe: Beschlag zum Belegen eines Endes oder Falls.
Knoten: Maßeinheit für die Geschwindigkeit eines Schiffes oder des Windes, angegeben in zurückgelegten Seemeilen (1 Knoten (kn) = Seemeile/Stunde = 1.852 Meter pro Stunde).
Koje: fest eingebauter Schlafplatz an Bord.
krängen: seitliche Neigung eines Schiffes unter Wind- und Welleneinfluss.
Konoba: schlichtes kroatisches Restaurant, häufig auf unbewohnten Inseln, das landestypische Gerichte anbietet.
Kreuzseen: unangenehmer, teils sehr hoher → Seegang, der entsteht, wenn Wellensysteme aus unterschiedlichen Richtungen aufeinandertreffen.

Längsseits: an der Seite des Schiffes.
Lee: Richtung, in die der Wind weht.

Legerwall / auf Legerwall: Schiff in Gefahr, von Wind und Welle ans Ufer gedrückt zu werden.
Leine: Sammelbezeichnung für alle Arten von Tauwerk an Bord.
lenzen: ein Boot auspumpen, trockenpumpen.
Luk: verschließbare Öffnung an Deck eines Schiffes.
Luv: Richtung, aus der der Wind kommt.

M*asttop:* die Spitze des Masts.
Mayday: abgeleitet vom fr. M'aider! („Hilf mir!"). Leitet einen Funknotruf ein, bei dem es um Leben und Tod geht.
Mayday Relay: Weiterleitung des Notrufs eines havarierten Schiffes an die Seenotrettung durch ein unbeteiligtes Boot.
MMSI-Nummer (Maritime Mobile Service Identity): neunstellige Nummer eines Funkgerätes an Bord, über die ein Schiff samt seiner Daten identifiziert und direkt angesprochen werden kann.
MRCC: Maritime Rescue Coordination Center: Rettungskoordinationszentrum für den Schiffsverkehr.

N*AVTEX (Navigational Text Messages)*: in Kurztextform übertragende Wetter- und Sicherheitsinformationen.
Niedergang: der Zugang zum Inneren einer Yacht.
Niedrigwasser: der während einer → Tide erreichte niedrigste Wasserstand.

P*an-Pan:* abgeleitet vom fr. „Panne! Panne!" mit gleicher Bedeutung wie im Deutschen. Leitet eine Dringlichkeitsmeldung im Fall eines technischen Schadens am Schiff oder einer Erkrankung an Bord ein, bei der es nicht um Leben und Tod geht.
Persenning: wasserfeste Abdeckplane und Abdeckung für ein Schiff.

Pier: Anlegeplatz für Schiffe.
Pinne: in der Regel eine Holzstange, mit der das → Ruder von Hand bedient wird.
Plicht: auch: → Cockpit.
Positionslampen: vorgeschriebene grüne, rote und weiße Lampen, die nachts die Position und Fahrtrichtung eines Schiffes erkennen lassen.

R*elingsdraht:* Zaunartiger Handlauf aus Draht rund um die Decks eines Schiffes.
Rettungsinsel: Schlauchboot mit Zeltdach, das verpackt ist, und sich nach Betätigung einer Reißleine selbstständig aufbläst.
Rigg: die gesamte → Takelage, d. h. Mast, → Stage und Wanten einschließlich des beweglichen Tauwerks.
rollen: seitliche Bewegung um die Längsachse des Bootes.
Route du Rhum – „Rum-Route“: Alle vier Jahre stattfindende Einhandregatta von Saint-Malo über den Atlantik nach Guadeloupe.
Ruder: Steuer eines Bootes.
Ruderblatt: der Teil des → Ruders, der als Holz- oder Metallplatte gegen den Wasserdruck wirkt.
Rumpf: Bootskörper.

S*afeTrx*: App der DGzRS zur Registrierung und Übertragung der aktuellen Fahrtroute eines Schiffes an die DGzRS, um im Seenotfall schnell Hilfe leisten zu können.
Saling: Querstreben am Mast.
SART (Search and Rescue Radar Transponder): Radarbasierte Ortungsboje für See- und Luftverkehr.
Schapp: kleines Fach im Boot.
Schlepptrosse: kräftige Trosse (Tau) zum Schleppen eines Schiffes.
Schot: Leine, die ein Segel hält und mit deren Hilfe das Segel bedient und getrimmt wird.

Schott: Zwischenwand im Schiff. Verhindert auch das Volllaufen des Bootes bei einem Leck.
Schwell: Dünung, die in einen Hafen hineinläuft oder durch vorbeifahrende Schiffe entsteht.
Schwert: in einem → Schwertkasten parallel zur Segelrichtung absenkbare Stahl- oder Holzplatte, die bei einem kleinen Boot den Kiel ersetzt und die seitliche Abdrift, also das Vertreiben des Bootes nach Lee, verringert.
Schwertkasten: der Kasten, in den das → Schwert mit einer Kette oder zwei gegenläufigen Leinen aufgeholt werden kann.
Seegang: die durch den herrschenden Wind oder durch Dünung aus anderen Seegebieten erzeugten Wellen.
Seehandbuch: amtliches Handbuch mit Beschreibung der verschiedenen Küsten, Küstengewässer und Häfen.
Seekarte: Karte, auf der die Wassertiefe, die Beschaffenheit des Meeresgrunds (Felsen, Untiefen etc.) sowie Küsten, Seezeichen oder Fahrrinnen dargestellt ist.
Seekartenplotter: elektronische Seekarte mit Tiefen- und sonstigen Detailangaben, die via GPS den Standort auf dem Meer anzeigt.
Seemeile: Abkürzung: sm. Eine Bogenminute (= 1/60 Breitengrad) auf dem Gradsystem der Erde = 1,852 km.
Seezaun: (auch: *Reling*): zaunartiger Handlauf rund um die Decks eines Schiffes.
Skipper: Kapitän einer Yacht.
Sextant: Instrument zum Messen eines Winkels, in der astronomischen Navigation des Winkels zwischen Horizont und Gestirn.
Spi/Spinnaker: Bauchförmiges, besonders großes Vorsegel für Kurse vor dem Wind.
Spiegel: Abschlussplatte am → Heck eines Bootes.
Spinnakerbaum: der → Baum, der den Spinnaker bzw. die → Fock ausspannt.

Splint: Stift oder Ring, der einen Bolzen vor dem Herausrutschen sichert. Wird bspw. zum Sichern eines → Schäkels verwendet.
Sprayhood: Halbverdeck/Stoffabdeckung über dem Zugang zum Inneren einer Yacht. Die Sprayhood wird an einem Metallrahmen befestigt und enthält häufig ein Sichtfenster aus PVC-Folie.
Stag: Stahlseil zum Abstützen des Mastes.
Stagreiter: an den Vorsegeln zur Führung auf den → Stagen befestigte Metallaugen oder Doppelhaken, die ein schnelles Befestigen am Stag und damit Segelsetzen erlauben.
Steckschott: eine Tür, die eingesteckt wird, um den Eingang zur → Kajüte wasserdicht und einbruchsicher zu schließen.
Steuerbord: rechte Seite eines Bootes in Fahrtrichtung.
Steuersäule: bei einer Radsteuerung die Halterung für das Steuerrad, die im Cockpit steht und oben den Steuerkompass trägt.
Sturmsegel: kleines Segel aus besonders starkem Tuch, sehr fest genäht, um großem Winddruck standzuhalten. Ersetzt bei Sturm das → Groß.

Takelage: Mast, → Baum und alles bewegliche und nicht bewegliche Gut, welches notwendig ist, um Mast und Segel zu halten.
Tide: Gezeit (Ebbe und Flut).
Tidenhub: Höhenunterschied zwischen Hoch- und Niedrigwasser.
Transat Jacques Vabre: Alle zwei Jahre stattfindende Regatta für Zwei-Mann-Besatzungen von Le Havre nach Süd- oder Mittelamerika.
Treibanker: trichterförmiger Segeltuchsack, der bei Sturm am Bug (Seeanker) oder Heck (Treibanker) an einer kräftigen Leine über Bord gegeben wird und verhindern soll,

dass eine Yacht im Sturm querschlägt und manövrierunfähig wird.

trimmen (der Segel): die Segel in ihre bestmögliche Stellung zum Wind bringen.

Trosse: schwere Leine.

V*endée Globe:* Alle vier Jahre stattfindende Regatta rund um die Welt entlang des Südpolarmeeres, die ihren Namen vom Start und Zielort Les Sables-d'Olonne in der Vendée hat.

Verholen: ein Boot entweder schleppen oder von Hand mit einer Leine ziehen, also nicht mit dessen eigener Kraft an eine andere Stelle bewegen.

Verklicker: Windrichtungsanzeiger auf dem Mast.

vertörnen: verwickeln, verdrehen. Entsprechend: *vertörnt*: verwickelt, verdreht.

Vorschiff: der vordere Teil des Schiffes an und unter Deck.

Vorstag: das → Stag (Stahlseil), das den Mast von vorne, also vom → Bugbeschlag aus hält.

W*ant(en):* Stahltauwerk zum seitlichen Abstützen des Masts.

Wende: Kursänderung, bei der das Boot mit dem Bug durch den Wind dreht und die Segel auf die andere Seite übergehen.

Windfahne: Selbststeuerungsanlage, die über ein kleines Segel oder eine Platte (Windfahne) vom Wind bedient wird und ein Schiff bei gleichbleibenden Winden auf Kurs hält.

Winsch: eine Seilwinde, die dazu dient, größere Zugkräfte der → Schoten aufzunehmen.

Impressum

Osterseenstraße 10 B, 82393 Iffeldorf.

Autor: Thomas Käsbohrer
Lektorat: Susanne Guidera
Korrektur: Joanna Barck/Susanne Guidera
Layout: Susanne Guidera, Wolfgang Appun – bora-dtp

Coverfotos:
© Shutterstock.com
© Foto Loïck Peyron: Yvan Zedda
Covergestaltung: Susanne Guidera, Thomas Käsbohrer

ISBN 978-3-96706-021-8 Paperback

Mehr von millemari.: www.millemari.de

Hat Ihnen dieses Buch gefallen?

millemari.-Bücher gibt es in unterschiedlichen Ausgaben. Auf Ihre Bedürfnisse abgestimmt. Und so, wie Sie am liebsten lesen.

- Als Paperback.
- Als hochwertige Geschenkausgabe mit Efalin-Schutzumschlag, Kaptalband und Lesebändchen.
- Als Hörbuch zum Download oder als Geschenkausgabe im Digipack.
- Als eBook für Kindle oder Tolino.

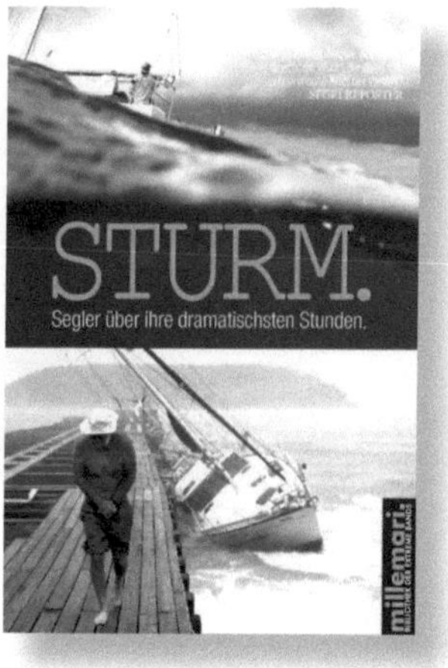

STURM.
Segler über ihre dramatischsten Stunden.

Paperback:	ISBN 978-3-946014-07-2	24,95 €
Geschenkausgabe:	ISBN 978-3-946014-09-6	39,95 €
Hörbuch:	ISBN 978-3-96706-014-0	19,99 €
eBook:	ISBN 978-3-946014-63-8	14,99 €

Erhältlich bei: www.millemari.de